法律正义论

——德沃金法伦理思想研究

傅鹤鸣　著

商　务　印　书　馆

2009年·北京

图书在版编目(CIP)数据

法律正义论:德沃金法伦理思想研究/傅鹤鸣著. —北京:商务印书馆,2009
ISBN 978-7-100-06668-6

I. 法… II. 傅… III. 德沃金—法律—思想评论
IV. D909.712

中国版本图书馆 CIP 数据核字(2009)第 078880 号

本书得到深圳大学学术著作出版基金资助

FǍLǛ ZHÈNGYÌ LÙN
法律正义论
——德沃金法伦理思想研究
傅鹤鸣 著

商 务 印 书 馆 出 版
(北京王府井大街36号 邮政编码100710)
商 务 印 书 馆 发 行
北京市白帆印务有限公司印刷
ISBN 978-7-100-06668-6

2009年11月第1版 开本 880×1230 1/32
2009年11月北京第1次印刷 印张 9⅞
定价:21.00元

目　录

前言 …………………………………………………………………………… 1
导论 …………………………………………………………………………… 4
第一章　法律正义论之演化 …………………………………………… 14
一、法律正义论历时性检视 ………………………………………… 14
二、法律正义论之复兴 ……………………………………………… 24
三、走进德沃金 ……………………………………………………… 31
第二章　法律正义论之基地——权利观 …………………………… 38
第一节　德沃金对哈特法律实证主义的批判 …………………… 39
一、规则—原则—政策模式 ………………………………………… 41
二、自由裁量权 ……………………………………………………… 44
第二节　德沃金对自由主义权利观的辩护 ……………………… 48
一、法律之道 ………………………………………………………… 48
二、疑难案件与原则立论法 ………………………………………… 52
三、认真对待权利 …………………………………………………… 61
四、虚幻的社会权利 ………………………………………………… 79
第三章　法律正义论之诠释——整体观 …………………………… 90
第一节　重提法律正义论 …………………………………………… 91
一、什么是法律 ……………………………………………………… 91
二、阐释性的概念 …………………………………………………… 103
三、法理学问题 ……………………………………………………… 114

第二节 法律正义论之诠释——解构与建构 …………… 122
一、因袭主义 …………… 123
二、实用主义 …………… 126
三、“社会人格化”和整体性 …………… 129
四、作为整体的法律 …………… 135
第四章 法律正义论之核心——平等观 …………… 146
第一节 关于平等的一般理论 …………… 147
一、平等的问题 …………… 147
二、德沃金的抽象平等概念 …………… 153
三、自由主义式的平等 …………… 157
第二节 分配平等观 …………… 173
一、对福利平等观的否定 …………… 173
二、资源平等观 …………… 183
第三节 资源平等与公民的良善生活 …………… 193
一、政府中立原则 …………… 194
二、良善生活论 …………… 203
第五章 法律正义论之典范——宪法观 …………… 212
第一节 美国宪法的道德解读 …………… 212
一、美国宪政的基础 …………… 212
二、对美国宪法之误读 …………… 217
三、美国宪法的道德解读 …………… 230
四、道德解读与民主制度 …………… 238
第二节 罗伊判例——一个正范例的展示 …………… 250
一、罗伊判例之始末 …………… 251
二、罗伊判例的“危机” …………… 253
三、何为州政府的合法利益 …………… 258

四、堕胎问题的本质 …………………………………………… 261
第六章　德沃金之后 ………………………………………………… 265
第一节　林立、波斯纳对德沃金法伦理思想的回应和挑战 ………………………………………………………… 265
一、林立对德沃金“封闭完美的法律体系”之批判 ……………… 265
二、波斯纳对德沃金“道德法律理论”的抨击 ………………… 273
第二节　德沃金法伦理学思想之定位 …………………………… 280
一、新自由主义法伦理学 ………………………………………… 281
二、后现代思潮下的现代主义 …………………………………… 286
三、新自然法学派 ………………………………………………… 293
参考文献 ……………………………………………………………… 300

前　言

任何思想旅行都不会有终点，所以，一切结论都是暂时的，本书亦概莫能外。

德沃金立足于美国现实之维，本着自由主义的传统来建构其法律正义论理论。他从权利论出发，批判并超越了实证主义法学，将法律奠基于道德原则之上，认为法律命题中不可避免地存在着道德的尺度。法律不是实体，而是实践之流，是一"其命维新"的无止境的运动过程，对此过程，唯有建设性阐释的整体性法律观才能合法地予以诠释。他进而认为，不管是出于个人权利捍卫的需要，还是法律正义论诠释的需要，其最终必须落实到自由主义式的平等观上。该种平等观倚赖于伦理个人主义的两个基本原则，这两个原则是：(1)重要性平等原则；(2)具体责任原则。为确保两原则的践行，政府必须实行其倡导的资源平等理论，这是政治道德的核心所在，也是法律正义论的最终逻辑结局，事实上还是公民个人良善生活何以可能之所在。为充分说明其理论建构的正当性，德沃金以美国宪法作为蓝本，并结合"罗伊判例"这一经典范例予以"现身说法"。可以这样说，德沃金的法伦理思想是另一种版本的罗尔斯式的"正义论"。难怪英美学界，包括德沃金自己也承认他与罗尔斯属于同路人。

本书分析了德沃金法律正义论理论各部分的实质性主张以及

内在逻辑关联，努力做到有理有据地辨明其各种具体观点的优劣，并谈了自己的理解和看法，偶尔还发表些许异议。

对德沃金本人而言，如何在法律正义论理论中建构法律和道德领域中的客观性问题依然是个理论难点。为此，他借助于罗尔斯的“反思平衡法”而提出了“建构模式”真理观，认为依此法可以获得道德和法律理论中争议问题的“唯一正确之解”。

正如林立先生认为的那样，德沃金的法律正义论理论具有相当程度的保守成分，他视美国宪政体制为法律正义理论的典范与蓝本，这显然属于意识形态浓郁的西方文化中心主义的表征，体现了西方文化的傲慢与自负，笔者实难赞同。

尤其要注意的是，德沃金所建立的“法律帝国”事实上隐含了这样一个前提，那就是人们在价值问题上能取得一种自由主义式的共识。惟其如此，人们才能一以贯之地在过去的政治决定和现在的强制力之间确立合理的关系，为国家强制力的行使提供正当理由。然而这一点人们存有疑虑，就如波斯纳所批判的那样，人们愈来愈信奉相对主义的信条，主张价值多元、文化异质，一切知识都是地方性的。

德沃金自认为其通过虚拟保险市场模式而建构起来的平等理论，比之罗尔斯经由“原初状态”以及“无知之幕”契约方法建立起来的正义两原则具有实践上的优越性。在本书看来，德沃金所设定的虚拟保险市场也没有任何操作的可能性，这种反事实的理论路向与罗尔斯正义理论型构方法本质上是一回事。

法律正义论理论是一座丰富的矿藏，需要人们用孜孜以求的探索精神去思索之、探求之。尽管思索的旅程走的是“炼狱之路”，庆幸的是，这条“炼狱之路”铺设在“天堂之中”。德沃金对法律正义论理论的深度思考使我们明白了问题的范围与限度，当我们在指责德沃金法伦理思想的种种得失之时，也是德沃金的荣幸之所在。笔者很高兴与此法哲学标志性人物进行了一次精神交往，以至于下笔行文时，仿佛总觉得大师在耳边喃喃细语。不可否认，囿于自己的功力不济、智力尚浅的窘状，可能无法把捉住大师理论的真精神，何况任何对原著的翻译者、著述者都只能是作者之“叛徒”。看来，笔者很可能是一个德沃金著作的更为拙劣的“叛徒”。

较为缺憾的是，德沃金的法伦理思想在不断走向市场化的中国是否可以本土化、怎样本土化，以及制度伦理与德性伦理在现代性背景下的共生共长等问题，本书没有触及，因为那将又是几部书，且难度更大。

中国正处在一个特别令人振奋的时期，也是一个处于需要学人对现状进行深度思考和引领的非常时期。走向市场社会的今日，如何让制度伦理——特别是法伦理——到场，以弥补传统德性伦理的缺失和错位，这不能不说是伦理学界、法学界必思之课题。才疏学浅的笔者正是本着此种精神和问题意识着手本书的写作的。在本书写作过程中，笔者不想就抽象的法律和道德理论作泛泛而论，而是切身感悟到德沃金由法律进伦理之理论研究路径的巨大吸引力和实践价值，这或许能为当今中国应用伦理学、法哲学的研究提供一个新的思考方向。

本书就法学、伦理学而言均是一个新的理论尝试，进行了颠倒式的视角转换，如不成功，相信也能为后来者提供失败的教训，这不能不说是另一种收获。

导　论

一、法律伦理:21世纪我国伦理学的学术增长点

以法伦理为核心的制度伦理问题是西方漫长社会发展中一个恒久而又“其命维新”的重大研究课题。今日之中国,正经历着几千年来未有之大变局。[①] 社会特质正以“随风潜入夜,润物细无声”的全方位摄取、全方位辐射的方式,由乡土社会、熟人社会、伦理社会[②]向市场社会转进。市场社会的重要特征之一便是权利与义务的对应和平衡关系,而传统德性伦理对于此种伦理诉求备感力不从心,由此导致人们道德生活世界和伦理观念世界处于两不着边的困境之中:一方面,能够适应于市场社会的普遍的道德规范法则尚未建立;另一方面,传统的盈满自信的德性伦理已连根拔起,遭遇边缘化的命运。仔细打量,人们不难发现,自“大变局”以来,中国人的道德精神生活就一直处于分裂之状态,如何确立“伦

---

① 著名的研究中国法文化的日本学者滋贺秀山在其名著《中国家族法原理》一书中认为,从社会变迁的角度看,中国在其漫长的历史中,从全局上看经历了前后两次社会体制之根本性变革:第一次是由古来用语意义上的封建制(不是马克思所讲的封建制)向郡县制统一的中华帝国建立的发展过程,该次变革发轫于先秦,至汉武帝始成;第二次变革,简言之,就是中国开启近代化,实现现代化之过程,其时期可以说从鸦片战争起直至今日之中国,并尚未结束。笔者认可该种对中国所作的时代划分。

② 梁漱溟:《中国文化要义》,学林出版社2000年版,第15—39页。

理的自信”，当今中国伦理道德建设“如何是路，如何不是路”，便成为紧迫的具有实践重要性的重要课题。

依笔者之拙见，当今乃至今后中国伦理的自信必来自于由传统德性伦理向以法伦理为核心的制度伦理的演化。原因有三：一则是归之于“现代性”所主导的市场社会必将是中国正在展开的社会生活实践的走势和命运。尽管“现代性”遭到诸多学界泰斗持续猛烈的批判，尽管“现代性”可能是人类的一条不归路，但人类正在进行的实际行为却在不折不扣地加速推进这一过程，包括那些批判“现代性”的人们的行为。或许这就是人类的宿命。二则是市场社会和谐运转的关键之处在于“公权力”和“私权利”的截然分野。而在笔者看来，“公权力”和“私权利”其实是一枚硬币的正反两面，从一定意义上来讲，它们只不过是各自的别名而已，犹如德沃金所言，“权利(指人的私权利)是针对政府的”，是对政府公权力提出的伦理诉求。因此，人们在竭力捍卫私人空间这一“自留地”时，其实就是在为“公权力”划定界限，提出一种制度伦理的诉求。可见，解决“公权力”和“私权利”截然分野的支点依赖于以法伦理为核心的制度伦理之保障。三则是依法治国已成为我国的治国方略，走向“法律主治主义”已成为中国的历史抉择。然而要践行这一治国方略，本土化的法哲学、法伦理学必须有真正的开启和进展。从历史上看，自继受西法以来，华夏子孙薪火相传，不遗余力再铸国法，终未完全摆脱法之不张、宪政之不举的旧弊，大体依然是国法自国法、生活自生活，真正意义的国法生活尚未建构，制度伦理依然处于缺失状态。就时下来看，大多数人仍然认为只要能制定出详尽的法律法规，用之规制社会生活的方方面面，使之无有遗漏，法治国家大抵就能实现。事实不然。历史和现实都告诉国人，法律的发展与政治道德的发展是相伴的，否则只会导致法律进步的幻觉和对法治的怀疑，导致法学实证主义的膨胀，而实证主义法学在西方已是明日黄花，这已成为了不争之共识。可见，当今中国法治的建立，制度伦理的出场以及时下呼唤的政治文明的发育，端赖于法伦理学、法哲学的进展。

本书的问题意识和思考起点皆因中国问题而起，特别是当代中国的现实问题，然而能够给我们提供丰富智识资料的恰恰是远在大洋彼岸的一位美国思想家——德沃金。德沃金是一个善于立于实践之维对现实社会问题进行哲学、法学思考的大师。他所提出的法伦理思想，恰好为我们正在进行的历史提供了一个致思的方向和视角，从某种程度上看，甚至为我们提供了一幅精美的蓝图。他山之石，可以攻玉。我们完全可以从其思考中获得某种学理上的资源，来更好地关注、思考当代中国的法伦理建设问题。职是之故，法伦理学必将成为21世纪中国伦理学新的学术增长点。因此，笔者愿意在此领域进行耕耘，尝试领悟德沃金的思想，从法伦理这一制度伦理的角度进行理论努力，以期对文化和知识的传播作出自己的努力，即使成为人们批判的靶子，也未尝不是一种收获和贡献。这就是本书的写作缘起。

二、德沃金法伦理思想在国内外的研究现状

德沃金的法伦理思想，即法律正义论理论，依笔者看来，可以分为如下几个部分：法律正义论诞生的基地——权利观；法律正义论的学理证明——整体观；法律正义论的核心——平等观；法律正义论的实践典范——宪法观。所有这些理论阐述都分别包含在德沃金一系列的著作与论战性书中，其中较为集中阐述其法伦理思

想的著作主要集中在四部著作（或论文集）中，它们分别是：*Taking Rights Seriously*（Harvard，1977）；*Law's Empire*（Harvard，1986）；*Freedom's Law：the Moral Reading of the American Consititution*（Harvard，1996）；*Sovereign Virtue：the Theory and Practice of Equality*（Harvard，2000）。[①] 在国内，德沃金的法伦理思想早在上个世纪 80 年代初就开始被我国学界所知晓。国内最早介绍德沃金法学思想的文献是沈宗灵翻译的“德沃金其人及其思想”（刊于《法学译丛》1983 年第 1 期，作者是大卫·贝尔韦斯、马歇尔·柯亨）；最早较为系统地介绍其法伦理思想的著作出自于我国法理学泰斗、北京大学沈宗灵教授所著的《现代西方法律哲学》（法律出版社 1983 年版）；其后，国内其他的法哲学、法理学著作中均有不同篇幅的阐述与介绍。时至今日，探讨德沃金法学思想的论文汇总大约有二十余篇。但通体看来，无论是著作还是论文集，对德沃金法伦理思想的分析和探讨要么停留在观点重复的泛泛介绍上，要么仅是针对其某一局部问题或观点进行发挥，而没有系统、全面地从其整个学说发展轨迹与脉络上去厘定和领会，因此难免给人以盲人摸象之感。

值得庆幸的是，尽管至今为止大陆尚未有一本对德沃金学说全貌进行系统研究的专著（更不用说法伦理思想研究方面的专著），但我国台湾学者、德沃金法学思想研究专家林立先生却于 2002 年出版了其《法学方法论与德沃金》一书，为进一步研究德沃

---

① 这四本著作（或论文集）现已全部译成中文，分别为：《认真对待权利》（信春鹰、吴玉章译，中国大百科全书出版社 1998 年版）、《法律帝国》（李常青译，中国大百科全书出版社 1996 年版）、《自由的法：对美国宪法的道德解读》（刘丽君译，上海人民出版社 2003 年版）、《至上的美德：平等的理论与实践》（冯克利译，江苏人民出版社 2003 年版）。

金的法伦理思想提供了一定的作业平台。必须提到的一件事是：清华大学成功举办了德沃金教授亲自参加的"2002 年德沃金法哲学国际研讨会"，这必将迎来对德沃金思想研究的春天。因为在学界同仁的眼中，德翁此次中国之行与 59 年前著名的社会法学家庞德的中国之行可以相提并论，而后者曾经在当时的中国引起了轰动。

西方学术界对德沃金的法伦理思想评价很高。作为复兴自然法学派、新自由主义法学派的代表性人物，德沃金的这一地位基本上得到了公认。英国 BBC 电台在访谈时，认为德沃金是以罗尔斯《正义论》发表为标志的自由主义理论复兴阵营中的第三号代表人物。[①] 英国法学泰斗哈特、拉兹，美国法学精英波斯纳、昂格尔等人均对德沃金的法哲学、法伦理思想展开了或肯定或否定的全面交锋。可以毫不夸张地说，在当代西方，特别是在英美法学界、政治哲学界以及道德哲学界，德沃金已成为他们不可绕过的一座山峰，不管是出于批评，还是出于赞同。

三、本书所持的基本立场和思路

（预先声明的一点是：在德沃金这里，其法哲学、法伦理学以及法律正义论理论其实指的都是同一回事。）从伦理学的角度看，德沃金走的是一条由法律进道德（主要指政治道德）的制度伦理之路。乍一看，本书仿佛是在分析所谓"纯法律问题"，然而沿着行文与思维的轨迹走下去，读者将会发现其逻辑终点和结论是伦理道

---

① 参阅〔美〕布莱恩·麦基编：《思想家》，周穗明等译，上海三联书店 1987 年版，第 369 页。

德问题。我们知道,人既是一种现实存在,更是一种超越性存在。人类总是不断地追问压在自己身上的人间力量的正义论,在现代意义上的政治国家产生之前,其理论形态表征为自然法,之后则被称为制度伦理。所以本书中倡导的自然法主要是一种对现实公权力表示反思和超越的态度。正由于此,本书将德沃金的法伦理思想置于自然法这一学脉中予以展示,可以这样说,传统自然法在宽泛意义上应界定为制度伦理的"原生态",而今天的法伦理则为制度伦理之"命门"。

总体而言,本书对德沃金法伦理思想的分析和探讨是在历史的视阈下,沿着其思想发展的轨迹而进行铺陈的。在德翁这里,法律之道即国计民生之道,其理论旨趣是从现实中探求法意,从法意中反观现实,展现的是一种基于个人权利之上、以平等为核心、以政治自由主义为指导的当代法哲学。一句话,德沃金的整个学说就是在为"法律立宪",为"国家百姓安身立命",为法律奠定正义论根基,这就是本书所持的根本立场和思路。现分述如下:

为评定德沃金的法律正义论理论,对传统的法律正义论理论作一历史性检视实属必要,其大致可分为古代、中世纪、近代和现代自然法学说。之后,随着实证科学和现代性的扩张,实证主义法学得以兴盛,传统自然法式微了。但出于对第二次世界大战和纳粹暴行的反省,自然法得以复兴。德沃金的法伦理思想正是站在美国法律实践的现实之维,本着新自由主义的立场进行建构的。无疑,德沃金是复兴自然法学术运动中的一员主将。

权利观是德沃金法律正义论之基地。实证主义法学认为人们只享有法律明文规定的权利,道德权利是"一派胡言乱语"(边沁语),坚持从法理学问题的核心中排除道德原则问题。德沃金以哈特的法律实证主义为靶子发起了总批判，驳斥了其法律是一规则体系说、法官拥有强硬意义上的自由裁量权等核心观点，认为法律应由规则—原则—政策模式来界定，用人们的道德权利来取消法官的自由裁量权。他以疑难案件为例，用“原则立论法”的方式将其法律正义学说的诞生基地建立在个人权利之上，且此种权利不是某种有待人们去解剖的实体，也不是人们的箱中之物，“权利是针对政府的”，是“个人手中的政治护身符”。① 它既包括了实在法规定的权利，又包括实在法未规定的权利；既指法律权利，也指道德上的权利，有时亦指政治权利。这样，一开始德沃金便将法律建筑在道德原则的基础上，认为法律之所以合法本于政治道德和个人道德。德沃金本质上是反对社会权利的，认为“社会权利”概念是一种虚幻，因此，在他看来，社会与个人之间不存在权利博弈问题。应清醒的是，德沃金主张的权利具有相当的保守成分，它只意味着既有美国法制下的权利，绝不是颠覆美国政府的权利。

德沃金的建设性阐释的整体性法律观认为：“法律的帝国并非由疆界、权力或程序界定，而是由态度界定……从最广泛的意义来说，它是一种谈及政治的阐释性的、自我反思的态度，它是一种表示异议的态度……总之，这就是法律对我们来说是什么：为了我们想要做的人和我们旨在享有的社会。”②在对法律正义论进行学理诠释和证明过程中，德沃金分别提出了三种路径，它们分别是因袭主义、实用主义和法律的整体性。德沃金否定了前两种，肯定了以

---

① 〔美〕德沃金：《认真对待权利》，信春鹰、吴玉章译，中国大百科全书出版社1998年版，第6页。

② 〔美〕德沃金：《法律帝国》，李常青译，徐宗英校，中国大百科全书出版社1996年版，第367页。

解释学为基础的整体性法律观。德沃金主张，只要人们本着哲学解释学的哲学立场，法理学中的经典难题，如法律和道德、法的应然与实然、恶法是不是法等问题，均可以得到完美解决。针对怀疑主义的指责，德沃金提出了“建构模式”真理观，反对“自然模式”符应真理观，并声称所有的道德法律问题都可以获得“唯一正解”。这些主张导致了人们的广泛批评和攻击，本书亦对此进行了分析。

德沃金法律正义论的核心在于其自由主义式的平等观。在笔者看来，自由主义式的平等观是德沃金法伦理思想体系的源头活水，亦是法律正义论之根，平等问题是德沃金思想中的最高问题，它既是个人权利之渊源，亦是制度伦理之要津。德沃金不但从一般的平等理论出发捍卫其观点，认为平等是法律正义论的内在理据，而且以伦理个人主义为原则，从经济维度对平等问题进行了考察。为此，他否定了貌似有理的时兴的福利平等观，捍卫了资源平等观。特别要指出的是：德沃金认为一种自由主义的平等概念不但应占据政治道德的核心位置，法律制度正义论的核心也存于资源平等观之中，而且在他的理论中，只要政府能严守它所界定的所谓“中立”立场，那么法律正义论问题与公民的良善生活就能圆融自洽。他认为：“最合理的哲学伦理学是以一种自由主义信念为基础的，自由主义平等既不排斥也不威胁或忽视人们的生活的良善性，倒不如说它就是来自一种有关良善生活的有吸引力的观念。”[①]事实上，德沃金平等观的宗旨在于确立公民道德主体资格，为此，他提出用“挑战模式”来解决诸多伦理困境，而反对“作用模

---

① 〔美〕德沃金：《至上的美德：平等的理论与实践》，冯克利译，江苏人民出版社2003年版，第276—277页。

式”的解决方法。

德沃金认为美国宪法是一部“人权法典”，是法律正义论理论的实践典范，美国宪法就是对自由主义道德传统的注脚。德沃金批评了以往种种对美国宪法的误读方法，如历史主义、消极主义和严格主义，倡导对美国宪法实施道德解读，并指出宪法的道德解读与美国合宪性民主在内在本质上是一致的。为充分展示美国宪法的道德解读的全部合理性，德沃金专门以美国司法史的经典案例——罗伊判例——为蓝本，认为堕胎问题的最终司法解决，在宪法层面只能采取道德解读的方法，因为堕胎的本质在于如何形成人们的道德信念，是“强制”还是“选择”，是“自由”还是“不自由”。当然，美国宪法是否具备德翁所认为那样的完美性以及合道德性，这是值得怀疑的。

本书最后一部分对德沃金法伦理思想进行了总评。主要是从两个层面展开的：第一个层面从中外分别选择了一位研究德沃金理论的专家，论述了他们对德沃金法伦理思想批判的关键之处，至于局部性的批判则没有触及。我国台湾学者林立认为，德沃金的法伦理思想是在恢复一个已被抛弃的古老神话——法律是一封闭完美的体系；美国法律经济分析学派泰斗波斯纳则指出了德沃金法伦理思想的不可能性，认为法律和道德都是地方性知识，德沃金为“法律立宪”的企图只是一种徒劳，对待法律问题的务实做法是采取其所界定的“实用主义”路径。第二个层面是从一种总括性的角度进行评价的。围绕德沃金法伦理思想之定位，人们展开了自由主义内部之间的争斗、现代主义还是后现代主义之争、自然法学派还是非自然法学派之争。在本书看来，德沃金法伦理思想应定位于新自由主义法学、现代主义法学和新自然法学派。

综上所述,本书认为,法律正义论理论既是德沃金全部理论的生命线,又可以将他一生的著述予以全部概括,其理论的得失利弊尽显其中。

第一章　法律正义论之演化

自然法，是西方法律思想史上最为古老亦最为争论不止的法律思潮，其源远流长、几经波折，一直延续至今，屈指数来历时几千余载。法律正义论问题则自始至终孕育于自然法这一学脉之中。法律正义论问题说到底就是法律正义学说，而法律正义学说在历史上则与自然法学说可谓是一个硬币的正反面，在历史舞台上总是联袂出演。第二次世界大战以来，出于理论自身发展逻辑的要求以及对纳粹法律的反思，人们对法律问题的见解必须解释所谓的法律如何为国家强制力的行使提供一个总的正当理由。这是关于强制力正义论亦即法律正义论的一个传统性问题，而对这一传统性问题的传统性回答所表现出来的理论形态便是自然法。德沃金站在美国法律实践的现实之维，对法律正义论这一传统而又艰涩的问题进行了总回答，从而构建了其法律伦理思想体系的大厦，成为当今英美学界最为炙手可热的法哲学大师。

一、法律正义论历时性检视

在西方，法律正义论问题的演化大致可分为古代、中世纪、近代和现代四个历史阶段，由此大体形成了古代自然法学说、中世纪自然法学说、近代自然法学说和现代自然法学说。当然，“自然法”这一概念被不同的人们在不同的时期为不同的目的而使用，其形式自然不断翻新。但不管是新瓶装旧药，抑或是旧瓶装新药，这些花样不断翻新的自然法学说无非均是为了给强制力的行使提供正当的理由和根据，无非是对法律正义论的再追问而已。

在西方法律思想史上，古希腊哲人最先使用“自然法”这个术语，并确定了法律正义论的基调和方法论。在古希腊哲人眼中，宇宙中万事万物均有规则和秩序，不仅自然界存在着规则，社会之间、民族之间、个人之间的关系也都有它们先前已经确定的整合秩序。这个整合秩序有待人们用智慧去开启、去发现。这个整合秩序或者叫做“自然法”，或者可叫做“理性”。例如，赫拉克利特就把法律看做是“神的法则”的体现，认为人类制定法的正义论来自神的法则。之后，苏格拉底、柏拉图、亚里士多德等均确信存在着实在法的某些不变标准，并断言经由理性的拷问，可以发现实在法正义论的根据，找到这些“不变的标准”。如果说古希腊智者派首先将“自然”与“法”加以区分，亚里士多德把法律分为“自然法”和“人定法”，那么可以说斯多葛学派则完成了在法学中引进自然法概念的任务，且对自然法概念作了多层面的阐述。可以这样说，自然法作为一个比较明确的概念且以此建构学说，肇始于斯多葛学派。斯多葛学派的创始人芝诺从其“为理性所管辖”而“有城墙防守的城市”的哲学出发，把“自然”概念作为其哲学体系的核心。在芝诺看来，“自然法就是理性法。人类作为宇宙自然界的一部分，本质上是一种理性动物，服从理性的命令，根据人自己的自然法则安排其生活。”①斯多葛学派认为自然法就是理性法，自然法是现实法

① 〔美〕E·博登海默：《法理学——法哲学及其方法》，邓正来等译，华夏出版社1987年版，第13页。

正义论的根据，是法律正义的基础。他们还主张，一切人均是平等的，纵然人们在地位、天赋和财富等方面不可避免地存在着差别，但每个人至少都有要求维护其尊严的基本权利，正义要求法律认可并保护这些权利。① 这种将希腊哲学法理化、人文化的观念构成了西方法律传统之活力的基因。对此，哲学家罗素曾云：斯多葛学派的伦理观、知识观、自然法和自然权利说在西方影响深远，“像16、17、18世纪所出现的那种天赋人权的学说也是斯多葛学派的复活，尽管有许多重要的修正”②。英国法学家梅因曾说：“我找不出任何理由，为什么罗马法律优于印度法律，即使不是‘自然法’的理论给了它一种与众不同的优秀典型。”③在罗马时期，情形有了很大的变化。罗马人借助武力而建立了庞大的地域国家，这对于希腊人狭隘的城邦观念不能不是一个巨大的突破。那时，由于商品经济的发育和对外贸易的扩展，罗马人与非罗马人大量混杂定居，构成了新的经济—社会共同体。罗马人为适应多民族统治的现实需要，尤其是适应商品经济发展的需要，极大地促进了国家立法的发展。这与希腊人仅停留在落后的、消极的自然法观念相比较，是一个巨大的突破。但这绝不意味着罗马人已摆脱了自然法观念的束缚，认为实在法、制定法的根据可以脱离自然法；恰恰相反，在罗马人那里，自然法对制定法的正义论根据依然是不容置疑的，罗马法学家把法学分为自然法、市民法、万民法三种便是一个

---

① 德沃金在其《认真对待人权》、《至上的美德：平等的理论与实践》两本著作中所倡导的伦理学个人主义两个原则中的第一个原则即重要性平等原则，可以说是对斯多葛学派此观点的现代诠释。

② 〔美〕罗素：《西方哲学史》(上卷)，何兆武、李约瑟译，商务印书馆 1963 年版，第 340—341 页。

③ 〔英〕梅因：《古代法》，沈景一译，商务印书馆 1984 年版，第 45 页。

例证。他们认为自然法便是正义，是最根本的法，为现实强制力(主要体现于国家制定法中)提供了坚实的基础。当然，在罗马人的自然法观念中，自然主义色彩已逐步趋于淡薄了。查士丁尼在《法学总论——法学阶梯》中还用"自然法"来证成人类的平等和自由，指出"根据自然法，一切人生而自由"①。这既体现了需要自然概念而又企图超越素朴自然概念的一个窘状。西塞罗是型构古希腊自然法哲学思想体系的第一人。他认为："自然法就是事实上存在着一种符合自然的，适用于一切人，永恒不变的、真正的法——即正义的理性。这个法通过自己的命令鼓励人们履行他们的义务，又通过自己的禁令约束人们不去为非作歹。"②在西塞罗看来，自然法是制定人定法的准则，人定法中的"正义"正是自然法所蕴涵的"永恒正义"之体现。西塞罗在论及自然法时，总是申明上帝监护、统治着宇宙，是人类唯一的主宰，是自然法的制定者、解释者和颁布者。但囿于上帝的虚无缥缈性，于是西塞罗创造性地提出，上帝是通过人间的执政官发挥作用的。他说："由于法律统率执政官，执政官又统率人民，那么毋庸置疑，执政官是说话的法律，法律是沉默的执政官。"③这样，西塞罗通过人间执政官的创造性运用为圆通自然法概念在沟通人类与上帝之间的桥梁关系起着别样之功绩。然则，他又目睹了政坛剧变，对上述"法律＝执政官"论似乎感到不太放心，故而他一方面强调法律是上帝的意志，是和上帝的心意同时发生因而高于一切人定法；另一方面又认为与上帝意志不符

① 〔古罗马〕查士丁尼：《法学总论——法学阶梯》，商务印书馆 1989 年版，第 13 页。

② 倪正茂：《法哲学经纬》，上海社会科学出版社 1996 年版，第 35 页。

③ 同上。

的，即与“真正的法律”背道而驰的是恶法。他说，难道暴君制定的法律也是正义的吗？在他看来，国家实施的恶法根本不配称为法律，而只能被称为一伙强盗在其集团内可能制定的规则。西塞罗关于“真正的法律”与恶法的区分，使古代自然法学说脱离了质朴的自然观，从而着上了世俗人文意义的气息，这不能不说是一大贡献。①

的确，在古希腊罗马时期，人们对于自然法本质的归结，即对人定法、人间法之正当根据，从具体说法上看，远非那样一致。或称之为“正义”、“理性”、“人性”，或称之为“神意”等等。但是它们在最重要之处是一致的，那就是大家都认为，法是“自然”的，人们必须服从它，而不能改变它。就其总体特征而言，古代自然法是自然主义的自然法，这一概称大抵能自洽。

中世纪自然法理论最显著的特征，在于它是绝对的神学主义的自然法，质朴的、直观的自然概念在法学中荡然无存。人间一切法律的正义论均必须追溯至基督教教义那里。

圣·奥古斯丁认为，世俗法律的正当正义论根据在于永恒法。职是之故，世俗法律必须努力满足永恒法的要求。如果世俗法律之某些规定明显同上帝之法相悖，那么这些规定就不具有任何效力，也丧失了正当正义论的根据，并应当被摈弃。“既然那时已毫无正义可言，那么除了抢劫以外，何谓天国的问题还有什么可谈呢？”②在他看来，教会作为上帝永恒法的保护者，可以随意干预人

① 这一“真正的法律”与恶法的区分，成为法哲学史上的经典论题，尤其是第二次世界大战后如何对待纳粹的法律，依什么法律来惩办第二次世界大战战犯，即纽伦堡审判和东京审判的合法性难题再次成为人们话语的中心和争论的焦点，最为经典的交锋是哈特与富勒之争。

② 〔美〕E·博登海默：《法理学：法律哲学与法律方法》，邓正来译，中国政法大学出版社 1999 年版，第 27 页。

间的世俗法律制度。教会对国家拥有绝对的权威,国家只是作为维护人间和平的工具才是正当的。国家必须捍卫教会,执行教会的命令,并经由实施世俗的法律来维护人间的秩序。这样,“基督教神父奥古斯丁等人开始改变自然法原有的理性基础和进步意义。他们用基督教教义取代斯多葛学派的‘理性’,使之等同于自然法,享有最高的支配地位……从此,在基督教那里‘自然法’成为维护教权和教义的工具。”①

神学主义自然法的典型代表人物,集大成者当属托马斯·阿奎那,其自然法学说是融合圣·奥古斯丁的神学法律思想与亚里士多德的自然主义自然法思想而形成的。“他的学说至今仍可以被誉为是罗马天主教神学、哲学、伦理观的权威解释”②。阿奎那把法律划分为四种类型:永恒法、自然法、神法和人法。阿奎那以上帝为唯一的、自在的实体,万事万物都由这个唯一的、自在的实体推动即由上帝创造的。因此,世间法以及一切伦理法则、道德规范皆渊源于上帝。阿奎那关于法的正义论根据源于上帝的思想,最典型地反映在其《神学大全》的第二部分关于人和上帝关系的论述中。他认为人是万事万物的主人,人有自由意志,但上帝是人的最终目的,人必须趋归于上帝,人的一切思想和活动均须以上帝为准则。那么,上帝给人类所定的准则是什么呢?那就是《圣经》中上帝向摩西宣谕的“十诫”③。阿奎那把“十诫”又概括为诸如“避

① 张文显:《二十世纪西方法哲学思潮研究》,法律出版社1996年版,第42—43页。

② 〔美〕E·博登海默:《法理学:法律哲学与法律方法》,邓正来译,中国政法大学出版社1999年版,第28页。

③ 摩西十诫是指:不许拜别的神;不许制造和敬拜偶像;不许妄称耶和华之名;须守安息日为圣日;须孝敬父母;不许杀人;不许奸淫;不许偷盗;不许做假见证;不许贪恋他人财物。

恶行善”、“保全自己的生命”等几项基本原则，并视为天经地义的公理，认为这些均是理性人所具有的与生俱来的观念，不会受制于时空的限制而获得了某种普适性。阿奎那认为，一旦法律脱离了上帝的监护，人类社会生活便永无安宁之日，人类也就不存在幸福安康之时。因此，上帝的法律不但是绝对必须的，而且是其他一切法律的渊源和正当正义论的根基。诚如恩格斯所言：“中世纪只知道一种意识形态，即宗教和神学。”阿奎那的这种法律类型的划分法，虽然一方面承认了国家有公正地支配社会生活的合法权力和职能，但另一方面又认为国家的法（人法）不得违背神法、自然法和永恒法，否则就是缺乏正义论的法，而缺乏正义论的法便不再是法，而是对法的败坏。不可否认，阿奎那的神学主义的自然法学说相对于圣·奥古斯丁的绝对神学主义自然法而言，更富于创造性，更富于人文精神，且自成体系。其自然法的人文精神主要彰显在如下两点上：其一，“从内容上看，自然法肯定了人的独立存在的地位……在自然法的这种规定中，保全人的生命、维护人的各种本能和维持社会生活秩序这三大基本要素，是与自然的倾向和上帝的意愿相一致的。”①其二，“自然法具有一定程度的可变性……阿奎那第一次宣布，随着时间的推移，神法和人法都有可能甚至有必要对自然法加以补充。”②由此观之，阿奎那自然法思想尽管有较强的神学色彩，但其中人文精神的伟大体现以及历史作用是不容忽视的。正如梅因所说：“这个理论在哲学上虽然有其缺陷，我们却不能因此而忽视其对于人类的重要性。真的，如果自然法没

① 吕世伦主编：《现代西方法学流派》（上卷），中国大百科全书出版社2000年版，第5—6页。

② 同上书，第6页。

有成为古代世界中一种普遍的信念，这就很难说思想的历史，因此也就是人类的历史，究竟会朝哪个方面发展了。”①

在中世纪的欧洲，天主教会是人类社会生活的中心，所有知识均源自于基督教的信仰之中，人只有通过教会才有可能趋近终极真理。然而伴随着文艺复兴、宗教改革运动和商品经济的进一步发展，自然法成为了政治革命的强大理论武器。格劳秀斯、霍布斯、普芬道夫、斯宾诺莎、洛克、孟德斯鸠、卢梭等启蒙思想家高举“自然法”和“自然权利”的旗帜，参与资产阶级推翻封建统治的伟大斗争。为了与古代和现代自然法学说相区别，人们称这个时期的自然法学说为“古典自然法理论”（classical natural law theory 或 natural law of the classical era）。

现代国际法鼻祖、伟大的荷兰法学家雨果·格劳秀斯为世俗的、理性主义的自然法观奠定了基础。他认为：“自然法是真正理性的命令，是一切行为的善恶的标准。”②接着他又说，人类最重要的特性就是需要社会，即需要与他人交往；不仅如此，而且人类还需要和平的、合理的共同生活。一句话，人类的社会交往需求所决定的人性，使人具有了理性，从而人类才能自觉地选择服从自然法。理性、人性在此就成为法律正义论的内在根据和理由，成为人类的一种自然能力，是行为或信仰的正当理由，是评判是非善恶的根本标准。霍布斯也同样指出，自然法来自人的理性，是每个人基于理性就可以理解和同意的。洛克也说，自然法就是理性，它天然合理，教导着遵从理性的人类。恩格斯在评论法国启蒙思想家的

---

① 〔英〕梅因：《古代法》，沈景一译，商务印书馆 1984 年版，第 43 页。

② 倪正茂：《法哲学经纬》，上海社会科学出版社 1996 年版，第 82 页；转引自〔荷〕格劳秀斯：《战争与和平法》，第一编第一章第一节。

理性主义时指出:“在法国为行将到来的革命启发过人们头脑的那些伟大人物,本身都是非常革命的,他们不承认任何外界的权威,不管这种权威是什么样的。宗教、自然、社会、国家制度,一切都受到了无情的批判;一切都必须在理性的法庭面前为自己的存在作维护或放弃存在的权利。”①职是之故,此时的自然法就是理性法,是相对于“自然而然状态法律”的一种反动,是“反自然的自然法”。② 卡西尔在这一意义上有精辟的说法,即“人的本质不依赖于外部的环境,而只依赖于人给予他自身的价值”③。

古典自然法除了将自然法归之于人的理性之外,其另一个突出特征之一便是凸显个人主义的自然法。即以个人为中心、坐标和参照系,以个人主义作为自然法之枢纽与核心。个人主义是基于有关个体与集体、个人与社会以及两者之间关系的一个特殊观念。此种观念以为,个体是集体和社会存在的前提和基础,集体和社会皆由个体而成,且组成集体和社会之宗旨皆出自于个体,因而个体对于集体、社会拥有逻辑上的优先权(不是时空上的优先权)。所以,在古典自然法理论中,个人主义的实质是呼唤个性解放、独立和自由,个人是法律正义论的中轴。斯宾诺莎认为“一个人的幸福即在于他能够保持他自己的存在”。这一人的本性便是“自然保存”原则,此一原则的基点是个人利益。为此,他又提出了人的“自然权利”说,而在“自然权利”中最高的和最重要的权利必定是个人的“生存权”。这一至高权利在斯宾诺莎看来就是每个人都可以按

① 《马克思恩格斯选集》(第三卷),人民出版社 1972 年版,第 56 页。

② 冯亚东:《平等、自由与中西文明》,法律出版社 2002 年版,第 100 页。详细论述见该书第 100—128 页。

③ 〔德〕卡西尔:《人论》,甘阳译,上海译文出版社 1985 年版,第 10 页。

照自己的意愿寻求本身的利益，可以像水中的鱼那样，为了自身的利益，大鱼可以吃掉小鱼。如果说斯宾诺莎自然法理论中个人主义色彩在于注重每个人的生存权，那么洛克则注重人们的财产权、平等权和执法权。为保障个人所具有的权利，洛克又分别提出了社会契约论、分权学说和法治原则。而康德法哲学的个人主义色彩则直接体现在其法律定义中，在康德看来，法律就是“那些能使一个人的专断意志按照一般的自由律与他人的专断意志相协调的全部条件的综合”①。这就意味着，如果“我”的行为或“我”的状况，根据一般性法律能够与任何他人的自由并存，那么任何人妨碍“我”实施这个行为，或者妨碍“我”维持这种现状，“他”就是侵犯了“我”的权利。正像康德所指出的，这一法律观“似乎是 16 至 19 世纪占支配地位的社会秩序的最终理想形式：使个人得到最大限度张扬的理想是法律秩序存在的目的”②。

古典自然法理论之出现，意味着一种与中世纪神学（神权）世界观相对立的法学（法权）世界观的诞生。它粉碎了“君权神授”、“法自神意”、“王权至上”等曾被视为“毋庸置疑”的观念，用理性启迪了人类，吹响了人类争取独立、自由和平等的号角，颠覆了传统法律正义论之根据，为资本主义的自由发展扫清了观念上和制度上的障碍，提出并系统地论证了新制度的正义论根据，从而促进了资产阶级民主和法制的诞生和发展。资产阶级国家民主和法制的模式主要是由自然法学家设计的。美国的《独立宣言》、法国的《人权和公民权利宣言》等在世界法律史上具有里程碑意义的法律宣

① 〔美〕E·博登海默：《法理学：法律哲学与法律方法》，邓正来译，中国政法大学出版社 1999 年版，第 77 页。

② 同上。

言都是以自然法学说为其理论基础的。

二、法律正义论之复兴

自19世纪中期至20世纪初，自然法理论在西方大多数文明国家一直处于低潮。从很大程度上来讲，取而代之的是历史法学派的进化论解释和法律实证主义。尽管之前的理性自然法学说在西方历史进程中发挥了巨大而又积极的建设性作用，但在逻辑上，其自身也存在着一些不易证明的理论性难题。例如，人们怎样知晓、洞悉自然法？自然法为世俗法提供正义论的根据能否为知识所掌握？为什么以人的理性为基础的自然法能产生效力？与自然法相冲突的实在法为什么根本不算法，从而丧失其自身的正义论？自然法所倡导的自然权利的存在怎样才能获得证明？休谟、边沁、米尔、奥斯汀等分析法学家以及萨维尼等历史法学家从诸如此类的问题出发，对自然法理论不断进行发问和责难，力图推毁其先验的、不证自明的、人为预设的哲学基础，从而严重地削弱了自然法理论对实在法正义论要求的影响，引发了人们对法律有序化的终极价值的哲学研究在19世纪末实际上处于停滞状态。进入19世纪后，随着资本主义法律制度在欧美国家相继建立，法学的任务已由号召革命、推毁旧秩序转变为通过透彻的分析来理解现存法律制度，为既存的资本主义法律制度的完善献计献策。加之人类对实证知识的确信，认为人类需要研究的是“确实存在”的东西，追求的是“确实”的知识，于是法学等领域的研究就与价值无涉，将价值问题排除在研究之外。依据《不列颠百科全书》的介绍，法律实证主义或实证主义法学的主要意义和基本特征是：“如何将法自身与法区分开来；着重分析法的概念；根据逻辑推理来寻求可行的法；

否认道德判断有可能建立在观察和理性证明的基础之上。”①因此，在分析法学家眼中，自然法理论显然无法完成这一任务。所有这些原因汇合起来，导致了自然法理论在19世纪的衰落和式微。

由盛而衰的自然法哲学在19世纪初步入低谷后，长期处于沉寂状态，直至19世纪末20世纪初，才又逐渐复兴，由于它是在自然法“复兴”的口号下进行的，所以称之为复兴自然法，亦有学人称之为新自然法（相对于古典自然法而言）。

美国学者麦克唐纳尔德在《自然权利》一书中充满激情地写道：“从斯多葛学派和罗马法学家到欧洲宪章和罗斯福的四大自由，自然法和自然权利理论经历了漫长而感人的历史。人仅凭其共同人性而享有某些权利的观念被同样热烈地捍卫和攻击。它虽曾遭受休谟冷静的怀疑论的针砭，也曾败给边沁所谓‘高烧时的胡说八道’的讥蔑……但‘自然权利’的主张从未被彻底击败。每逢人类事务发生危机，它总是以某种形式复兴。因为每当这时，老百姓总想实现或通过领导人实现其朦胧却坚定的信念，这就是，他不是政治棋盘上的一名单纯的小卒子，也不是任何政府或统治者的私有物，而是活生生的、有自己见解的人；正是为了他，才有所谓政治，才建立了政府。”②人既是一种现实存在物，更是一种理想（或追求性）存在物，人类始终具有一种超现实的对实在法及方方面面制度的批判精神，正如梁治平先生所述：自然法“只是借助于某种古老的传统，而将人类自身的追求托付于一个客观的公式。这个

① 转引自张文显：《二十世纪西方法哲学思潮研究》，法律出版社1996年版，第79页。

② 转引自夏勇：《人权概念起源》，中国政法大学出版社1992年版，第230页。

公式是永恒的、普遍的，而不同时代人们填注于其中的主张却并不总是相同的。又因为自然法高于和优于实在法，运用这个公式的结果便往往是批判性的"①。在这个意义上说，"自然法"是对非正义法的一种对抗。对于不满现存政治法律制度或要求变革现在法律秩序的人来说，"自然法"是最好的武器之一。"时代愈黑暗，则诉诸'自然法律状态'便越加频繁。"②由此可知，"自然法"的真精神不在于其人性基础和理性设计，也不在于其形而上学的论证，而在于其是人类对正义诉求的永恒性，在于人类对现在法律制度正义论根据的拷问。庞德就此指出："自然法的任务不是给我们一个关于理想结合的普遍立法，而是给我们一种对实在法中的理想成分的鉴定。即使绝对的理想不能被证实，这种鉴定可以确定和陈述出一定时间和地点的社会理想，并且使它成为对各种论证、解释和适用标准的出发点进行选择的尺度。"③所以，尽管自然法学说在 19 世纪衰落了近百年，但这种理论绝不会消失和枯竭。随着分析主义法学的式微，自然法的复兴当属必然。

自然法的复兴运动大致可分为两个时期，即 19 世纪末至 20 世纪初为第一个时期；第二次世界大战以后为第二个时期。这两次自然法的"复兴"高潮，均以帝国主义战争造成的世界性的浩劫为契机。第一个时期主要由法国法学家惹尼、意大利法学家韦基奥、德国法学家施塔姆勒率先发起。第二个时期则直接导源于对

---

① 梁治平：《寻求自然秩序中的和谐》，中国政法大学出版社 1997 年版，第 331 页。

② 〔英〕梅因：《古代法》，沈景一译，商务印书馆 1984 年版，第 53 页。

③ 〔美〕罗斯科·庞德：《通过法律的社会控制》，沈宗灵等译，商务印书馆 1984 年版，第 3 页。

纳粹暴政的反思，其理论中心主要在美国，代表人物主要是富勒、罗尔斯和德沃金。自然法“复兴”的第一个时期，其影响不大，力量也很微弱，且以世俗主义自然法占据主导地位。第二个时期刚开始则以神学主义自然法为主导，来势比前个时期要猛烈得多。20世纪50年代以后，世俗主义自然法倾向才有较大程度的增长，60年代后上升为主导力量，呈欣欣向荣之势，且方兴未艾，在西方国家流传甚广。自然法学说之所以在战后其兴也勃焉，特别是在美国之所以能一路凯歌高奏，还有其深刻的社会历史原因和多方因素。

首先，从第二次世界大战结束伊始，鉴于纳粹与法西斯暴政时期假借种族优越意识，通过法律和法令对数以百万计的无辜百姓的屠杀和对人类道德与文化规范恣意践踏的事实，人们开始对法律自身的正义论进行深刻、全面和坚决的反思。“难道真如实证主义者所主张，只要是人类的法律，不论它的道德内容究竟如何，都有效力且应该被人遵从？它要求我们的行为，和世人接受道德与文明究竟冲突到什么地步？”①对实在法自身正义论反思的直接结果导致了自然法的复兴。② 正如荷兰阿姆斯特丹大学法哲学教授霍默斯所指出的：自然法复兴主要是针对德国纳粹立法的反应。在纳粹立法中，西方文明传统中的人道主义价值以及公法和私法

---

① 〔英〕Pennis Lloyd：《法律的理念》，张茂柏译，（台湾）联经出版事业公司1984年版，第78页；转引自李道军：《法的应然与实然》，山东人民出版社2001年版，第110页。

② 从19世纪初开始，自然法几乎变成了一只落水的死狗，遭受了来自各个法学流派的攻击，被认为绝对不可能死灰复燃，不可能复活和再生，自然法的神话被彻底打破。但在经历了一个世纪以后，特别是第二次世界大战之后，自然法又复兴了，这充分说明了法律自身合法性问题和法律中的价值人文因素是难以从其中抛弃和割舍的。

的基本原则(基本人权、公民的自由和平等)遭到践踏。人们认为,只有接受一种超越专横权力之上的自然法,才能防止今后再出现这种法的衰败。[①] 因此,第二次世界大战后自然法复兴的首要因素就是对法西斯专政和法西斯政治法律制度自身正义论的必然反应。

其次,美国国内发生的一系列政治事件和对这些事件的反思也促进了自然法学说的复兴,并使美国成为自然法复兴的中心。美国资产阶级自称他们的美利坚合众国是“民主世界的堡垒”,“自由、平等、博爱的王国”,然而,自20世纪50年代起,美国人民发动了声势浩大的民权运动,尤其是黑人和其他长期处于被奴役与被不公平、不平等对待的其他少数民族和种族展开了席卷全美的争平等、反歧视的斗争。特别是黑人为争取种族平等而展开的反种族歧视的斗争更是得到了其他少数民族以及主持正义的白种人的广泛支持。60年代后期至70年代,美国学生又分别掀起了反对美国卷入越南战争、要求平等和民主的学潮;伴随这些斗争的还有女权运动以及反饥饿、反压迫、反军备竞赛等群众斗争。同一时期,美国政治生活中出现了麦卡锡主义,刺杀总统肯尼迪和黑人运动的思想领袖路德·金、“水门丑闻”等事件。上述事件的出现反映的不是美国资本主义制度的小枝小节问题,而是对整个西方社会据以建立的哲学基础的怀疑和挑战,是对美国现行法律制度自身正义论的质疑和反思。因此在当时的美国,人们极力型构善良违法理论,公民不服从理论,其本身就是对现行法律制度的反动,

① H. J. Hommes, *Major Trends in the History of Legal Philosophy*, North Holland Publishing Company, 1979, p. 329;转引自张文显:《二十世纪西方法哲学思潮研究》,法律出版社1996年版,第51页。

而暗流则必然是促进自然法的复兴。所有这一切,都呼唤着相应的法律正义学说的涌现,富勒、罗尔斯、德沃金的法律学说正是在此种趋势下应运而生的,其出发点是为了解决美国社会迅速变动时期法律发展的有效性问题,而逻辑归宿则必然为美国法律的正义论寻求根基并进行理论概括。

此外,第二次世界大战后著名的纽伦堡审判、东京审判以及拉德布鲁赫向自然法转向,亦是自然法得以复兴和流行的重要原因。

纽伦堡审判和东京审判均是针对第二次世界大战后法西斯战犯进行的国际审判。在这两次审判中,战犯及其辩护人声称:其所作所为均是按照他们国家实在法的规定而进行的,具有正当合法性,至于对法律本身的善恶判断,这不是他们的义务,而是立法者的义务,因此,他们不应对自己为执行法律所做的事情负责。而检察官们则认为,问题的关键不在于他们是否服从还是不服从当时的法律,而是在面对明显的谋杀和野蛮的犯罪时,他们依然存在着某种更高的义务,如不履行该种义务,则理应受到严正的审判。法官们支持了控诉方的指控,认为在大多数国家的刑法都确定为犯罪的行为面前,真正的考验不是命令的存在,而是道德选择事实上是否可能。基于此种理据,纽伦堡国际法庭和东京国际法庭都对二战战犯进行了有罪宣判。这两次审判是法律实证主义的失败,是自然法理论的胜利。尽管法律实证主义集大成者哈特和新自然法之硕儒富勒围绕纽伦堡审判进行了法哲学史上著名的论战,尽管他们表现出来的立场殊异——哈特认为“恶法亦是法”,富勒则认为“恶法不是法”——但透过语言的局限,我们可以看出,不管是哈特还是富勒均主张对法西斯战犯定罪量刑,这充分佐证了超实在法义务存在的必要和可能。换句话说,哈特与富勒的划时代意义的争论其实共享着一个同样的前提，即实在法的正义论根据不在于其自身。

德国法哲学家拉德布鲁赫是从新康德主义的价值哲学出发，一方面继承了休谟的问题，在“是”（实然）和“应当”（应然）之间设立了强大的屏障，否认能从现实的观察和感觉中得出任何关于何谓“正当”的判断，显示了其方法论上的二元论性质；另一方面又坚持价值相对论，认为价值是只能承认而不能证明的观念，他甚至说过：“我宁要不公正的秩序，也不能容忍混乱，认为结束法律观点之间的冲突比正义地和权宜地决定它更重要。”①在他看来，法律的确定性对法律的正义论而言更具有优先性。

在经历了纳粹时期巨大的社会变动和第二次世界大战中德国战败的事实以后，拉德布鲁赫开始修正他以前的理论观点。“为了使法律名副其实，法律就必须满足某些绝对的要求。他宣称，法律要求对个人自由予以某种承认，而且国家完全否认个人权利的法律是‘绝对错误的法律’。”②与此同时他又认为，有必要承认完全非正义的法律必须让位于正义，正义对实在法具有优先性。针对纳粹德国给世界带来的灾难性历史事实，拉德布鲁赫在其 1947 年所著的《法哲学入门》一书中，于第 36 节专门讨论了“超越实在法之上的法”。诸上言行标志着拉德布鲁赫转向了自然法，也促进了自然法思想的传播。自此之后，新自然法法哲学的泛起成了国际

① Gustav Radbruch, "Legal Philosophy", *The Legal Philosophies of Lask, Radbruch, and Dabin*, trans. by Wilk, Cambridge, Massachusetts Press, 1950, pp. 90—91；转引自〔美〕E・博登海默：《法理学：法律哲学与法律方法》，邓正来译，中国政法大学出版社 1999 年版，第 177 页。

② 同上。

性的学术现象，德沃金便是这一学术潮流和运动中的一员健将和骨干。

三、走进德沃金

德沃金(Ronald Dworkin，1931—　)，就学于美国哈佛大学和英国牛津大学，1957 年毕业于哈佛大学法学院。曾担任美国上诉法院第二巡回法庭法官伦尼德·汉德①的书记员，当过律师。1962 年起先后担任耶鲁大学、纽约大学和哈佛大学法理学教授。1969 年接替分析法学派泰斗哈特担任国际法理学界备受瞩目的牛津大学法理学教授一职。德沃金是英国科学院(The British Academy)院士，美国文理学院(The American Academy of Arts and Sciences)院士，当今世界上最伟大的法理学家之一。现在，德沃金先生仍同时在纽约大学和牛津大学的法学院和哲学系担任教授职务。

德沃金在其长期的学术研究生涯中，密切关注并紧密结合美国社会现实，推出了一系列才华横溢的法理学论著，成为当代美国乃至全世界最著名、最活跃的法理学家、政治哲学家、道德哲学家之一。德沃金的论著主要有：《认真对待权利》(*Taking Rights Seriously*，1977)、《原则论》(*A Matter of Principle*，1985)、《法律帝国》(*Law's Empire*，1986)、《老年痴呆的哲学视角》(*Philosophical Issues in Senile Dementia*，1987)、《不列颠权利法案》(*A Bill of Rights for Britain*，1990)、《生命主权：关于堕胎、安乐死和个

---

① 伦尼德·汉德，美国历史上四位最伟大的法官之一，另三位是霍姆斯、布兰代斯和卡多佐。

体自由的立论》(*Life's Dominion: an Argument about Abortion, Euthanasia and Individual Freedom*, 1993)、《自由的法:对美国宪法的道德解读》(*Freedom's Law: the Moral Reading of the American Consititution*, 1996)、《至上的美德:平等的理论与实践》(*Sovereign Virtue: the Theory and Practice of Equality*, 2000)等一系列著作。其中集中展示德沃金法哲学、法律伦理思想的著作则为《认真对待权利》、《原则论》、《法律帝国》、《自由的法:对美国宪法的道德解读》和《至上的美德:平等的理论与实践》。以上论著,除《法律帝国》、《原则论》和《至上的美德:平等的理论与实践》为专著外,其余的均是论文集。《认真对待权利》是德沃金的成名作和代表作,其出版在西方法理学界掀起了轩然巨波,引来了众多的关注和争议,以致该书出版当年便再版三次,并由此确立了德沃金在国际法理学界、道德哲学界的权威地位。"德沃金的《认真对待权利》是哈特教授的《法律的概念》这部著作发表以来在法理学方面最重要的著述;而且,至少从哲学的观点来说,它是一位美国学者迄今对这个问题所作的最精微最奥妙的贡献……德沃金最巨大的优点就是,对于最大的具有实际重要性的争论的基本理论问题,能够阐明自己的观点。德沃金的论著写得才华横溢。任何人如果在理论上或者在实际上注意美国社会生活,都应该一读此书。"①该书除导论和附录外,收录了作者1966年至1977年十余年间发表的13篇重要的法哲学论文,从规则、原则、疑难案件、正义和权利、自由和道德主义、善良违法、自由和自由主义等多个不

① 〔美〕贝尔韦斯·柯恩:"德沃金其人及其思想",沈宗灵译,《法学译丛》1983年第1期;转引自张文显:《二十世纪西方法哲学思潮研究》,法律出版社1996年版,第70页。

同的角度，系统地阐述了其法律伦理思想的逻辑起点——权利论。此后，德沃金的学说也因此被人贴上了“权利哲学”的标鉴。哈特在评价德沃金的权利理论时，认为这是“标志着一个新的法哲学时代的开始”。

《法律帝国》一书可谓德沃金的又一重要代表著作，该书是其1977年至1986年这十年间光辉思想的结晶。在该书中，德沃金提出了一个著名的论断，即“法律的帝国并非由疆界、权力或程序界定而是由态度界定……从最广泛的意义来说，它是一种谈及政治的阐释性的、自我反思的态度，它是一种表示异议的态度，使每个公民都应该想象什么是他的社会对原则的公共承诺，而在新的情况下这些承诺要求的又是什么”①。在该书中，德沃金认为以往法哲学史上发生的各种争论不是经验性争论，而是理论性争论，且“最好将法律理论的争论理解为过去的政治决定在多大程度上和以什么方式为国家强制力提供必要条件的争论”②。他又说：“如果法律有一个最一般的特点，那么这种特点就是在过去的政治决定和现在的强制力之间确立合理的关系，这种假设从新的角度表明了法律与道德观之间关系的长期争论。”③在《法律帝国》一书中，德沃金为证明法律的正义论问题提出了三种路向：分别是因袭主义、实用主义和整体性。在他看来，因袭主义与实用主义对法律正义论的证明均以失败而告终，而只有整体性的法律才能合理地阐释正在逐渐展开的政治叙述的法律实践。

① 〔美〕德沃金：《法律帝国》，李常青译，中国大百科全书出版社1996年版，第367页。

② 同上书，第88页。

③ 同上书，第90页。

《至上的美德：平等的理论与实践》是德沃金晚近的一部力作，但又是最集中地论述其法律伦理思想的核心部分即伦理个人主义的一部著作。自由主义平等观可以说是德沃金理论体系中的一条生命线，亦是其核心和理论归宿。学界大抵认为德沃金学说属于西方自由主义传统，其理论体系的建构过程同时亦是对18世纪至19世纪实证主义和功利主义理论的解构过程。然而必须看到，德沃金对新自由主义的了解是一种建立在某种特定的平等概念之上的理论。他主要的工作就是如何从自由主义式的平等出发为法律权利、道德权利建立根据。《至上的美德：平等的理论与实践》一书正是从理论和实践两个方面对德沃金的自由主义平等观进行了全面系统的回答。他在书中说道："真正的平等关切所要求的是什么，此乃本书的主题。但是，假如我们作不出解释，我们就必须行动起来拯救我们的政治美德，我们能够做些什么，然后必须做什么，同样也是本书的主题。"①可见，对平等的关切和理解既是全书的中轴，亦是其整个法律伦理思想之根。

《自由的法：对美国宪法的道德解读》是德沃金的晚年的重要著作，该书与其《认真对待权利》和《法律帝国》两书在基本精神上是一致的。宪法是母法，是一个国家治国安邦的总章程，马克思认为是"人权法典"。美国是成文宪法的国家，美国宪法及其修正案对美国人民的权利作出了总概括。如何解读美国宪法既是美国法律实践的需要和美国人民人权保障的需要，同时也是理论工作者

---

① 〔美〕德沃金：《至上的美德：平等的理论与实践》，冯克利译，江苏人民出版社2003年版，第2页。

必须予以面对和回答的课题。德沃金认为："一种宪法理论反映着一种道德立场，这已不足为怪，也不会招致嘲讽和怀疑。如果不是这样，倒是令人惊奇、嘲笑甚至怀疑的了。只有一种令人难以置信的粗糙的形式法律实证主义（连本世纪最杰出的实证主义者赫伯特·哈特也曾批评过的实证主义），才会得出如此孤立而相反的结论。"①该书确实昭示了对美国宪法的自由主义的见解，认为法官的责任不仅仅是执行法律，而且要探求法律的道德性。作者通过对生命、死亡、种族、言论、良知和性等方面的具体范例的学理分析，得出美国宪法是美国法律正义论（合道德性）的典范。"宪法是美国的道德之帆，我们必须有勇气来坚持它其中所蕴涵的信念。这种信念是：我们每个人都是道德共和国的平等公民，这是一种伟大的信仰，只有乐观主义者才可以将这一信仰付诸实践。"②

德沃金法律伦理思想的理论轨迹如果需在此先勾勒一下的话，笔者认为是这样的：德沃金从美国20世纪六七十年代社会和经济迅速变革时期遇到的越来越多的法律有效性的现实问题出发，认为传统的、为边沁所开创的"占支配地位的理论"不能解决法律的有效性和法律发展的问题，只有权利论才能给予美国法律以"正当"的信心。权利论认为个人有权反对国家，这些权利先于由明确的立法所创设的权利。这样一开始德沃金便将法律建筑在道德原则的基础上，法律之所以合法就在于反映了政治道德和个人道德。当然，"权利理论中没有任何东西表明或暗示应该或者必须

① 〔美〕德沃金：《自由的法：对美国宪法的道德解读》，刘丽君译，上海人民出版社2003年版，第48页。

② 同上书，第50页。

给予个人以高于社会的道德优先权……权利理论只要求一个社会中的所有人都必须得到同等的关心和对待,所有的人都必须成为政治社会的真正平等的成员。"①从其权利论出发,德沃金认为以往对法律命题的正确性进行的争论,不是经验主义的争论,而是理论性争论。这种理论性争论实际上是道德争论,对法律命题而言,"其中不可避免地存在着道德尺度,于是也就不可避免地存在着不同形式的公众非法行为的永久存在的危险。"②法律实证主义和功利主义法学无法解释人们有先于由明确的立法所创设的权利这一现象,看不到法律不是某种实体,而是一种不断完善的实践,是实践之流,或者说是一种"其命维新"的无止境的运动过程。为此,他在《法律帝国》一书中提出了"建设性的整体法律概念",认为当人们在寻求并追问"法是什么"的时候,事实上是在揭示以实现超越性的正义观念为目标的解释者的意图。法律不是某种"定在",而是阐释对象与阐释者目的之间的一种活动,尽管此种活动要受到诸多形式的限制。因此,法律的正义论不但离不开个人道德和个人信仰,而且其本身就本于个人信仰和个人道德。故德翁有言,法律帝国不是由疆界、权力或程序界定,即不是由某种标准来界定,而是由态度来界定。此处的"态度"即阐释者之阐释态度。如果说在其权利论中是从道德权利、"自然权利"来看法律权利,在其"法是什么"问题中是从解释学本体论的角度来界定法的话,那么平等理论则是从社会、从政治共同体的角度来进行理论建构的。其平等理论依赖的是伦理个人主义的两个基本原则:(1)重要性平等的

① 〔美〕德沃金:《认真对待权利》,信春鹰、吴玉章译,中国大百科全书出版社1998年版,第16页。

② 同上书,第1页。

原则(the principle of equal importance);(2)具体责任原则(the principle of special responsibility)。第一个原则是针对政府而言的,第二个原则则是针对个人的。德沃金的平等理论主要是阐述第一个原则,《至上的美德:平等的理论与实践》一书将此原则作了详尽分析和论证,提出了资源平等理论,从而论证了法律正义论、正当性的一个前提。至于具体责任原则,德沃金没有充分论证,只是起某种提示的功用。所以德沃金的伦理思想主要是一种制度伦理。《自由的法:对美国宪法的道德解读》一书主要使德沃金的法律伦理思想得以在具体范例中展示,从法律实践这一现实之维对其自由主义道德传统予以注脚。

第二章　法律正义论之基地
——权利观

前现代自然法学说(古典自然法之前)教导的是人的义务,倘若说它们多少还关注一下人的权利的话,也只是把权利看做本质上是由义务派生出来的。就像人们常观察到的一样,在 17 至 18 世纪,即古典自然法鼎盛时期,呈现了一种前所未有的对于权利的极大重视和强调。此时,人们是用“人的权利”的方式来观察社会和界定社会的秩序,人的主体性得到了张扬。人类因此就能够“从理性的原则入手”提炼出“一套伦理学,它被证明是自然法”。这样,人存在着的就是一种生而有之的自然权利,全部政治法律的正义论根据,即一切社会或政府权力的正义论根据都是本然属于人的自然权利派生而来的,因此拥有自然权利的个人、自我成为道德世界的中心和源泉,因为人——不同于人的目的——成为了那一中心和源泉。而到了 19 世纪中叶则出现了一个反对前几个世纪中形成的各种形而上学理论的强大运动,此一运动可以用“实证主义”一词来描述。实证主义作为一种态度,它反对先验的思辨,并力图将其自身限定在经验材料的范围之内。19 世纪下半叶起,实证主义开始渗透到包括法律科学在内的社会科学的各个分支学科中,法律实证主义者反对形而上学的思辨方式和寻求终极原理的做法,反对法理学家试图辨识和阐释超越现行法律制度之经验现实的法律观的任何企图，将价值排除出去，认为只有实在法才是法律。而所谓实在法，亦即是国家确立的法律规范。坚持把实在法与伦理道德区分开来，坚持从法理学问题的核心中排除道德原则问题。在分析实证主义法学家那里，权利仅指实在法上规定的权利，法律权利在任何立法形式出现之前不可能存在；除了法律规则的明文规定，个人在法律实践中没有什么权利，道德权利是“一派胡言乱语”。随着实证主义法学的式微和现代自然法的复兴，人们认识到法律不是有待解剖的某种实体，个人权利也不是箱中之物。权利既包括实在法规定的权利，又包括实在法未规定的权利。自此便形成了一种自由主义的法律学说。德沃金的权利理论捍卫和辩护的就是自由主义的个人权利观。德沃金教授从规则—原则—政策模式论出发，倡导的权利不仅是指法律上规定的权利，而且也是指道德上的权利，有时他讲政治权利也意指道德权利，这便是法律正义论之所在，其法律伦理思想大厦的建构便是从权利概念开始的。

第一节　德沃金对哈特法律实证主义的批判

德沃金权利论是从对法律实证主义发起的总攻击而展开的，具体说来又是以哈特的观点作为一个靶子。

哈特在其名著《法律的概念》一书中主张法律是由一定标准加以确认的特殊规则，这种标准与规则的内容无关，仅与制定和发展规则的形式有关。这些标准可以用来确定规则是否有效以及区别法律规则和其他社会规则（如道德规则）。当然，哈特的实证主义观点比奥斯汀的“法律命令说”更为复杂，它主要表现在两个方面：

首先,哈特承认——而奥斯汀不承认——规则从逻辑上来说具有不同的种类。哈特主张"把法律等同于主权者的强制命令这种简单模式在各关节点上都未能反映法律制度的某些特征"①。在每个社会中,能否找到一个特定的集团或机构,能够最终控制所有其他集团,特别是在一个复杂的现代社会里能否找到一个主权者,这是令人怀疑的。在现代社会,政治力量的分布呈一种去中心化的趋势,政治控制是多元的。再者,奥斯汀所说的"法律就是主权者的命令"很难同暴徒的一般命令作出重要区分;哈特认为,法律是一规则体系,但不是奥斯汀那种简单规则的体系,而是第一性规则和第二性规则的结合。第一性规则又称为基本规则,是对社会成员授予权利或规定义务的规则。禁止抢劫、杀人、放火或强奸等刑法规则是基本规则的范例。第二性规则是规定基本规则如何制定和由谁制定、承认、修改或废除的规则。那些规定议会如何组成和怎样颁布法律的规则是第二性的规则。第二性规则又包括承认规则、改变规则和审判规则。因此,"哈特提出了关于规则的一般理论,这个理论认为规则的权威并不依靠其制定者的物质力量"②。根据不同规则产生的方式不同,可以知道一个规则的权威可能有两种来源:(1)一条规则可能对某一人群有约束力,因为那一人群在实践中将这一规则接受为自己的行为标准;(2)一条规则可以通过完全不同的方式而具有约束力,这就是,一条规则可依照某些第二级规则而制定,并因此而具有约束力。这样,哈特的实证主义比

---

① 〔英〕哈特:《法律的概念》,张文显等译,中国大百科全书出版社 1996 年版,第 77 页。

② 〔美〕德沃金:《认真对待权利》,信春鹰、吴玉章译,中国大百科全书出版社 1998 年版,第 37—38 页。

奥斯汀的主权命令说要精巧得多、复杂得多。

然而，在德沃金看来，哈特所犯的错误与奥斯汀同样严重，两人共享着同一个理论前提：法律就是规则，且只能是规则，即使严重违反道德、没有任何正义性的法律也仍然是法律，即所谓的“恶法亦法”。对此，德沃金予以坚决的否定。他论证道：“实证主义是一种规则模式，而且是为了一种规则体系的模式。它所主张的关于法律是单一的基本检验标准的这个中心思想，迫使我们忽视那些非规则的各种准则的重要作用。”①德沃金声称：“当法律工作者就法律权利和义务（特别是疑难案件中最棘手的权利和义务）问题进行推理或辩论时，他们使用的不是规则，而是原则、政策和其他准则。”②也就是，只有把法理解为是由规则、原则和政策构成的，才能保证法律的正义论。

一、规则—原则—政策模式

为批判哈特的“法律规则体系”说，论证自己提出的“规则—原则—政策模式”论，德沃金用了两个著名的判例来分析规则和原则的不同。案例一是“里格斯诉埃尔默案”（Riggs v. Elmer）。1882年埃尔默在纽约用毒药杀害了自己的祖父。他知道其祖父在现有

---

① 〔美〕德沃金：《认真对待权利》，信春鹰、吴玉章译，中国大百科全书出版社1998年版，第40页。

② 德沃金在此提到的“原则、政策和其他准则”，在大多数情况下总是概括地使用“原则”这个词汇，用以指法律之外的其他准则的总体。但是，有时候为了精确一些，他又将原则和政策区分开来。他把这样的准则称为“政策”，它们规定一个必须实现的目标，一般是关于社会的某些经济、政治或社会问题的改善。把另外一些准则称为“原则”，它们应该被遵守，并不是因为它们将促进或保证被认为合乎需要的经济、政治或社会形势，而是因为它们是公平、正义的要求，是出于道德的理由。例如，必须减少车祸的准则是一项“政策”，而任何人不得从自己的错误行为中获利则是一个“原则”。

的遗嘱中给他留了一大笔遗产，但后来老人再婚，埃尔默怀疑其祖父可能会因此更改遗嘱而使他一无所获。埃尔默的罪行被发现后，他被定罪，判处监禁。从法律的角度看，埃尔默有合法权利获取其祖父在最后的遗嘱中提供给他的遗产吗？法院开始推理时承认：有关遗嘱的全部规则都是清楚明晰的，若拘泥于文字，就应当将这种财产给予凶手。但是，法院继续推理：所有的法律和契约的作用及其效果都受普遍法的一般的、基本的准则的控制，即任何人不得从自己的错误行为中获得利益。因此，法院最后判处埃尔默丧失继承权。

德沃金引用的另一个经典案例是1960年新泽西州高等法院关于“亨宁森诉布洛姆菲尔德汽车公司案”（Hennigsen v. Bloomfield Motors Inc.）。该案梗概为：亨宁森购买了一辆汽车，并与汽车公司签订了一项合同。合同规定，汽车公司的责任限于更换有瑕疵的零件，其他一概不负责。后来，在一起因汽车部件而引发的事故中，亨宁森受伤。这里的问题是：在汽车有瑕疵的情况下，汽车制造厂是否可以限定自己的责任。法院认为：在我们这样的社会中，生产人们广泛需要的、复杂的而有潜在危险的产品（如汽车）的工厂，对其产品的构造、宣传和销售都负有特殊的责任。法院不能让自己被当作不公平或不公正的工具；法院总是拒绝帮助执行那种一方不公正地利用他方在经济上的必需而进行的“交易”。据此，法院判定布洛姆菲尔德公司对亨宁森的损失承担全部责任。

法院是运用原则而不是规则来审理上述两案的。

德沃金主张：“法律原则和法律规则之间的区别是逻辑上的区别。两套准则都是针对特定情况下有关法律责任的特定的决定，但是，它们的不同之处在于它们所作的指示的特点。规则在适用时，是以完全有效或完全无效的方式而发生作用。如果一条规则所规定的事实是既定的，那么，或者这条规则是有效的，在这种情况下，必须接受该规则所提供的解决办法，或者该规则是无效的，在这样的情况下，该规则对裁决不起任何作用。”①而“原则”不是用以上的方式进行运作(即要么完全有效，要么完全无效)，例如法律尊重任何人不得从自己的错误行为中获利这条原则，并不意味着法律从未允许过任何一个人从他的错误行为中获利。事实上，人们常常完全合法地从其法律上的错误行为中获得利益，如不当占有行为就是一例。因此，“当我们说某一条原则是我们法律制度的原则时，它的全部含义是：在相关的情况下，官员们在考虑决定一种方向或另一种方向时，必须考虑这一原则。”②原则与规则之间的第一个差别即运作方式的不同必然带来另一个差别，即“原则具有规则所没有的深度——分量和重要性的深度。当各个原则互相交叉的时候，要解决这一冲突，就必须考虑有关原则分量的强弱……规则就没有这一层面上的问题。我们可以在功能的意义上说规则重要或不重要。在这一意义上说，由于一条法律规则在规范人们行为方面具有更大或更重要的作用，所以这条法律规则比另一条更重要。但是，我们不能说，在规则体系内部一条规则比另一条更重要。因此当两条规则相抵触时，一条规则由其性质自然地取代另一条规则”。③ 当然，德沃金也承认，在法律实践中“原

① 〔美〕德沃金：《认真对待权利》，信春鹰、吴玉章译，中国大百科全书出版社1998年版，第43页。

② 同上书，第45页。

③ 同上书，第45—46页。

则”与“规则”的分野并不是那么一目了然。因为有时从一项准则的形式上看，它到底是一条规则还是一条原则，常常不是很清楚，有时，从一条规则和一条原则所起的同样的作用来看，它们之间的差别几乎也只是形式的问题。但不管怎样，原则毕竟不同于规则，哈特将法律限制于规则范围之内的做法在法律实践中既不可行又缺乏正义论。

二、自由裁量权

哈特主张法律的正义论在于法律是一个规则体系，人们的法律义务只限于法律规则明文规定的范围之内。然而社会生活纷繁复杂，人类的行为千奇百怪，人类制定出来的规则毕竟有限，如何用有限的规则去统摄这无尽的社会生活，这是哈特型构其理论不得不面对和回答的问题。

有效的法律规则对生活的规定不可能面面俱到。所以，如果法律规则不能明确地处理某人的案子，那么这一案件就不能依靠“适用法律”来裁决，它必须给某些官员，例如由一名法官“行使自己的自由裁量权”。这意味着法官已经走出了法律之外，寻求某种超法律的标准去引导他创设出一条新的法律规则，或是对一个旧的规则加以补充。为弥补法律规则体系的漏洞，哈特只好求助于“自由裁量权”这一实证主义法学家不得不使用的救命稻草。

“自由裁量权”这个概念是由实证主义者从日常用语中演绎出来的。这一概念总是来自于特殊背景的情况下。“自由裁量权，恰如面包圈中的那个洞，如果没有周围一圈的限制，它只是一片空白，本身就不会存在。所以，它是一个相对的概念……‘自由裁量权’的准确含义受到上下关系特点的影响。”①哈特是从语言学的限度入手来引入自由裁量权这一概念的。他指出：“在所有的经验领域，不只是规则的领域，都存在着一般语言所能提供的指引上的限度，这是语言所固有的……‘解释’规则虽可以减少，却不能消除这些不确定性；因为这些规则本身是使用语言的一般规则，而一般词语的使用本身亦需要解释，像其他规则一样，它们不能自己解释自己。”②他接着又说：“任何选择用来传递行为标准的工具——判例或立法，无论它们怎样顺利地适用于大多数案件，都会在某一点上发生适用上的问题，将表现出不确定性；它们将具有人们称之为空缺结构(open texture)特征。至此，就立法而言，我们把空缺结构作为人类语言的一般特征提出来了；边界上的不确定性是在有关事实问题的任何传递形式中使用一般分类词语都需付出的代价……重要的是认识到我们为什么即使作为一个理想也不应当抱有这样的观念：一个规则应详尽无遗，以使它是否适用于特定案件总是预先已经确定，在实际适用中从不发生在自由选项中作出新选择的问题。简而言之，其理由在于作出这种选择的必然性硬推给我们的。因为我们是人，不是神。”③哈特认为，除了语言的限度之外，鉴于我们对经验事实的相对无知以及我们对目的的相对模糊，留给官员在特殊情况下以自由裁量权就成为人类理性的必然选择。“法律的空缺结构意味着的确存在着这样的行为领

① 〔美〕德沃金：《认真对待权利》，信春鹰、吴玉章译，中国大百科全书出版社1998年版，第51—52页。

② 〔英〕哈特：《法律的概念》，张文显等译，中国大百科全书出版社1996年版，第126页。

③ 同上书，第127—128页。

域，在那里，很多东西留待法院或法官去发展，他们根据具体情况在互相竞争的，从一个案件到另一个案件分量不等的利益之间作出平衡……在规则范围和判例理论留缺的领域，法院发挥着创制规则的作用。”①法律结构的空缺意味着在每个法律制度中，都有宽泛的和重要的领域留待法院或其他官员行使自由裁量权，以解决法律的不确定性。

德沃金根据“规则—原则—政策模式”论，反对哈特意义上的自由裁量权，认为法律的正义论理据就在于不存在自由裁量权。他首先分析了三种意义上的自由裁量权概念本身。他说：“有时候，我们在非常弱的意义上使用自由裁量权一词，仅仅是说，为了某种理由，官员们必须适用的标准，不能机械地加以适用，而要求使用判断。”②例如中尉命令中士派他的五名最有经验的部下执行巡逻任务。“有时候，我们在不同的弱的意义上使用这个词，只是说某些官员有权作出最后决定，其他任何官员都无权监督或撤销。”③德沃金把上述两种意义都称做微弱的意义，以便把它们同强烈的自由裁量权的意义相区别。“有时候我们使用‘自由裁量权’这个词，不仅是说，一个官员在适用权威机关为他确定的规则时，必须使用他自己的判断力，也不仅仅是说，任何人将来均不得对他所行使的判断进行审查，而是说，在某些问题上，他不受权威机关为他确定的准则的约束。”④接着他指出，哈特的自由裁量权

① 〔英〕哈特：《法律的概念》，张文显等译，中国大百科全书出版社 1996 年版，第 134—135 页。

② 〔美〕德沃金：《认真对待权利》，信春鹰、吴玉章译，中国大百科全书出版社 1998 年版，第 52 页。

③ 同上。

④ 同上书，第 53 页。

含义显然是指强烈意义的自由裁量权，因为哈特认为法律就是规则的体系，当出现法律漏洞时，人们就必须承认法官或其他官员拥有可以改变旧的规则、引进新的规则的自由裁量权。这时出现的问题是：在“埃尔默案”和“亨宁森案”中，既然法律规则对埃尔默丧失继承权和布洛姆菲尔德汽车制造厂对买主承担主要责任没有规定，法官凭什么可以依据其强烈意义上的自由裁量权作出不利于埃尔默和布洛姆菲尔德汽车制造厂的判决。人们不宜说，在类似亨宁森这样的案件中，法院在道德上有义务如此作为。亨宁森之所以能赢得官司，不在于法官运用其自由裁量权给他创设了新的权利，而是承认法律已经给予他的权利是什么，这样法官不是在创设法律上的权利，而是去发现法律中已有的权利。因此，德沃金认为我们必须走出哈特意义上的“法律是规则体系”的四角范围，认为法律既是规则，又包括原则。惟其如此，哈特意义上的自由裁量权才没有生存的空间。

德沃金对哈特法律实证主义的批判可以归结到这样一个长期困扰法理学界的经典问题上：什么是法律。哈特主张，道德不能成为检验规则是否为法律或继续为法律的标准，只要是立法机关依照法定程序制定和颁布的法律，就是有效力的法律。违反道德的法律也是法律，只不过是“恶法”。面对不道德的法律，我们不应否认它之为法律及其效力，而是应该说：“这是法律，但他们是如此邪恶，以至不应遵守和服从。”①而在德沃金看来，在英国和美国这样复杂的法律制度中，法律和道德准则之间，不可能像哈特所坚持的那样可以作出最终的区分，因为在任何一个法律制度中，对法律正义论检

① H. L. A. Hart, *The Concept of Law*, Oxford University Press, 1961, p. 203.

验都不可能存在某些共同接受的基本检验标准,用以决定哪些准则可以算做法律,哪些不能算做法律。因此,德沃金说:“我的观点是,实证主义(代表人物为哈特),连同它的基本的和共同接受的检验法律的标准的理论一道,误用了一个整体概念的部分内容。”①

第二节　德沃金对自由主义权利观的辩护

德沃金对哈特法律实证主义的批判与颠覆,重提法律正义论这一历史话题,其实践目的就是要彻底粉碎以哈特为代表的实证主义法学家所持的狭隘权利观(该权利观将人们的权利限定于国家制定的实在法范围之内),代之以一种新自由主义的权利观。德沃金认为,公民不仅享有法律明文规定的权利,还享有先于法律规定的权利,其中之一便是反对政府的道德权利。在德沃金这里,“权利”从一定程度上讲使法律道德化了,法律由此获得其正当性和正义论。我们要体会到,德沃金的“自由主义式的权利”多数时候是且应该是普遍公民居家过日子所必需的东西。用德沃金的话来说,其关键是公民拥有应当受到平等关切与尊重的权利。所以,德沃金关注的权利显然不是抽象的自然权利,其孜孜关注的不外乎是现世的人生,即一般状态下此时此刻国家治域下的国民的生存之道及其超越之维。

一、法律之道

厘定德沃金的权利观之内涵,离不开对法律正义论问题的哲

① 〔美〕德沃金:《认真对待权利》,信春鹰、吴玉章译,中国大百科全书出版社1998年版,第72页。

学思考。

文艺复兴和近代启蒙运动以来，以笛卡尔为代表的理性主义哲学思潮一泻千里，弥漫了整个世界。理性成为衡量一切的价值标尺，甚至成为凌驾人类自身、主宰人类世界的新的权威。人类实际为自己创造了一个非历史、非人性的顶礼膜拜的对象。特别是随着现代科学技术的发展，理性业已演变为一部功能强大的精神机器，具有压抑人性、剪除个性的功用。经验世界一切均是可计算的、可定做的。“相信在科学的时代，只有人造的伦理制度、人造的语言，甚或一个人造的社会才能算得上是合理的，越来越不情愿屈从于那些没有得到理性论证的伦理原则。”①然而，当代哲学解释学②根本否认所谓绝对理性的存在。按照伽达默尔的说法：“理性不是它自己的主人，而总是经常地依赖于它所活动的被给予的环境。”③

如果将当代哲学解释学运用于法律之中，我们便会发现一个新的“意义的世界”。按照哈特等法律实证主义者的看法，制定法律规则的理性将最终成为法律正义论的根据。这样，人们面对的将是非人性的冷冰冰的法条，人在自己的创造物——法律面前，逐渐丧失了自我。而从哲学解释学的立场看，德沃金认为法律不应

---

①　〔英〕哈耶克：《法律、立法与自由》，邓正来等译，中国大百科全书出版社 2000 年版，第 21 页。

②　当代哲学解释学流派纷呈，对一些基本问题看法并不一致。当代哲学解释学奠基人伽达默尔反对将哲学解释学当做一种方法，认为哲学解释学从根本上讲就不是一种关于方法论的哲学，它自身也不是方法论，而是人的世界经验的组成部分。参阅〔德〕伽达默尔：《真理与方法》（上卷），洪汉鼎译，上海译文出版社 1999 年版，序言。

③　同上书，第 354 页。

该仅仅被理解为非人性的规则，而是离不开人的信仰的意义的世界（详细论证见《法律帝国》一书和本书第三章）。长期以来，从事法律社会学、法律史以及比较法律研究的学者业已对实证主义法学过于狭窄的法律定义表示过强烈的不满。因为按照这种只承认具体法律规范的法律观，根本就不存在什么“西方的法律”，甚至也不存在“美国的法律”，而只存在美国联邦法律和各州法律。[①] 这样一来，法律所呈现的那个丰富的意义世界被清除得一干二净。所以，“一个法律的一般理论总是从哲学问题的这一个或那一个有争议的立场开始，而这些问题并不具有明显的法律性质。”[②]

德沃金在《认真对待权利》一书中开宗明义地阐明了其立言宗旨。他说道：“本书各章对法律的自由主义理论进行界定并为之辩护。它们也尖锐地批判了另外一种理论，这一理论曾被广泛地视为自由主义理论。由于它具有广泛影响，我将把它称为主导的法律理论。”[③]他认为，“主导的法律理论”继承了休谟事实与价值不可通约命题的衣钵，主张法的应然与实然之间不可逾越；关于“法律是什么的理论”与“关于法律应当是什么”的理论在“主导的法律理论”中是相互独立的。这两部分均来源于边沁的哲学。德沃金批判了这两种理论，强调并捍卫了一个古老的自由主义的传统观念——个人人权的观念。

---

① 〔美〕伯尔曼：《法律与革命》，贺卫方等译，中国大百科全书出版社 1993 年版，第 4—5 页。

② 〔美〕德沃金：《认真对待权利》，信春鹰、吴玉章译，中国大百科全书出版社 1998 年版，第 3 页。

③ 同上书，第 1 页。

从法律问题的哲学思考出发，德沃金主张“法律的一般理论必须既是规范性的又是概念性的”①。“法律是什么”的问题与“法律应该是什么”的问题历史性地相互依赖在一起，法律的理论将根植于更为一般的政治和道德哲学之中，这一政治与道德哲学反过来又有赖于关于人性或道德目标的哲学理论。②

德沃金认为，主导法律理论的规范性部分和概念性部分均得到长足发展。它的概念性部分的理论形态主要是法律实证主义，规范性部分的理论形态为功利主义法学。主导法律理论这两部分在历史上都受到不同方面、不同程度的批判。批判者认为，法律实证主义的形式主义，迫使法院以服务于保守的社会政策的程序性正义的微弱感觉取代损害这些政策的更为丰富的实质性正义；而功利主义法学又是不公正的，因为它们将贫穷当做效益的手段而使之永存。德沃金认为历史上对主导理论的“所有这些批评都没有提到主导法律理论是有缺陷的，因为它反对这样一种思想，即个人有权反对国家，这些权利先于由明确的立法所创设的权利。相反，对主导法律理论来自左的和右的批评联合起来，指责主导理论像他们认为的那样过分关心所谓个人命运”③。主导法律理论对任何形式的个人权利思想均加以反对。法律实证主义反对法律可以先于任何形式的立法而存在的思想；它也反对这样一种思想，即个人和团体在审判中享有由构成社会法律整体的明确规定的权利

---

① 〔美〕德沃金：《认真对待权利》，信春鹰、吴玉章译，中国大百科全书出版社1998年版，第2页。

② 同上书，第3页。

③ 同上书，第5页。

之外的权利。经济功利主义也反对政治权利可以先于法律权利而存在的思想。主导理论对自然权利的大部分反对意见都是边沁提出的一种观念的结果：在应受尊重的经验形而上学中没有自然权利的位置。[①]

而德沃金认为，个人权利是个人手中的护身符。当由于某种原因，一个集体目标不足以证明可以否认个人希望什么、享有什么和做什么时，不足以证明可以强加于个人某些损失或损害时，个人便享有权利。[②] 法律的正义论便根植于个人权利之中，所以法律之道即生存之道。人们对法律的理解不是某种冰冷的实体或“定在”，而是一生活世界和意义世界。德沃金正是沿着这一哲学路径来解说其法律理论，并提出其自由主义权利说。德沃金理解的个人权利从逻辑上讲是优于集体目标的，且认为法律权利、政治权利是从被认为是基本的、不言而喻的获得平等、关心与尊重的抽象权利中衍生出来的具体权利。这样，获得平等的关心与尊重的权利“既是集体目标的一般权威的渊源，也是证明更为具体的权利对这一权威进行特别限制的渊源”[③]。

二、疑难案件与原则立论法

法律理论的目的是为法律实践提供基础和说明，那么这一理论所陈述的原则必须通过与政治和道德关心的认同，通过与该社

---

① 〔美〕德沃金：《认真对待权利》，信春鹰、吴玉章译，中国大百科全书出版社1998年版，第6页。

② 同上。

③ 同上书，第10页。

会的传统的认同来证明这些固定的规则的合理性。[①] 因此,法律理论的选择并不仅仅依赖于每种理论所能找到的特点的数量,它也依赖于该理论所指涉的道德事实。这一事实说明,对法律理论和权利的思考必须超出实证主义的限度,抛弃道德中立说,以确立法律正义论之理据,而疑难案件(hard cases)是各种法律理论的中心角斗场。因此,德沃金以疑难案件作为其进一步分析权利观的作业平台。

法律实证主义提供了这样一种关于疑难案件的理论。它认为,如果根据国家制定法的一条清清楚楚的规则不能提起诉讼,那么这时法官或其他官员就有判决此案件的"自由裁量权",去创设一种事先并未存在的新的法律权利,然后溯及既往地运用到手边的案件中,用以定纷止争。德沃金则不这样看,他主张,即使没有明确的规则可用来处理手边的案件,某一方仍然可以享有胜诉权。即使在疑难案件中,发现各方的权利究竟是什么而不是溯及既往地创设新的权利仍然是法官的责任。[②] 为避免犯实证主义同样的错误,即认为能找到衡定一条规则能否算得上一条法律规则,一种权利能否算得上是法律权利的标准,德沃金马上声明:所谓存在着用来证明疑难案件中各方权利的机械性程序的说法绝非其理论的组成部分。恰恰相反,他认为,有理性的律师和法官往往会对法律权利有不同的认识,正像普通公民对政治权利的认识不同于政治家的认识一样……某些读者可能会反对说,如果在疑难案件中不存在,甚至在原则上也不存在用来证明各方权利的程序,那么,必

① 〔美〕德沃金:《认真对待权利》,信春鹰、吴玉章译,中国大百科全书出版社1998年版,第98页。

② 同上书,第115页。

然的结论就是,各方根本就没有权利。他指出,这种反对意见预先假定了一般哲学中的一个有争议的命题,即除非一个陈述至少在原则上可以被证明,否则,它必假无疑。毫无疑问,没有理由把这一命题作为一般真理理论的要素接受下来;相反,人们倒是有充分理由反对把它具体运用于法律权利的陈述上。①

在疑难案件中,法官和律师到底是创设新的权利还是去发现业已存在的权利,这是法理学家、道德哲学家们长期以来争论不休的具有本质重要性的问题。孟德斯鸠认为:"从最广泛的意义来说,法是由事物的性质产生出来的必然关系……个别的'智能存在物'可以有自己创制的法律,但是也有一些法律不是他们创制的……如果说除了人为法所要求或禁止的东西以外,就无所谓公道不公道的话,那就等于说,在人们还没有画圆圈之前一切半径都是长短不齐的。"②康德则说:"因此,可以理解权利为全部条件,根据这些条件,任何人的有意识的行为,按照一条普遍的自由法则,确实能够和其他人的有意识的行为相协调。"③哈耶克从对"建构主义"④的

① 〔美〕德沃金:《认真对待权利》,信春鹰、吴玉章译,中国大百科全书出版社1998年版,第115—116页,详细论证可参阅《认真对待权利》一书第十三章。在该章中,德沃金坚持认为,即使在疑难案件中,司法判决过程的目标是发现而不是创造有关各方的权利,而且司法判决过程的政治合理性证明依赖于这一特点的坚固可靠。

② 〔法〕孟德斯鸠:《论法的精神》(上册),张雁深译,商务印书馆2002年版,第1—2页。

③ 〔德〕康德:《法的形而上学原理》,沈叔平译,商务印书馆2002年版,第40页;另康德这里对权利的界定,也可以理解为康德关于法律的说明。

④ 哈耶克在《法律、立法与自由》一书批判的建构主义主要是指:建构主义假定所有社会制度(包括信条的恶果)采用了以唯知性科学的谬误来推毁价值的做法。建构主义趋向于把它所无力理解、无力解释的那些价值一概当做是取决于人之专断的决策和意志行为或纯粹情绪的东西,而不把它们当做是建构主义阐释者视为当然的那些事实的必要条件。

批判出发，主张法律等制度既非“自然的”亦非“人之设计的”，而是“人之行动且非意图或设计的结果”。① 德沃金认为，要在疑难案件中找到适用法律时所需的权利，并不是靠翻书就可以完成的，而是要经过一番“立论”(argumentation)，通过找到法律中存在且适用于此案件的“原则”，而后由此“原则”导引到诉讼当事人所享有的权利。“原则立论法”就是要解决德沃金自认为“约法主义”②没有办法“依法”来解决的疑难案件，③从而给法律以合法的根据，给诉讼当事人以公正的感觉。正如迈克(J. Mackie)所评述的：“德沃金教授认为就算是在一个疑难案件中，法官也不至于面临为了要下达判决却至无法可用的地步，以至于要因为新的案件而被迫自制新法。法官永远不需扮演立法者，即使是暗中扮演也不需要……”④

德沃金“原则立论法”的要旨可叙述如下：如果一个疑难案件中找不到可用的、明文的“规则”，法官便须寻找“原则”，此“原则”不是取之于既有法律之外，而是原来已包含于法律之内的。此“原则”代表了法律传统一贯秉持不渝而自始至终加以实践的道德价值，当然此道德价值不只是法官个人的道德价值，而是既有法律之

---

① 〔英〕哈耶克：《法律、立法与自由》，邓正来等译，中国大百科全书出版社 1998 年版，代译序，第 21 页。

② “约法主义”又称“法律翻书派”，认为在审判中要寻找适用的法规、判例只是一件“探讨历史的简单事情”。对每个案件中法律在哪里的问题以及法律中规定的权利在哪里的问题，皆在历史中可得到一个直接的回答，每个法律人如果训练有素的话，皆能找到同样的一个法律。“约法主义”认为，所有法律问题永远都可以借着查阅判例的汇编纪录书而获得解答。

③ 林立：《法学方法论与德沃金》，中国政法大学出版社 2002 年版，第 45 页。

④ 转引自林立：《法学方法论与德沃金》，中国政法大学出版社 2002 年版，第 45—46 页。

一部分,已被“制度化”,纳入到法律体系中,已获得法律的身份。这样,基于法律“原则”对疑难案件所作出的判决,无疑也是依法的判决,当事人所享有的胜诉权无疑也就是业已存在法律之中的权利,而不是什么新创设的权利,这样,法律的正义论就得到了保证。

德沃金既想走出法实证主义的四角范围,在法律中引入价值的维度,从而具有价值论法学的特征,但他又不想走得太远,像功利主义法学那样,让法律纯粹成为效益主义的工具。为此在论证权利命题时,他提出了原则论据和政策论据的分野。

他认为,通过表明“一项政治决定”促进或保护了作为整体的社会的某些集体性目标,政策的论点证明了这项政治决定的合理性。例如,支持补贴飞机制造商的论点论证这种资助会保护国家安全,是一种政策的论点。通过说明“一项政治决定”尊重或维护了某些个人或集体的权利,原则的论点证明了此一政治决定的合理性。赞成禁止歧视法令,因为少数人享有受到平等尊重和保护的权利就属于一个原则的论点。① 原则的论据意在确立个人权利;政策的论据意在确立集体目标。原则是描述权利的陈述;政策是描述目标的陈述。② 德沃金认为,审判理论已发展成为了深刻而又复杂的理论,但是以哈特为代表的法实证主义者仍然把审判置于立法的阴影之中,认为法官在疑难案件中应当只适用立法机构所制定的法律,不应当制造新的法律及其权利。当然,法实证主义者也意识到这只是一种理想状态,在现实生活中,由于语言的局

---

① 〔美〕德沃金:《认真对待权利》,信春鹰、吴玉章译,中国大百科全书出版社1998年版,第117页。

② 同上书,第126页。

限，法律会有空缺结构、开放地带，因而以上这一理想很难充分实现。所以，有时法官必须或明或暗地创设法律。但是，当他们这样做时，他们的行为只应当是立法机关的代表或代理者，制定那种在他们（指实证主义者）看来一旦立法机关意识到这个问题也会制定的法律。

然而，认为法官在疑难案件中可以是立法者的代表或代理者的说法，德沃金认为根本上是错误的，不符合美国法律实践，因为它忽略了政治理论中的一个根本区别（一个以原则为论点的一方和以政策为论点的另一方的区别）的重要意义。立法机关在立法过程中，为证明一项复杂的立法纲领，通常既可诉求于原则的论点，又可诉求于政策的论点。如果法院在处理手边的疑难案件中可以代理或代表立法机关，那它对案件判决的根据问题以及公民能否通过公力救济赢得诉讼的问题便有权力做立法机关可以做的同样的事情，即既可以采纳基于原则的论点，又可以采纳基于政策的论点，这样，法院的法官其实就是在自由地判决案件，而德沃金极力捍卫的公民个人权利这一护身符将荡然无存。为此德沃金主张是：“民事案件的司法判决……显然是而且也应该是因原则而不是政策而产生的。”①

为捍卫疑难案件中的“原则立论法”，德沃金意识到他必须面对两种反对意见的挑战。

第一种意见认为，社会应当由经过民主选举并且对多数负责的男女人士（意指立法机构的立法人员）来统治。既然就大多

① 〔美〕德沃金：《认真对待权利》，信春鹰、吴玉章译，中国大百科全书出版社1998年版，第119页。

数情况而言，法官不是民主选举的，因而法官在实践中并不像立法者那样对选民负责，于是，当法官制定法律时可能会危害上述主张。①

第二种意见认为，如果法官制定法律并将其溯及既往地运用于他面前的案件，那么，败诉的一方之所以会受到惩罚就不是因为他违犯了他所承担的某一义务，而是因为他触犯了事件发生后才产生的一种新的法律。②

上述两种反对意见对德沃金疑难案件中法官采用的"原则立论法"能否构成根本性的挑战呢？德沃金断然否认。他认为，以上两种反对意见结合在一起只对那些基于政策而产生的司法判决具有影响，而对于基于原则而产生的司法判决没有什么意义。他接着说："如果原告确实具有一种权利以获得他所希望的司法判决，那么，他就有权依赖这种权利。如果他享有这一权利是十分明显，毫无异议的，那么被告就没有理由仅仅因为权利以不同于法规的形式出现就声称受到了不公正的突然袭击。"③"原则立论法"确立的是个人权利，"这些理论对于个人权利的重视所表示的是，个人权利不能被集体的目标及效益所否决，因此，这种对权利的看法可以被称之为反效益主义式的"④。

"原则立论法"除了导出公民法律上的权利之外，事实上它还在德沃金的权利理论中起着一个架桥的作用，将传统的、被德沃金

---

① 〔美〕德沃金：《认真对待权利》，信春鹰、吴玉章译，中国大百科全书出版社1998年版，第119页，详细论证将在本书第五章展开。

② 同上。

③ 同上书，第121页。

④ 石元康：《当代西方自由主义理论》，上海三联书店2000年版，第30页。

教授称之为“主导法律理论”中相互隔离的规范性部分与描述性部分(即法的应然与实然)之间勾连在一起。通过“原则立论法”将法律权利回溯到政治权利，然后又将政治权利回溯到道德权利上，这样，权利就构成了一个连续性的体系，公民在这个无漏洞的连续性的权利网中获得了安身立命的慰藉和保障。

德沃金这样论述道：实际上，我们可以说，疑难案件提出了一个政治理论问题。[①] 如果说疑难案件的判决一定是有关各方权利的判决，那么，某一法官或其他官员如此判决的理由一定是论证承认或否认权利的理由，他必须使自己的判决及其理由与其政治体制内为什么创造或否定权利的普遍理论相联系。权利命题，也就是通过司法判决去实施现存的政治权利。这样“法律制度的历史就不再是作为对法官政治判断的限制，而是这一判断必不可少的组成因素，因为，制度的历史是关于个人权利的任何合理的判断所必须适应的总体背景的一部分。总之，政治权利是历史和道德的产物：在公民社会中，个人被授权享有的权利依赖于这一社会的政治制度的公正和实践”[②]。因此，从至少在它吸引到了政治责任的广泛意义上，疑难案件中的司法判决就是政治判决。[③] 可见，“原则立论法”表面上是从司法的层面导出了法律权利，但深层次却是旨在确定有关各方的政治权利以及随之而来的道德权利(在德沃金这里主要是一种体制内的道德权利，是种制度伦理)。法官在疑

---

① 〔美〕德沃金：《认真对待权利》，信春鹰、吴玉章译，中国大百科全书出版社1998年版，第142页。

② 同上书，第122页。

③ 对疑难案件乃至其他一切案件的司法判决中所指涉的政治责任问题的阐述，可详见德沃金的另一本名著《法律帝国》，本书的第四章将展开详细的论证。

难案件中的“原则立论法”过程，要求法官必须作出相应的政治道德的判断，以便认定有关当事人的法律权利何在。所以，权利命题所提供的，“不是某些关于法官做什么的新奇理论，而是一种新的描述我们所知道的法官的行为的方式；而且，这一新的描述方式的实质不是经验的，而是政治的和哲学的。”①这样，德沃金通过“原则立论法”所导出的权利，不同于以往自由主义哲学大师所倡导的自然权利，其对权利的看法有一个特殊的地方。他指出：“个人有什么权利要看作为那个政治社会所据以成立的背景的理据（background justification）而定。”②自18世纪以降，在西方主流社会中，效益主义即功利主义（utilitarianism）垄断了伦理、政治、经济及法律等领域的思想。功利主义是一个系统性很强的理论，它一方面可以作为个人道德行为指引的原则，另一方面可以作为社会、政治、经济及法律等领域的建构原则。一些当代权利理论家包括罗尔斯、诺齐克和德沃金均反对功利主义的权利理论。但是问题的关键在于人们拥有的权利的理据在哪里？我们根据什么来说人们拥有权利呢？这是德沃金权利哲学中最大的问题，也是所有谈权利的理论中最大的问题。德沃金对以上问题的回答不同于传统的自然权利论者，他并不认为人们有所谓的普遍的自然权利。例如，我们是否有同性恋的权利？我们是否有自杀的权利以及堕胎的权利？照德沃金的看法，人们有什么权利要看该政治社会成立的背景理据而定。因此，不同政治社会的人可能有不同的权利。“原则

① 〔美〕德沃金：《认真对待权利》，信春鹰、吴玉章译，中国大百科全书出版社1998年版，第126页。

② 石元康：《当代西方自由主义理论》，上海三联书店2000年版，第33页。

立论法”的工作就是论证我们的权利是按照政治社会据以成立的理据是什么而拥有的。在美国，德沃金毫不犹豫地认为社会政治据以成立的合理性就在于国家或政府能平等地关心和尊重其治域下的公民，即公民有获得平等关切和尊重的权利，这是权利之根，“是政治道德上的设准（postulate）或公理，所有的其他的权利都是从这里推导出来的。”[①]

三、认真对待权利

德沃金通过对疑难案件作一番“原则立论法”的旅程之后，利用政治权利在法律权利和道德权利之间实施了架桥战略，避免了以哈特为代表的法律实证主义在捍卫法律正义论问题方面的不足。但我们现在要追问的是：什么是权利本身？权利的内容是什么，它们是可以争议的吗？我们享有什么权利以及如何捍卫和保证我们的权利等等问题？

权利命题是一个令古往今来哲学家、政治哲学家、道德哲学家和法哲学家们皓首穷经的万古迷津。从现代意义上来看，权利命题的发轫最早可追溯到苏格拉底的转变。“为什么‘前苏格拉底哲学’竟然不涉政治哲学，而苏格拉底本人从哲人转变为政治哲人，这是所谓‘苏格拉底问题’的题中之意。苏格拉底从蒂欧提玛那里得知爱欲的秘密时似乎还太年轻……苏格拉底本人日后的一个深刻转变是从少年式地鄙视政治和道德事务、鄙视人事和人，转向成

① 石元康：《当代西方自由主义理论》，上海三联书店 2000 年版，第 36 页。详细论证请参阅《认真对待权利》一书第 357 页，英文版 pp. 272—273；另德沃金“论自由主义”一文中也有相同的说法。

熟地关心政治和道德事务、关心人事和人。"[①]苏格拉底将哲学从天国拉回人间，开启了权利命题之先河。"由于对自然漠不关心，他拒绝从自然与法律的具有颠覆性的区分着眼来考察人类事物。他反而把法律与自然等同起来。他当然地把法律与合法相等同……这里我们只要指出一点，自然与法律的分别，对于苏格拉底和对于总体而言的古典自然权利论，都一直保持着充分的重要性……正是人的自然构成的等级秩序，为古典派所理解的自然权利提供了基础……善的生活就是与人的存在的自然秩序相一致的生活，是由秩序良好的或健康的灵魂所流溢出来的生活……故而，人们可以将制约着善的生活的一般特征的准则叫做'自然法'。"[②]古典自然法的中心论点是"善先于权利"，权利命题在此只具有从属和派生的意义，不具本源性的意义。

随着以目的论为主导的哲学体系的瓦解，以"善优先于权利"为中心论点的古典权利命题经历了根本性的变化，发生了历史性的断裂和颠覆，这是现代自然科学、非目的论的自然科学、知性科学崛起的必然，它从根本上推毁了以往权利命题的基础。霍布斯是发起这一革命的创始人。自霍布斯以来，权利命题一跃成为政治哲学、法哲学的核心命题且具有本质的重要性。权利命题的前置条件和中心论域是"权利对于善具有优先性"[③]。当然，不同的自由主义思想家对权利理解的角度和层次是不一样的，但他们的

---

① Strauss, *Socrates an Arstophanes*, The University of Chicago Press, 1966, pp. 4,314；转引自〔美〕列奥·施特劳斯：《自然权利与历史》，彭刚译，生活·读书·新知三联书店 2003 年版，导言，第 1 页。

② 同上书，第 121—128 页。

③ 参阅同上书，导言"政治哲人施特劳斯：古典保守主义政治哲学的复兴"。

基本理路均是以权利为本位。当代美国自由主义大师罗尔斯、诺齐克和德沃金从历史视阈下来看亦不出其右。

德沃金反对天赋权利观以及抽象的人权等概念，力图从现实社会中即政治社会中去型构出人们的真实权利。他认为，权利不是人们口袋里的私产。“在所有承认理性的政治道德的社会里，权利是使法律成为法律的东西”①。所以，在建构一个鼓励道德社会中的人们的权利过程中，权利必须反映政治道德和公民个人道德与信仰。“从根本上说，所有的法律规则均是针对政府的”②。换句话，所有的权利均是针对政府的。如果要说权利与义务相对应的话，那么，德沃金所关注的义务就是政府义务。他说：“权利保证法律不会引导或允许政府去做它的道德身份之外的事情；权利保证法律能够使政府对其行为负道德责任，正如权利也保证法律能够使个人对其行为负道德责任一样……一个政府通过尊重权利表明，它承认法律的真正权威来自于这样的事实：即对于所有人来说，法律确实代表了正确和公平。”③所以，在美国这样的政治社会中，权利是必要的，更是重要的。

德沃金主张，“个人权利是个人手中的政治护身符……当然，从它不指明人们有什么权利或保障什么权利这一点来看，确实，如果说权利有什么特征，一个权利的特征便是形式上的。但它并不假定权利具有某些特别的形而上学特征，因此，在这些书中所为之

① 〔美〕德沃金：《认真对待权利》，信春鹰、吴玉章译，中国大百科全书出版社1998年版，中文版序言，第21页。

② 同上。

③ 同上。

辩护的理论与依赖于那种假设的旧的权利理论是相背离的。”①接着他又论述道：“最重要的区分是两种形式的政治权利的区分：背景权利，即以抽象的形式掌握在个人手中以反对作为整体的社区或社会的决定；具体的、制度上的权利，用以反对一个具体机构所作的一项决定。这样，法律权利就可以被看做是一种特别的政治权利，即对于法院在执行其审判职能时所作出的判决来说，是一项制度化的权利。”②法律实证主义者和功利主义者只承认制度化的权利而不承认背景权利的观点，遭到了德沃金等新自然法学家的历史性批判。他主张人们不仅具有法律权利这样的“制度化的权利”，而且具有“背景权利”，即公民享有反对政府的道德权利。

德沃金提出的反对政府的权利有其历史渊源。在中世纪的西欧，教皇的教义钳制了人的思想自由，但是约翰·索尔兹伯里、托马斯·阿奎那等人的思想仍然折射出法治的光芒和人文的精神。索尔兹伯里非常重视法律在国家政治生活中的作用，他认为一个暴君与明智的国王之间只有一个重要的区别，即是否服从法律，人们可以不服从暴君，并且可推翻暴君统治和杀掉暴君。阿奎那认为，法律就是“公共幸福”，是“对于种种有关公共幸福的事项的合理安排”。③

① 〔美〕德沃金：《认真对待权利》，信春鹰、吴玉章译，中国大百科全书出版社1998年版，导论，第6页，这里讲的旧的权利理论主要是指自由主义者们对权利理论所持的本体论态度，认为个人的权利类似于某种存在，具有典型的形而上学的特征。此种自然权利理论遭到了以边沁为首的功利主义的强烈反驳，边沁认为，在受尊重的经验形而上学中没有自然权利的位置。

② 同上书，导论，第7页。

③ 〔意〕托马斯·阿奎那：《阿奎那政治著作选》，马清槐译，商务印书馆1983年版，第51页。

如果政府行为不是为了公共幸福,人民可以起身反抗。到了近代资产阶级革命时期,许多启蒙思想家仍然倡导这种理论,如洛克的社会契约论中就认为:"现在世界上的统治者要想从以亚当的个人统治权和父权为一切权利的根源的统治中得到任何好处,或从中取得丝毫权威,就成为不可能的了。"①他认为,政府的权利是人们通过契约的方式而让渡给它的。所以他又说:"这就是立法和行政权力的原始权利和这两者之所以产生的缘由,政府和社会本身的起源也在于此。"②因此,在洛克这里,人们始终保有着一种最高的权利,以保卫自己不会受到政府和社会的"攻击和谋算"。除了历史渊源之外,德沃金力主背景权利的另一个原因则是出于对20世纪六七十年代美国社会状况思考所作出的理论回应。面对美国这一时期如火如荼的民权运动,德沃金给予的是理解的同情和支持,但他采取的是一种审慎的态度,走的是"一条中间的道路"③。一方面德沃金认为要坚持和捍卫美国现有的法律体系,用以应对民权运动对现有法律有效性提出的挑战;另一方面又主张人们有超出现有实在法给其权利之外的权利,特别是反对政府的道德权利。所以他说:"从事一种有效力的法律发展,它必须像发展它的法典一样来发展它的政治道德。"④这里的政治道德的核心就是个人拥

---

① 〔英〕约翰·洛克:《政府论》(下篇),瞿菊农、叶启芳译,商务印书馆1984年版,第3页。

② 同上书,第78页。

③ 许多学者认为当代美国权利理论大师三驾马车中,罗尔斯走的是偏左的道路,诺齐克走的是偏右的道路,而德沃金走的是中间道路,笔者认为此种说法基本上符合他们各自理论的特征。

④ 〔美〕德沃金:《认真对待权利》,信春鹰、吴玉章译,中国大百科全书出版社1998年版,中文版序言,第27页。

有反对政府的道德权利。因此,我们必须切记德沃金所主张的"个人有反抗政府的道德权利"是在美国现有法制下的一种权利,决不是颠覆美国法制和美国政府的权利。

背景权利即个人有反对政府的道德权利究竟是一种什么权利？其根源是什么？如何证明呢？

德沃金对个人权利概念的理解与诺齐克、罗尔斯的理解一脉相承,具有"家族相似性",强调个人具有某些即使是为了普遍性利益也不可侵犯和牺牲的个人权利。德沃金认为,检验和判别个人是否享有反对政府的正义的个人权利的标准是:一个权利要求的核心"意味着一个个人,有权利保护自己免受大多数人的侵犯,即使是以普遍利益为代价时也是如此"①。"权利最好理解为压倒一些背景理由的王牌,这些背景理由支持规定社会整体目标的政治决策。"②个人权利是个人手中压倒社会利益或对付集体目标的"王牌",德沃金将这种意义上的权利概念称之为反效益主义的权利概念,也称之为最强硬意义上的个人权利。这种权利即使以社会普遍利益为代价也不能予以否认和剥夺。因此,这一标准可以检验一项权利是否是一种普遍的个人权利的标尺,据此,我们就可以判别一项权利是否是一种最强硬意义上的个人权利。当然,在德沃金的著作中,他不主张采用形而上学的思考方式去探讨权利的来源问题,所以,麦克贝尔(H. McCouberey)认为,德沃金的权利理论侧重关注在一个既定制度内(如美国既有的宪政体制下),

① 〔美〕德沃金:《认真对待权利》,信春鹰、吴玉章译,中国大百科全书出版社1998年版,第197页。

② Ronald Dworkin, *A Matter of Principle*, Cambridge, Massachusetts: Harvard University Press, 1985, p. 190.

其权利如何得以体现、实施和贯彻。这远离了传统自然法法学家关注的中心问题，即权利的抽象来源和根据何在。因此，德沃金在权利理论上并不算是严格意义上的自然法法学家，但就其所强调的一方面来说，他的理论具有“准自然法倾向”。德沃金在2002年5月访华时，甚至一度拒绝讨论权利的形而上学式的来源问题。① 他说：“当然有些人可能希望提出反对意见。他们认为，在任何情况下，作为一个实际问题，除非证实对权利的要求是正确还是错误，否则对权利的要求和争论便没有任何意义。这一反对意见是误入歧途了……但是，一个政治理论承认许多权利的要求，包括某些十分重要的权利要求是不能证明的，这一点很重要。”②

在德沃金撰写的成名作《认真对待权利》一书中，他这样写道：“在美国当前的政治论战中，权利之声占了主导地位。政府是否尊重其公民的道德和政治权利？政府的外交政策，或者它的种族政策，是否同这些权利背道而驰？权利一直受到侵犯的少数人，是否有权利违反法律以作为对这种侵犯的回答？沉默的多数自身是否享有权利，包括要求对违反法律的人给予惩罚的权利？”③德沃金认为，对以上这些问题的回答所引发的争论并不包括公民是否享有某些反对政府的道德权利的问题，争论各方看起来都承认公民享有某些反对政府的道德权利，而边沁认为道德权利的概念是“一派胡言乱语”的观点在第二次世界大战后当时的美国根本找不到

---

① 〔美〕德沃金等：《认真对待人权》，朱伟一等译，广西师范大学出版社2003年版，第190页。

② 〔美〕德沃金：《认真对待权利》，信春鹰、吴玉章译，中国大百科全书出版社1998年版，第9—10页。

③ 同上书，第243页。

市场，亦不构成当时美国正统政治理论的组成部分。共和党和民主党、保守主义和自由主义、左派和右派的政治家们以及理论家们都诉诸于人民的权利，以证明其行为和学说的正当正义论。因此，德沃金认为公民有反对政府的道德权利并不是其理论关注的焦点，只是其权利理论的“无声的开场白”。他所要探讨的焦点是：人们有反对政府道德权利的含义是什么？此种权利对政府和公民来说意味着什么？

当然，公民享有哪些特定的以反对政府的权利是大有争议的。例如公民有言论自由的权利是否包括焚烧国旗的权利？在实践中，对于公民享有的权利意味着什么的问题，政府往往具有最终的决定权，但这并不意味着政府的观点必然是正确的观点，因为“理性道德不承认‘高级立场’。正如其字义所包含的，理性道德就是其权威只建筑在理性之上的道德……同样道理，政府不能够只宣布它具有超级的道德感觉，然后期待生活在一个理性的政治道德制度之下的人们仅凭着对它们的信心就接受其道德主张……政府也不能宣布说，它的优越地位使得它能够观察到普通公民所不能理解的道德真理。不能理解的真理这个概念就是与理性道德的信念不相容的。正如上面所说，理性的政治道德要求支持政府的道德决定的道德推理能够被我们所理解”①。所以，“如果任何人认为政府的观点就是正确的，那么就必然认为人们只享有政府选择的赋予他们的道德权利，这意味着人们没有任何道德权利。”②由此观之，德沃金主张的权利就不仅是政府自己的事情，而是所有人的事情。

---

① 〔美〕德沃金：《认真对待权利》，信春鹰、吴玉章译，中国大百科全书出版社1998年版，中文版序言，第24—25页。

② 同上书，第244页。

公民具有反对政府的权利是如何得以实现呢？

德沃金认为这个问题已经在美国的宪法制度中得到相当程度的解决。[①] 但是它还遗留了两个没有答案的重要问题。一个问题是：美国宪法——即使给予其道德解读——是否承认了公民所享有的道德上的所有权利，也就是美国现行宪法是否是个“无漏洞的严密的封闭的体系”[②]，已经穷尽所有人的所有的道德权利；另一个问题是：美国宪法没有告诉人们，即使在法律侵犯了他们的道德权利的时候，他们是否仍然负有遵守法律的义务。特别是当少数人所主张的道德权利遭到法律否认的时候，上述两个问题就愈加成为关键性的、有待去回答的问题了。因此，“虽然宪法制度补充了反对政府的道德权利，但它远远不足以保障这些权利，甚至不能确定这些权利是什么。这意味着，在某些情况下，立法机关之外的一个部门将对这些问题具有最终的发言权，这使得认为这样的部门是极端错误的人们很难得到满足。”[③]所以，“对于法律将来怎样实施，某些政府部门将有最后的发言权，这是不可避免的。当人们

---

① 参阅德沃金所著《自由的法：对美国宪法的道德解读》一书。在该书中，德沃金主张一种宪法理论反映着一种道德立场，并承认他自己的道德立场是自由主义的道德立场，他说：“宪法是美国的道德之帆，我们必须有勇气来坚持它其中所蕴涵的信念。”这些都彰显了德沃金对美国宪法的自信与自足。

② 台湾淡江大学的林立先生在其《法学方法论与德沃金》一书中断定：德沃金之所以引人注目乃是因为他再一次尝试建立一个自古以来不分法系、无数法律人永不死灭，也不愿意放弃的美梦，就是让法律成为一个“封闭完美（无漏洞）的体系”，笔者认为，这其实是林立先生对德沃金法哲学的一个不准确的主观判定。

③ 〔美〕德沃金：《认真对待权利》，信春鹰、吴玉章译，中国大百科全书出版社1998年版，第245页。德沃金在此未明说的“立法机关之外的一个部门”是指美国法院，特别是联邦最高法院。对马歇尔大法官开创的“司法审查立法”的法律传统，德沃金持坚决的肯定态度，所以，他的论敌均认为德沃金是典型的“司法能动主义者”。

对道德权利的看法不一致时，双方都无法证明自己是有理的；而为了不至于出现无政府状态，某些（部门的）决定就必须有效。但是，这个教条的智慧只能是立法和法律实施的一种哲学的开始，而不是它的终结。如果我们不能坚持美国政府在其公民的权利问题上作出正确的回答，我们可以坚持它至少应该努力做到这一点。我们可以坚决要求它认真对待权利，要求它遵守一个关于权利是什么的前后一致的学说，要求它始终如一地恪守自己的宣言。”①当然，我们都知道，如何在政府的权力与公民个人权利之间去实现某种“平衡”历来都是权利理论大师们必须予以解决的犹如跷跷板似的疑难课题。德沃金同样必须面对这一课题并给出自己的答案。

德沃金从最激烈的政治论争的问题开始。“一个美国人是否享有违反法律的道德权利？假设一个人承认一条法律是有效的，那么他是否因此而负有遵守这个法律的义务？”②

以往试图回答这些问题的人，德沃金把他们归为两类即两个阵营。一类他称之为保守派，该派人士不赞成任何不服从法律的行为。政府必须起诉违反法律的那些人，而且，如果他们的违法行为得到确认，政府还必须惩罚他们。曾任哈佛大学法学院院长、美国司法部副部长的格瑞斯伍德似乎就接受了这一观点。他说：“法律平等地适用于每一个人，同样地约束每一个人，而不论每个人的

---

①　〔美〕德沃金：《认真对待权利》，信春鹰、吴玉章译，中国大百科全书出版社1998年版，第245页，德沃金这里所讲的政府及政府部门与我国的政府及其政府部门的含义不同。在他那里，政府及其部门是指行使“公权力”的整体，包括了立法机关系统和司法系统。

②　同上书，第246页，德沃金提出这些问题，其核心宗旨是为了给“善良违法”行为以理论上的支持，具体论证见《认真对待权利》一书的第271—294页。

动机如何。这是法律的核心。由于这一理由，一个人出于道德信念而故意实施善良违法行为，并由此被确认是一种刑事犯罪，他对此不应该感到惊讶，也不应该为之痛苦。他必须接受这一事实，即有组织的社会不可以建立在任何其他的基础之上。”①另一类德沃金称之为“自由派”②。该派人士认为，人们至少应对某些违法行为要表示更多的理解与同情。他们承认，某些违法行为可能具有某些道德上的正当理由。对有这样违法行为的人们，如不被起诉，则他们会感到由衷的喜悦。然而，德沃金认为如果超越这些情感的反应，去看看这两派使用的观点，会发现一种令人吃惊的事实。对于人们想象的使他们分裂的原则问题，双方的答案竟是相同的。双方所给予的答案是这样的：在一个民主的制度之下，或者至少在原则上尊重个人权利的民主制度之下，每一个公民都负有必须遵守全部法律的基本的道德义务，即使他宁愿某些法律得到修改。他的这一义务是对他的同胞们负有的，因为他们为了他的利益而服从他们所不喜欢的法律。但是，一般的责任不可能是一种绝对的责任，因为，即使一个社会在原则上是公正的，也还可能产生不公正的法律的政策；而一个人，除了他对国家的责任之外还负有其他的责任。一个人必须履行他对所信仰的上帝的责任和对自己的良心的责任。如果他的这些责任和他对国家的责任相冲突，那么

---

① 〔美〕德沃金：《认真对待权利》，信春鹰、吴玉章译，中国大百科全书出版社1998年版，第271页。

② 在美国，自由派和保守派的划分、保守主义和自由主义的划分、左派和右派的划分并不是固定的，而是随着美国历史的推移而不断换位的。此时的自由派、自由主义和右派到了彼时则变成了保守派、保守主义和左派。所以，关键的问题并不是称谓，而是称谓下所包含的具体内涵，因为，从语言哲学角度看，称谓从某种意义上讲是出于交流和表达的需要，只起一个提示作用。

最后，他有权做他自己认为正当的事情。但是，如果他决定其必须违反法律，那么，在承认他对于他的同胞们的责任虽然很大，但是不能泯灭他的宗教和道德上的责任的情况下，他必须接受国家所作的判决和给予的惩罚。[①] 因此，德沃金认为自由派的主张和保守派的主张其实是一个立场，即他们都认为人们有服从法律的责任，但是当服从法律和他们的道德责任发生了积极冲突时，人们有权利遵从自己的良知。

然而，这里似乎有一个巨大的矛盾。如果一个人有按照自己良心的命令行事的权利，那么，国家禁止他们这样做怎么会是正当的呢？国家对于自己所承认的人们有权利去做的事情又加以禁止和惩处，这难道不是邪恶的事情吗？[②]

德沃金认为造成以上虚假矛盾的混乱之根在于"权利"这个词在不同的背景中有不同的含义。

在日常生活的用语中，当我们说某人有"权利"做某件事的时候其含义是：如果此时别人去干预他做某件事，那么这种干预是不对的，是错误的，或者至少表明，如果为了证明干涉的合理性，干预者必须提出进一步的理由保证其干预的正当性。但是，说一个人有权利做某件事，同他做的某件事情本身对不对，这是迥然不同的两回事。前者是对做事人的"行为"的判断，后者是对做事人所做"事情本身"的判断。德沃金就此专门举了一个俘虏逃跑的例子予以说明此种差异。他说："当我们说俘虏有'权利'试图逃跑的时候，我们的意思不是说我们阻止他逃跑是错误的，而是说他没有不

---

① 〔美〕德沃金：《认真对待权利》，信春鹰、吴玉章译，中国大百科全书出版社1998年版，第246页。

② 同上书，第247页。

设法逃跑的义务。”[①]当然，在大多数情况下，我们说某人有权利做某事与某人做某事是正确的往往是一致的。这时我们就可以这样来理解：当一个人出于自己的信念违反了法律，而他这样做并没有错时，我们就可以理直气壮地说，他有权违反法律。所以，“一个人有没有违反法律的权利”这个问题事实上可以分解为两个子问题。其一是：这个问题是问一个人究竟是否享有强硬意义上的违反法律的权利，如果政府采取逮捕他或者对他起诉的办法来阻止他行使这一权利，政府就做错了；其二是：这个问题是问一个人违反法律是否做得对，即使政府会把他投入监狱，我们也应该完全尊重他。德沃金认为，如果人们把正统的观点（即前文提及的自由派和保守派的共同立场的观点）作为第一个子问题，同时也是最重要的一个问题的答案，那么就会出现前文所说的矛盾的情况，但是如果人们把它作为第二个子问题的答案，则那里出现的矛盾将会消失。

一旦我们成功地把“一个人有没有违反法律的权利”这个问题分解为如上两个内涵和意义均不同质的子问题，那么我们就铲除了在该问题上的混乱之根，得以重新回到关键性的问题上了。因此，德沃金认为，现在的问题是：在一个强硬的意义上，一个美国人是否有权去做违反法律的事情？如果他们有这个权利，那么是在什么时候？[②]

在美国，德沃金认为公民至少享有某些反对政府的基本权利，即某些被美国宪法规定为法律权利的道德权利。以上说法之所以

---

① 〔美〕德沃金：《认真对待权利》，信春鹰、吴玉章译，中国大百科全书出版社1998年版，第249页。

② 同上书，第251页。

有意义且值得称赞，是因为这些基本的道德权利是强硬意义上的权利。这是一个重要的观点。一个负责任的政府必须随时准备证明它所做的任何事情的正当性，特别是当它限制公民自由等基本权利时更是如此。当然，在一般情况下，政府如果能够证明其行为给社会所带来的利益大于其所带来的损害，这对于政府的合理性的证明就充分了。然而，当谈及公民个人有反对政府的权利时，如言论自由的权利，它的含义必须是：他们享有反对法律的特殊保护。换句话说，只有如上的"获利大于损失"的证明是不够的。因为，"我们称之为基本的那些宪法权利，如言论自由的权利，应该是在强硬的意义上反对政府的权利。这正是我们的法律制度尊重公民基本权利的可夸耀之处。如果公民享有言论自由的道德权利，那么，政府如果取消保障言论自由的美国宪法第一条修正案，即使它深信如果剥夺言论自由大多数人的境况可能会更好些，它的这种做法也是错误的。"①由此观之，公民有反对政府的某些基本权利绝不是政府给了就有，没给就无的权利，否则就不但不配有"权利"的称号，而且从本质上讲还玷污了"权利"的名声。只有强硬意义上的权利才能使公民的权利主张具有人们所期待的政治重要性，否则，权利的概念只是作为一种社会缘饰而已。不过，德沃金也承认人们不能过分强调这一点，即认为国家永远没有理由废止这个权利。他说，如果政府为了保护其他人的重大权利，或为了避免一场现实灾难，必要时也可以废止这一权利，因为人们不能把权利的概念推广到其语言逻辑的极致，即权利不是绝对的。

---

① 〔美〕德沃金：《认真对待权利》，信春鹰、吴玉章译，中国大百科全书出版社1998年版，第252页。

当然，公民享有某些反对政府的强硬意义上的权利这一说法并没有确切地告诉我们，人们享有什么样的反对政府的权利。但是它确实明白无误地告诉我们，政府在通过一项法律采取某项措施或实施某种行为时不能影响人们享有的这类权利。所以，"在一个承认权利的社会里……不管政府是否具有法律上的理由，阻止他行使这个权利都是错误的。如果他有权利这样认为，那么，谈论这种遵守法律的义务或谈论接受国家本来没有权利给予他的处罚，是很可笑的。"①

德沃金认为，社会的普遍利益、多数人的权利都不能成为剥夺公民反对政府的个人权利的正当理由。这里面包含两层意思：首先，认为为了普遍的利益可以阻止一个人做他有权利做的事情，纯粹是一种功利主义的思想。他说："除非牺牲某些东西，否则夸耀我们尊重个人权利是毫无意义的。"②其次，多数人的权利根本不是能与个人基本权利相对抗的"权利"，它不能作为压制公民反对政府的权利的理由。"如果政府能够求助于一个民主的多数的权利来实现自己的意志，使公民反对政府的权利无效，那么，公民反对政府的权利就岌岌可危了……那么我们就是消灭了人们反对政府的权利。"③在这里，德沃金要求我们必须区分多数人的权利和作为多数人的成员所享有的个人权利，前者不能作为压制公民

---

① 〔美〕德沃金：《认真对待权利》，信春鹰、吴玉章译，中国大百科全书出版社1998年版，第254页。

② 同上书，第255页。

③ 同上书，第256页。德沃金认为，利用多数人之权利使公民个人的权利无效的企图，其实就是在实施一种多数人对少数人的暴政，这是美国民主所反对的。在《自由的法：对美国宪法的道德解读》一书中，德沃金对"多数人至上主义前提"的分析就是针对多数人的暴政的。本书第五章将进行具体的论证。

反对政府的权利的理由，而后者则可以。所以，只有社会其他成员的个人权利才是与公民享有的反对政府的权利相抗衡、相冲突的权利。因此，在德沃金的权利理论中，不存在个人与多数人，个人与社会或个人与国家之间的权利博弈的问题，而只有个人与个人之间的权利博弈问题。同时，德沃金也限定了公民个人所享有的反对政府的权利的范围。他认为，并非所有法律上的权利，甚至宪法性的权利也不全是强硬意义上的反对政府的权利，只有那些宪法上的基本权利，如言论自由、宗教信仰自由等权利才是强硬意义上的反对政府的权利。另外，下列两个理由可以限制公民反对政府权利的行使：一是社会其他成员的个人权利如个人安全的权利与公民享有的反对政府的权利相冲突，此时，政府可以在两者之中作出“权衡”，保护较重要的权利，牺牲较次要的权利；二是国家面临一种明显的、现实的、巨大的危险，如处于战争状态时则可以对公民反对政府的权利作出某种限制。

在对公民反对政府权利作出限定的规定上，德沃金的权利理论存在两点无法进一步回答的问题。一是如何判定公民个人权利之间何者为“较重要的权利”，何者为“较次要的权利”这个问题。大家都知道在不同的历史时期，不同的国家对此问题的回答是不同的。二是作为构成对“公民个人反对政府权利限制的国家面临现实的、巨大的危险”本身只能是一种政策的论证和功利主义的考量，而这点又与德沃金的“原则立论法”和“反功利主义”的权利观根本不相融。

到目前为止，德沃金对“公民个人具有的反对政府的权利”观点的论述还是假设的，需进一步予以规定。他认为：“如果一个人享有反对政府的特定的道德权利，那这个权利就应该不受相反的立法和司法的影响而保存下来。但是，这并没有告诉我们他享有什么权利，而且很明显，理性的人们在这个问题上有不同的意见……国家管理工作的一部分就是通过立法和司法判决的方式'定义'道德权利。即正式宣告道德权利在法律中的范围。"[①]接着他又指出："反对政府的权利制度，不是上帝赐予的礼物，也不是古老的仪式，它也不是一项民族运动。它是一种复杂的和麻烦的实践，使政府保障社会一般利益的工作更加困难和费力。"[②]

德沃金认为，任何人如果自称认真对待权利，并且称赞政府对于权利的尊重，他就必须接受如下两个观念，或者至少接受其中的一个观念。

第一个观念是人类尊严的观念。许多学派都维护这个观念，但康德是最典型的代表。康德认为权利的核心是关于人是目的而非手段，这一观念强烈地主张："承认一个人是人类社会的完整的成员，同时又以与此不一致的方式来对待他，这样的对待是极不公正的。"[③]德沃金还通过对罗尔斯"正义论"的分析确认了这一观点。在罗尔斯的经典名著《正义论》中，社会契约论的方法给每个人以特有的否决权，德沃金认为这一点为大多数人所忽视，即给予每个人一种平等表决者的地位，这就是说，处在原初状态的个人实际上早已视为是一个拥有反对政府某些道德权利的权利主体。因

---

① 〔美〕德沃金：《认真对待权利》，信春鹰、吴玉章译，中国大百科全书出版社1998年版，第259—260页。

② 同上书，第261页。

③ 同上书，第262页。

此，所谓“原初状态”和“无知之幕”①等一系列构想均不是罗尔斯正义论的逻辑起点，它们都是理论中间站，正义论的深层基础就是权利论，即给予个人有反对政府的权利。惟其如此，个人才具有真正的道德人格。有时，德沃金甚至直截了当地肯定了个人权利的最终来源就来自人的自尊，他认为这是一个无须证明的真理。②

第二个观念是关于政治上平等这个更为熟悉的概念。德沃金强调，每一种现实的政治法律制度无非都表明和体现了一种政治哲学或政治道德的理念，或以某种政治哲学理论为立论之根本。他在具体分析比较了各种政治理论类型的特征后指出，权利理论具有某种无可比拟的优越性。他认为，大致存在三种不同核心范畴的政治理论和类型：一种以义务范畴为核心；一种以功利或利益范畴为核心；一种以权利范畴为核心。康德的理论是以义务为核心范畴的，边沁的理论则以功利范畴为核心，而汤姆·潘恩的革命理论则属于以权利为基础的政治理论。德沃金持权利论的观点且认为美国政府的政治理念是以权利论为指导的。他认为：“一个政治社会中的弱者，有权利享有他们的政府的关心和尊重……因此，如果某些人享有作出决定的自由，无论这个决定对社会的一般利益有何影响，那么，所有的人都应该享有同样的自由。”③

因此，“权利制度是至关重要的，因为它代表了多数人对尊重

① 参阅〔美〕罗尔斯：《正义论》，何怀宏等译，中国社会科学出版社1988年版。

② 〔美〕德沃金等：《认真对待人权》，朱伟一等译，广西师范大学出版社2003年版，第190页；德沃金：《自由的法：对美国宪法的道德解读》，刘丽君译，上海人民出版社2001年版，第283页。

③ 〔美〕德沃金：《认真对待权利》，信春鹰、吴玉章译，中国大百科全书出版社1998年版，第262页。

少数人的尊严和平等的许诺”[①]。一个表示承认个人权利的政府必须抛弃这样的说法,即公民永远不会享有一个违反法律的权利,否则政府的行为都是有悖于它所宣称的真诚对待个人权利的。在德沃金这里,法律的正义论来自于“个人拥有反对政府的某些基本的道德权利”,所以,他总结道:“如果政府不给予法律获得尊重的权利,它就不能够重建人们对于法律的尊重。如果政府忽视法律同野蛮命令的区别,它也不能重建人们对于法律的尊重。如果政府不认真对待权利,那么它也不能认真对待法律。”[②]

四、虚幻的社会权利

德沃金认为法律正义论的逻辑起点与基地在于捍卫了自由主义的个人权利,特别是公民个人具有的某些反对政府的道德权利。他主张个人权利不是公民口袋里的私产,权利是针对政府的,政府必须认真对待公民的个人权利。然而,在权利理论的论争中,如下观点总是以一种与个人权利观对立的面目出现在人们的视阈中,这就是:社会也有自身的权利,权利理论必须在给予公民个人权利以尊重的同时,也应给予社会权利以同等的关注和重视;否则,我们可能会犯为了公民个人权利而牺牲掉公民赖以生存的社会的错误。[③]

社会有自己的权利吗?这是一个不易回答而又不得不回答的

---

① 〔美〕德沃金:《认真对待权利》,信春鹰、吴玉章译,中国大百科全书出版社1998年版,第269页。

② 同上书,第270页。

③ 这里“社会”一词取广义的意思,有时指社会,有时指政府或国家,一句话,这里的“社会”一词取与“个人”相对应的意思。

问题。从笔者的眼光看来，当代西方学者对该问题的看法和论争其实就是“个人主义”和“整体主义”的论争，也就是自由主义和社群主义的论争。欲想对个人主义与整体主义论争这一历史性官司下达一个清楚明白的判决，这恐怕不是几本专著可以完成得了的。这场笔墨官司从严格意义上来说双方恐怕均不享有实体意义上的胜诉权①，加之自己心智不及的缘故，因此，笔者只能在此作一象征性的、走马观花似的粗浅交待。

自从 17 世纪洛克首先系统地提出自由主义的理论以来，西方社会就不断有人矢志不渝地构筑自由社会的哲学理论、政治理论和法律理论。这种情况一直绵延至今而不绝，且成为西方社会占据主导地位的理论。在当代美国，罗尔斯、德沃金和诺克齐被公认为是从左、中、右三种不同的立场对自由主义即个人主义进行辩护的代表人物，其中罗尔斯的《正义论》一书更被认为是当代关于自由主义理论最有系统性和最有分量的经典之作。自由主义是现代西方社会的根本哲学。现代西方社会的根本原则是奠基在自由主义哲学之上的。尽管自由主义在现代西方社会中享有特殊的尊荣，但是自从自由主义理论诞生之日起，人们对它的攻击就从未间断过。②

---

① 这里是借用程序法律中“实体意义上的胜诉权”这一概念。此一借用是为说明不管是“个人权利”还是“社会权利”都是经验知识无法证实的，也无法证伪。“实体意义上的胜诉权”与“形式意义上的胜诉权”是诉讼法学中使用的一对词。“实体意义上的胜诉权”是指如诉讼主体诉讼请求中的实体要求能得到满足则享有该权利，如不能得到满足则不享有该权利。“程序意义上的胜诉权”则是指诉讼双方在诉讼中均面临着败诉的风险，一方败诉，则意味着另一方胜诉，此种胜诉并不意味着胜诉方诉讼请求中所主张的实体权利得到了满足，而只意味着对方向法院提出的实体要求没有得到满足而已，因而自己胜诉了。

② 石元康：《从中国文化到现代性：典范转移？》，生活·读书·新知三联书店 2000 年版，第 289 页。

20世纪80年代以来，英美学界出现了一股接续前贤的新的反对自由主义的思潮。这股思潮的思想家一方面批评自由主义，另一方面则提出了他们自己的理论。这个哲学理论以及相应的政治法律理论被称之为社群主义(Communitarianism)，其主要代表人物是麦金太尔(Alasdair MacIntyre)、桑德尔(Michael Sandel)、泰勒(Charles Taylor)及华尔兹(Michanel Walzer)等人。[①] 尽管这些思想家的学识背景不同，理论旨趣各异，但其共同之处都是以社群主义的观点来批评自由主义的理论。

自由主义和社群主义两大理论交锋的焦点，在笔者看来可以归结为这样一个命题：即我们的理论建构到底是以个人为本位(或参照系、基座)还是以社会或社群为本位，也就是个人对社会具有优先性，还是社会对个人具有优先性。[②] 具体体现在权利观上则是个人权利与社会权利之关系问题。

自由主义者坚持以个人主义、个人权利为其理论的“阿基米得点”。洛克对自由主义的贡献就在于他的学说奠定了以个人权利

---

① 这四个社群主义者的主要代表作有：MacIntyre, *After Virtue*(London：Puckworth, 1981), *Whoses Justice? Which Rationality?* (London, Duckworth, 1988)；Sandel, *Librealism and the Limits of Justice*(Cambridge：Cambridge University Press, 1982)；Taylor, *Hegel and the Modern State*(Cambridge：Cambridge University Press, 1973), *Sources of the Self：the Making of Modern Identity*(Cambridge, Massachusetts：Harvard University Press, 1989)；Walzer, *Spheres of Justice*(New York：Basic Books, 1983)，以上书籍大部分已有中译本。

② 此处所指的“优先性”是指逻辑上的优先性，而不是时空意义和实存意义上优先性，否则该问题便会演化为“鸡与蛋谁先谁后”这样的一个虚假问题。泰勒将自由主义与社群主义论争的主题分成两个方面，即存在论的论旨和倡导的论旨。见Charles Taylor, “Cross-Purposes：the Liberal Communitraian Debate”, *Liberalism and the Moral Life*, ed. by N. Rosenblum, Cambridge, Massachusetts：Harvard University Press, 1989, pp. 160—163。

为核心的自由主义理论的两大基石：其一是个人自然权利的理论；其二是政府必须基于被统治者同意的理论。[①] 自由主义的基础是个人主义及其个人权利。自由主义论及的许多重要概念，诸如自由、民主、分权、市场经济、有限政府等，其要旨是强调个人的自由与权利。须申明的是，"个人主义"的概念在西文和中文中的含义不尽相同。在现代中文中，特别是在最近几年的语境中，"个人主义"全然是一个贬义的概念，它意味着以自我为中心，自私自利、只顾自己利益，罔顾他人与社会利益，甚至以邻为壑，损人利己。西文中的"个人主义"(individualism)就基本含义而言，也有这方面的意思，但又不只这方面的含义。《牛津英语词典》对"个人主义"有这样的解释："(1)自我为中心的感觉或行为，自我主义；(2)倡导个人自由行为的社会理论。"很明显，这两方面的含义并不完全等同。"个人主义"的对立面是"整体主义"，卡尔·波普尔主张个体的存在在逻辑上先于集体的，个体的性质决定集体的性质，个人的利益高于集体的利益，任何集体最终都是为了服务于个人利益而发展起来的。他批评了柏拉图《法律篇》中堪称经典的口号，即你们是为了整体而存在，而不是整体为了你们而存在。[②] 哈耶克倡导的个人主义及其权利观与波普尔极为相似，在其《通往奴役之路》一书中，他抱怨道："个人主义在今天名声不佳，这个词和利己主义与自私自利联系在一起。但我们所说的与社会主义和一切形式的集体主义相对立的个人主义，与这些东西没有必然的联系……这种个人主义的基本特征，就是把个人当做(着重号为原文所加)人来尊重；就是

① 李强：《自由主义》，中国社会科学出版社1998年版，第55页。

② 〔英〕卡尔·波普尔：《开放社会及其敌人》，陆衡等译，中国社会科学出版社1999年版，第158页。

在他自己的范畴内承认他的看法和趣味是至高无上的。”①

如上所述，以波普尔与哈耶克为代表的自由主义者都强调个人主义及其权利观既是一种解释性理论，即以个人为出发点解释社会政治法律现象，又是一种规范性学说，即阐述个人及其权利优先的原则。个人主义的核心是本体论的个人主义，不是认识论的个人主义。萨特曾在其存在主义哲学中说道：“人除了他自己之外别无立法者。他本身在这样被弃的情况下，必须自我决定。”②“个人主义”在其权利观上具体表现为如下几项相互联系的原则：第一是个人权利至高无上的原则。这种个人权利在理论上不依赖于特定的法律制度，而且超越于特定的法律制度之上，是人之为人必须享有的、不受特定时空和环境制约的权利。在西方自由主义传统中，从权利观念出发的自由主义理论，包括自然法学派、康德的权利理论以及当代美国哲学家罗尔斯、德沃金和诺齐克等人的理论，大体上都主张该种权利观。③ 第二个原则是指政府和国家存在的目的就在于保护个人权利，实现个人利益。从洛克开始，自由主义哲学之中就包含了一个基本的信条：政府除了保护其成员的利益之外并无其他目的。政府存在的全部合理性以及评价政府的标准是：政府为组成社会的个人提供服务。最后一个原则是民主的原则，即政府的建立必须基于社会成员的同意，政府及其制定的政治法律制度的权威的正义论来自公民的同意。

---

① 〔英〕哈耶克：《通往奴役之路》，王明毅等译，中国社会科学出版社 1997 年版，第 21 页。

② 转引自李强：《自由主义》，中国社会科学出版社 1998 年版，第 160 页。

③ 参阅应奇：《从自由主义到后自由主义》，生活·读书·新知三联书店 2003 年版，第 31—49 页。

而社群主义坚持社会优先性原则，主张以社会及其权利为本位，社群主义对自由主义的批判主要集中在“自由主义的自我观”及其“个人权利具有优先性”这一基地上。

查尔斯·泰勒先用“原子主义”(atomism)来刻画以个人权利为表征的自由主义的根本特征，认为自由主义者把个人及其权利放在优先于社会的地位，而社会不过是为了满足在先的目的而存在着。泰勒将其批判的矛头特别地指向了极端自由主义者诺齐克，认为诺齐克是把个人及其权利视做优先于社会并对社会作纯工具化理解的极端个人主义的代表。他主张，自由的个人、权利和载体只有通过他们与发展了的自由文明的关系才能设想自我以及确保人格的认同，而一旦认识到这一点，就必然要求我们以与原子主义不同的方式赋予自由的个人去恢复、支持和完善社会的职责。[①] 麦金太尔则从揭示启蒙主义对道德合理性论证失败的角度来阐发对于自我的观点。他叙述道：“要成功地识别和理解其他人正在做什么，我们总是要找一个特殊事件置于一些叙事的历史背景条件之中，这历史既包括个人所涉及的历史，亦包含有个人在其中活动和其所经历的环境的历史。”[②]个人的自我是以角色之整体性为前提的，叙事的完整要求角色的完整性，没有此种整体就没有叙事的主体。自我的认同是依赖于社群的，没有在相互联结的社会关系中的某种独特的位置，他就什么也不是，或至少是一个陌生人或被放逐者。麦金太尔进而认为，自由主义所倡导的个人主义及其权利观，必将丧失人类传统德性的根基，而像罗尔斯为代表的

---

① 参阅应奇：《从自由主义到后自由主义》，生活·读书·新知三联书店 2003 年版，第 57 页。

② A. MacIntyre, *After Virtue*, University of Notre Dame Press, 1984, p. 211.

新自由主义者那样，把个人、自我与社群分离开来，即把个人、自我从其生活和思考的文化和社会环境中抽离出来的观念必然是一种虚幻的观念。个人权利也纯属一种自我陶醉式的虚幻权利。堪称社群主义少壮派的桑德尔在其《自由主义与正义的局限》(*Liberalism and the Limits of Justice*,1982)一书中借鉴了黑格尔的智识资源，对新自由主义的个人主义和个人权利优先的观点进行了釜底抽薪式的批判和反思。他尖锐地指出，由于罗尔斯坚持认为个人对由运用他们的天赋才能而带来的利益和财产并没有提出特殊要求的道德权利，这样罗尔斯就不仅把个人同他的社会和历史属性脱离开来，而且也与其自然属性剥离开来了。要言之，桑德尔的观点是：社会纽带不仅是一个情感问题，更是一种构成性力量。个人乃是社会的个人，脱离了社会，个人就失去了自己的本质。社会因素绝不是被人选择追求的附加成分，也不只是人们的欲望和情感的对象，它们还是构成人格同一性的内容，只有这种构成性的社群观才能为合理的政治哲学和道德哲学奠定坚实的基础。①

德沃金在个人与社会何者具有优先性的问题上，形式上采取的是一种折衷，事实上是一种自由主义的立场。他不是公开宣称个人及其权利对社会及其权利具有优先性，而是认为自由主义最主要的论旨就是所谓的中立性的论旨(the neutrality thesis)。②

在德沃金的法律伦理体系中，中立性论旨的核心就是政府(不是社会)应该给予所有公民平等的关注和注重，如其不然，公民个

---

① 参阅应奇：《自自由主义到后自由主义》，生活·读书·新知三联书店 2003 年版，第 63 页。

② 参阅 Ronald Dworkin, "Liberalism", Stuart Hampshire (ed.), *Public and Private Morality*, Cambridge: Cambridge University Press, 1978, pp. 114—143。

人便享有某些反对政府的道德权利，且为强硬意义上的权利。他说："重要的是每一个生命都应该成功而不被浪费，过好的生活而不是过坏的。这一点对于每个单独存在的人都同等重要。"①他还认为："我们对集体的关注应该起源于个人主义，而不是以牺牲个人主义为代价……正确的集体主义理论来自我们对自己的正确了解。"②

德沃金在《认真对待权利》一书的中文版序言中，在谈及其权利理论对于中国的适切性问题时批驳了如下观点：该种观点认为，权利理论所特别关注的公民个人权利，这个理论所隐含的"个人应该享有比社会更高的道德优先权"这一价值观与中国文化是不相融的，因为两种文化的基本建制不同；在中国，人们强调的是个人所属的社会需要和利益比个人及其权利更为重要。这一观点的支持者们接着又指出，公民个人权利之功用是防止个人免受社会的侵犯，而德沃金的权利理论几乎都没有论及社会相应的保护自己的权利，更没有解释为什么应该给予个人及其权利以优先权。

德沃金认为这一观点存在一些重要的缺陷。首先，我们应该把公民个人的权利理解为针对政府的，而不是针对社会的。政府与这个社会不能混为一谈，政府是一个集体社会的代理人，但又不等于社会本身，况且，政府确实存在滥用权力的可能。公民及其政治权利并不必然给予个人以优先于社会的特权，但该权利在政府及其官员不为他们所应该服务的社会利益工作时，

① 〔美〕德沃金等：《认真对待人权》，朱伟一等译，广西师范大学出版社 2003 年版，第 18 页。

② 同上书，第 28—29 页。

可以防止个人免受社会的侵犯。其次，这一观点错误地假设了社会需要或具有反对个人的有效权利。这误解了权利的概念和作用。社会不需要权利：大多数社会政策都是为了社会整体的利益，也应该为了社会整体的利益。权利的存在旨在提供一个限制，以防止集体利益过于优先于个人利益。个人权利不会——也不可能完全取消那种优先权。最后，这一观点把更广泛的法律保护、更广泛的道德价值等同了。更广泛的保护经常是针对更广泛的政治和身体脆弱的群体，而不是更为广泛的价值观……这样做的原因是这些群体的成员自我保护的能力较弱，而不是由于这些人对社会更有道德价值。与此相类似，给予个人以更多的权利保护，是因为面临政府滥用权力的时候，个人是脆弱的。权利理论强调保护个人权利，因为需要特殊保护的是个人而不是社会。[①] 所以，德沃金认为，他的权利理论中并没有要求给予个人以高于社会的道德优先权，它要求的只是一个社会中的所有的人都应该且必须受到同等的关心和对待，政府必须认真对待权利，政治法律制度正义论的要求是所有的人必须成为政治社会的真正平等的成员；否则，个人便具有反对政府的道德权利。当然，德沃金也承认，权利理论并不要求给予个人绝对自由，或者要求允许他们为了实现其个人需要而牺牲他们所属的社会。[②]

同时，德沃金在该书的"自由和道德主义"一章中，对1958年德富林勋爵第二次在英国科学院发表的以"论道德的强制性"为题

---

① 〔美〕德沃金：《认真对待权利》，信春鹰、吴玉章译，中国大百科全书出版社1998年版，中文版序言，第14—16页。

② 同上书，中文版序言，第16页。

目的马卡见恩讲演里涉及的两种社会权利的观点予以了批判。①

第一个观点是：社会有权保护自己。其内容大致是这样的：社会中除了某些仅适用于自己的道德原则之外，还存在着为多数人所规定并强加给持异议人的道德标准，否则社会便无法存在。因为，某些道德共识（如一夫一妻制）对于社会生活来说是基本的要素。每个社会都有权保持自己的存在，因此也就有权坚持某些类似的道德共识。如果社会有如上这样一种权利，那么，社会就有权运用刑事法律等制度来实现这一权利，正如社会可以运用法律来预防叛国一样，它同样可以运用法律来维系整个社会的道德共识，以免遭到败坏。当然，社会在进行这样的行为时必须保持必要的限度，其中最重要的限度便是必须容忍最大限度的个人自由。

德沃金认为该观点是错误的。其错误之处在于该观点只主张社会有权保护自己而没有证明维系社会的道德本身的合理性。②在德沃金眼中，社会道德共识的形成不能依靠物质的力量，而应依赖于每个平等成员自己的选择和判断。

第二个观点是：社会有遵循自己标准的权利。人们可以这样来描述它：如果那些有诸如同性恋不良癖好的人可以不受限制地沉湎其中，我们的社会环境将会发生改变且会变坏，当然，这本身并没有赋予社会以禁止同性恋的权利，但是，我们的立法者不可避免地要决定某些道德问题，在决定某些道德问题时，立法者并不需要提供十分有力的证据，只要立法者相信任何人都没有道德权利

---

① 参阅 Ronald Dworkin, *Taking Rights Seriously*, Cambridge, Massachusetts: Harvard University Press, 1977, pp. 240—242。

② Ibid., pp. 242—243.

去做社会想要禁止的事情就足够了。立法者如何认定社会想要禁止的不道德的行为呢？科学并不能提供答案，立法者也不能诉诸于宗教，唯一的可能只能诉求于社会中的大多数，即通过所谓“民主”的原则来判定。①

德沃金认为以上观点同样是错误的，原因在于这些结论依赖于人类学意义上的“道德立场”。以德沃金的个人权利观来看，即使大多数人真的认为包括同性恋行为在内的诸多令人厌恶的行为是一种罪恶，这种多数人的共见也并未构成所谓的社会的权利；否则，只会导致多数人的暴政，而我们遵循的民主原则并不要求我们强制实施那种道德共识，因为今天美国的民主不是多数至上主义的，而是一种合宪性民主。②

社会有权利吗？德沃金的回答是：没有，因为权利是针对与个人相对应的政府而言的。

---

① Ronald Dworkin, *Taking Rights Seriously*, Cambridge, Massachusetts: Harvard University Press, 1977, pp. 246—254.

② 参阅德沃金所著《自由的法：对美国宪法的道德解读》一书，本书第五章将详细论证。

第三章 法律正义论之诠释
——整体观

如果说德沃金的权利观是其法律伦理思想的理论出发点和基地的话，那么建设性阐释的整体性法律观则是对德沃金自由主义权利论法学的充分证明和诠释；如果说德沃金呼吁美国政府"认真对待权利"是出于对美国20世纪六七十年代民权现状的焦虑而提出的应对之策，那么其建构的"法律帝国"则是其法律伦理思想成熟时的精美图画；如果说德沃金提出的权利主要是针对政府而发的，那么，整体性法律观则是冲着法律人而来的。在德沃金经典名著《法律帝国》一书中，他旗帜鲜明地写道："法律的帝国并非由疆界、权力或程序界定，而是由态度界定……从最广泛的意义来说，它是一种谈及政治的阐释性的、自我反思的态度，它是一种表示异议的态度。每个公民都应知晓社会对原则的公开承诺的要求是什么及在新的情况下这些承诺的要求又是什么……总之，这就是法律对我们来说是什么：为了我们想要做的人和我们旨在享有的社会。"①

在进行论证之前，笔者觉得有必要在此作一预期声明，德沃金

① Ronald Dworkin, *Law's Empire*, Cambridge, Massachusetts: The Belknap Press of Harvard University Press, 1986, p. 413.

对法律正义论的诠释和证明是从法理学进到司法实践而进行铺陈的。

第一节　重提法律正义论

一、什么是法律

我们生活在法律之中，并以法律为准绳。法律确定我们的身份：公民、雇员、医生、配偶以及财产所有人。法律是利剑，是护身盾，是威慑力：我们坚持工资条件，或拒绝交纳房租，或被处以罚款，或被投入监狱，所有这一切都是这个抽象而微妙的最高主宰即法律决定的。[①] 美国法律实践史上最优秀、最著名的法官之一的伦尼德·汉德说过，他对法律实践中反复出现的法律正义论问题，即寻求正当的法律根据问题充满恐惧，此种恐惧甚于对死亡或纳税的恐惧。

法律正义论根据之所以难以确证，从一定程度上说，症结在于人们对“什么是法律”获得一致理解的不可能性。对法律正义论的诠释在本质上就是蕴涵在“什么是法律”问题的回答之中。苏格拉底的伟大之处之一就在于知道事物的不可定义性。[②] 文德尔班在其《哲学导论》中也说：“当你试图定义它的内容时，你会发现是哲学家让你失望。根本不存在得到普遍接受的哲学定义，重复那些

---

① 〔美〕德沃金：《法律帝国》，李常青译，中国大百科全书出版社 1996 年版，前言第 1 页。

② 参阅〔美〕斯东：《苏格拉底的审判》，董乐山译，生活·读书·新知三联书店 1998 年版。

寻找这种定义的无数尝试是毫无意义的。”[①]纯粹法学派的代表人物凯尔森干脆将法律与正义论的关系问题予以坚决斩断，以使法律本身从正义论问题中超拔出来。他说：“法律问题，作为一个科学问题，是社会技术问题，并不是一个道德问题。‘具有法律性质的一定社会秩序是一个法律秩序’这一说法并不意味着从道德上来判断这一秩序是好的或正义的……法与正义不同，是实在法……而实在法的科学必须同正义的哲学明确区分开来。”[②]哈耶克在谈及法律正义论问题时，为摆脱法律实证主义之困境，他提出了“法律先于立法”的观点，他说道：“那种在强制性行为规则意义上的法律，无疑是与社会相伴而生的……还没有人认为法律是人们可以任意创设的东西。”[③]德沃金在《认真对待权利》一书中是这样论述的：当人们对法律争论不休时，他们不但会遇到如凯尔森所说的技术问题，更多地是遇到伦理问题及其产生的概念性困惑。如果人们只停留在法律的技术性问题上，而不去追问法律中的伦理问题，那么人们在法律问题上只能产生进步的幻觉，而法律中那些真正重要的原则问题并未受到触动。因此，法律问题要求人们对道德概念进行分析，而不是像分析实证法学家们那样只停留在与价值无涉的所谓清楚明白的类似于科学材料的法律概念的分析上。当然，追问法律中的伦理问题也不能像法律现实主义那样走极端，用法官自己个人的政治或道德喜好来判决案件，然后再选择一个适

① 〔美〕本杰明·内森·卡多佐：《法律的生长》，刘培峰、刘骁军译，贵州人民出版社2003年版，第15页。

② 〔奥〕凯尔森：《法与国家的一般理论》，沈宗灵译，中国大百科全书出版社1996年版，第5页。

③ 〔英〕哈耶克：《法律、立法与自由》，邓正来等译，中国大百科全书出版社2000年版，第113—115页。

当的法律规则将其合理化。在德沃金看来,正当理由问题是法律的生命线,特别是在司法过程中尤其重要,因为它不仅影响司法权力可以延伸多远,而且影响到人们个人遵守法律的政治和道德义务的程度。它听起来像是语言学上的问题,但它确实表明了对最终具有实际意义的问题的关注。因此,法理学应该通过探索道德观点的性质,努力澄清批评者们头脑中的公平原则。法理学的核心问题是道德原则问题,而不是法律事实或技术问题。①因此,在德沃金这里,法律是什么的问题其实就是谈论法律正义论的问题。

当人们对法律的理解不一而发生争论时,弄清他们进行争论的类型是什么便至关重要。德沃金说:"至少从原则上讲,诉讼总会引起三种争论:关于事实的争论,关于法律的争论,以及关于政治道德和忠实的双重争论。"②举医疗事故案例来说明以上三种争论。当医疗事故发生时,人们首先要问的问题是:发生的是什么事情?某医生是否对其病人实施了不法行为?病人的身体是否遭到了损害?其身体的损害与医生的行为之间有无关联?其次我们要问的问题是:与以上事实有关的法律是什么?这种法律是否允许病人因此而从医院那里得到赔偿?最后我们还要问:如果针对此种情况,法律规定不予赔偿,那么它就是公平的吗?如果不公平,法官是否可以不顾法律之规定而以自己理解的公平的方式给病人赔偿呢?德沃金认为,对于第一个关于历史事实的争论以及第三

---

① 参阅 Ronald Dworkin, *Taking Rights Seriously*, Cambridge, Massachusetts: Harvard University Press, 1977, pp. 1—7。

② 〔美〕德沃金:《法律帝国》,李常青译,中国大百科全书出版社 1996 年版,第 3 页。

个关于道德本身的争论在司法中不会引起什么特殊的问题和麻烦，因为关于曾经发生了什么事情的问题可以通过证据查明的方式予以解决，而关于法官在司法过程中是否忠实于法律、是否应依法办事的问题在类似于英、美这样发达的法治国家是不言而喻的公理，其公信力相当于数学中的二加二等于四，是不证自明的。德沃金认为关于法律是什么的争论，即第二个问题是麻烦之根。在这个问题上，法官、律师以及诉讼当事人在法律诉讼中总是对法律本身发生争论。建议采用某些条文的法官会说，法律是支持甲方的，而建议采用别的条文的法官则又说，法律是支持与甲方相抗争的乙方的。法律到底是支持甲方，还是支持乙方，这在法律适用中常常会引起争论。

人们争论的是什么呢？

在德沃金看来，英美传统法理学的理论，不论是分析法学、现实主义法学，还是自然法理论，都试图寻找一个说明“什么是法律”的关键性标准，以期毕其功于一役。德沃金称这些理论均是法律的语义学理论。[①]

英国学者边沁(Jeremy Bentham)和奥斯汀(John Austin)以为，“法律是主权者设想或采用的意志宣告”[②]；“就法律一词最为普遍最为可理解的方式而言，可以将其视为握有控制他人权力的

---

① 德沃金认为，法律的语义学理论其宗旨在于寻找一个用以判定法律命题的一劳永逸的标准。这是不可能实现的迷梦，法律是一种不断完善的实践，法律的概念是建设性的阐释概念。参阅《法律帝国》一书第 28—41 页。笔者认为，德沃金对法律语义学理论的颠覆，反映了德沃金对“法是什么”这一问题上所展现出来的传统形而上学的终结在法哲学领域中的一种必然反应。

② Bentham, *Of Laws in General*, ed. by H. L. A. Hart, London: The Athlone Press, 1970, p. 1.

人为其目的而制定的规则"[1]。除了古典分析法学的代表人物边沁和奥斯汀以外，现代分析法学的重要代表人物、英国牛津大学法理学教授哈特尽管改变了古典分析法学自上而下的法律强制的思维模式，主张自下而上的社会接受的思维模式，但他依然认为应该捕捉一个判定何为法律的社会普遍接受的标准，用以解决法律上存在的论争，来保证法律正义论的权威。在其经典名著《法律的概念》一书中，他认为通过第一性规则即基本规则和第二性规则即次要规则（包括承认规则、改变规则和审判规则）的结合可以解决法律是什么的争论，为法律争论提供一个判准。[2]

与分析法学不同，现实主义法学彻底放逐了规则的概念，将法律看做是法院具体判决而非一般性的普遍规则。法律现实主义是美国 20 世纪 30 年代出现的一股法学思潮，它抨击传统的法律观，认为所谓法官根据法律规则判案是神话，法官既不是根据法律也不是根据事实而是根据法官个人的心理偏好进行审判，因此不可能有客观、公正的判决。[3] 他们说，世界上根本没有法律这种东西，或者说法律仅仅是关于法官早餐吃什么的问题。其意思是说，除了对这些不同种类的事物作出预言外，根本就没有法律这种东西。[4] 现实主义法学思想发轫于著名美国联邦大法官霍姆斯。霍

---

① J. Austin, *The Province of Jurisprudence Petermined*, ed. by Wilfrid E. Rumble, New York: Cambridge University Press, 1995, p. 18.

② H. Hart, *The Concept of Law*, Oxford: Clarendon Press, 1961, pp. 75—90；参阅〔英〕哈特：《法律的概念》，张文显等译，中国大百科全书出版社 1996 年版，第 81—92 页。

③ 朱景文主编：《对西方法律传统的挑战：美国批判法律研究运动》，广西师范大学出版社 2004 年版，第 9 页。

④ 〔美〕德沃金：《法律帝国》，李常青译，中国大百科全书出版社 1996 年版，第 33—34 页。

姆斯认为:“法律是对法官遭遇一系列事实时将如何行为的一种预测……说到底,法律就是法官对你的案件所作的决定”。① 美国学者泰勒(Richard Taylor)也说:“就存在方式而言,任何具体案件中的法律既不是成文法和普通法,更不是什么自然法。相反,精当地说,它就是法院的司法判决本身。”②现实主义法学家尽管对一般性的规则不以为然,但沿袭了分析法学派观察思考法律的基本态度:确立一个为社会所能接受的确定何为法律的判准。它暗示,法院的具体判决便是这一判准。

自然法理论,包括古代和古典自然法理论,都不赞同如上两种与价值无涉的实证法律理论,坚持在判断何为法律且为法律寻求正义论根据时均离不开“价值”的分析与期待。正如中世纪自然法学家托马斯·阿奎那认为的那样,与自然法相矛盾的非正义的、不合理的规则不能称做法律一样,③被誉为普通法之父的英国学者布莱克斯通(William Blackstone)明确指出:恰当地被称为人定法的规则必须和自然法一致,自然法在任何时候任何地方对任何人都适用。④ 自然法理论尽管激烈地批评了以经验材料为对象的实证法学法律概念的狭隘性,但对实证法学孜孜追求的一确定“何为法律”的判准并不持异议;相反,它也同样坚信应确定一个说明何

---

① 〔美〕理查德·A. 波斯纳:《法理学问题》,苏力译,中国政法大学出版社 2001 年版,第 26—27 页。

② R. Taylor, “Law and Morality”, *New York University Law Review*, 1968, p. 627.

③ 〔意〕托马斯·阿奎那:《阿奎那政治著作选》,马清槐译,商务印书馆 1982 年版,第 105—152 页。

④ W. Blackstone, *Commentaries on the Laws of England*, 16th Edition., London, 1825, I, p. 41.

为法律的基本标准。这个标准或者包含“自然法则”、永恒的“正义”及“理性”，①或者包含具体社会中的“公平”或“公正”。② 事实上，自然法学派是用自己的别名来攻击实证法学派的，因为它们在“法律为何”的问题上均是在进行一种形而上的努力，目的是建立一种形而上学的无漏洞的、封闭的法律体系。

德沃金对“法律为何”问题的回答是从法律命题以及其所依赖的一些他称之为“法律的依据”的命题的相互关系入手而展开的。③

法律命题是指：对于法律允许或禁止的是什么以及它赋予人们何种权利，人们对此所具有的各种各样的声明和主张。这些主张可能很一般化，或者不那么一般化，甚至讲得非常具体。每个人都认为上述法律命题有正误之分（或者两者都不是），而这又有赖于其他一些人们更为熟悉的各种命题，这些更为人们所熟悉的命题构成了“法律的依据”，或称之为关于法律命题的命题。德沃金认为，如果人们在法律实践中能把以上两种不同但又紧密勾连在一起的命题区分开来，那么我们就可以清楚地看到法律人在对“法律是什么”进行争论的两种不同的方式。

一种是经验主义的争论。该种争论主张，人们可能在法律的依据方面取得一致意见，也即在一个具体命题的正误与人们更为熟悉的其他命题的正误一致时，人们的意见可能一致。但如涉及这些依据是否在事实上能够满足某一具体案例时，这些依据是否

① 如17、18世纪古典自然法学派的观点。

② 如德国学者施塔姆勒的观点。

③ Ronald Dworkin, *Law's Empire*, Cambridge, Massachusetts: The Belknap Press of Harvard University Press, 1986, pp. 3—4.

确能令人满意，那就意见不一了。[①] 这时人们争论的实质是到底适用什么法律的问题。通俗一点讲，就是人们到底是适用 A 法还是 B 法。

另一种是"理论性"的争论。法律人可能在法律的依据方面意见不一。关于"法律依据"命题在对其他各种命题正确时，它是否对另一具体命题也正确，法律人对这个问题会发生争论。德沃金称此种争论为关于法律的"理论性"争论。[②] 此种争论的实质不是适用什么法律的问题（即适用 A 法还是 B 法，人们意见往往一致），而是适用的法律其含义是什么的问题。也就是说，法律人之所以发生争论，是因为他们对于法律的依据问题发生了争论，有不一致的看法，而不是是否要遵守法律的问题。[③]

德沃金认为英美法律人之间就法律实践中出现的问题而引发的争论，特别是司法实践中引发的争论是关于法律的"理论性"争论。因为在英美法律体制下，法律的内容一旦确定，人们很少考虑"是否应该遵从该法律"这样的问题，也就是说，忠于法律的问题在当今英美法统中是不存在任何疑虑的问题，即是个不成问题的问题。

现在德沃金面对的问题是：以往的法律理论，包括分析主义法

---

① Ronald Dworkin, *Law's Empire*, Cambridge, Massachusetts: The Belknap Press of Harvard University Press, 1986, pp. 4—5.

② Ibid., p. 5.

③ 刘星先生在《外国法译丛》1997 年第 3 期和 1997 年《中山大学学报》（社会科学版增刊）上分别以"德沃金的'理论争论'说"和"解读'法律争议'"为题详细从学理上分析了德沃金关于法律"理论性"论争这一主张，为我们提供了一种智识资源。但笔者认为刘星先生对德沃金这一观点的论述还是没有击中要害。在笔者看来，德沃金关于法律理论性论争的论述实质上是一种法律本体论的主张，尽管不明显和不成熟。

学、现实主义法学和自然法学等法学理论，它们对关于法律的“理论性”争论所作出的回答是否正确？如不正确，其错误之处又在哪里？如何克服这些错误？

为了回答如上问题，德沃金为人们详细分析了“埃尔默案”、“河鲈科淡水小鱼案”、“麦克洛林案”（Mcloughlin）和“布朗案”（Brown）四个经典案例。[①] 这里再以“埃尔默案”一例来说明之。

1882年埃尔默在纽约谋杀了其祖父。在此之前，埃尔默知道他的祖父在其立下的遗嘱中给他留下了一大笔遗产。但是，埃尔默担心这位新近结婚的老人可能会更改遗嘱而使他一无所获。不久东窗事发，埃尔默被判入狱。于是，死者的两个女儿提起诉讼，要求遗嘱管理人将遗产交由她们而非埃尔默，因为正是他杀死了她们的父亲，那么法律就不应赋予埃尔默以任何继承遗产之权。从法律的角度看，在该案中埃尔默有合法权利获取其祖父在最后的遗嘱中提供给他的遗产吗？

当时，美国纽约州遗嘱法规定了遗嘱的诸多法律要件（如形式要件、主体要件、内容要件等），[②]但并未规定遗嘱继承人谋杀遗嘱人后可否继承遗产。以格雷法官为代表的支持一方宣称该遗嘱没有违反遗嘱法的各项规定，符合遗嘱法规定的法律要件，因此具有

---

① Ronald Dworkin, *Law's Empire*, Cambridge, Massachusetts: The Belknap Press of Harvard University Press, 1986, pp. 15—30；另参阅德沃金：《法律帝国》，李常青译，中国大百科全书出版社1996年版，第14—28页。

② 法律要件是指构成一个法律行为所需要的主客观条件的总和。人们所立遗嘱如要有效，同样需满足法律规定的各种条件，具体来说包括主体要件（即立遗嘱人应具备的条件，如精神状态等）、形式要件（即要符合遗嘱法所规定的形式要求，如需多少证明人以及证明人的资格条件等）和内容要件（如立遗嘱人所作的意思表示真实，不违反国家法律的强行性规定等）。

法律效力，埃尔默是合法继承人，法院不能剥夺其继承权，否则就是在改变遗嘱本身且将法院和法官自己的道德信念顶替了法律。在厄尔法官为代表的反对一方则宣称，其他法律，包括遗嘱法都尊重这样一个原则：任何人都不得从自己的过错行为中获利。所以，纽约州遗嘱法应被理解为否定谋杀者有权继承遗产，法院应当判决剥夺埃尔默的继承权。

德沃金认为，该案中的正反双方都没有说过为了正义而必须修改现行的纽约州遗嘱法。他们对这个案件中的正确答案意见不一，但是双方争论在于法律实际上是什么，而不是法律应该是什么。忠于法律是正反双方的共识。所以埃尔默一案的最重要之处在于："关于埃尔默一案的争论并不是法官是否应遵循法律，或者是为了正义的缘故而调整法律的问题……此案所争论的是法律是什么，立法者所制定的实际法规的真实内容是什么。"①

眼前摆着清楚明白法规文本的人们怎么会对其确实的内容产生分歧意见呢？这里人们要对"法规"一词的两种含义加以区别。② 法规一词可以描述属于某种类型的实体，是一份印有文字的文本。但该词还可以用来描述在制定该文本时所产生的法律。法律人对法律发生的"理论性"争论并不是针对第一种含义而引发的，而是针对第二种含义而产生的。换句话说，如何从法规文本中"构思"出"真正的"法律，人们意见不一。

接着，德沃金认为分析主义法学、现实主义法学和自然法法学

① 〔美〕德沃金：《法律帝国》，李常青译，中国大百科全书出版社1996年版，第19页。

② 同上书，第15页。

其荒谬性就在于如何从法规的“文本”中构思出“真正的”法律[1]这一过程中犯了致命性错误。因为这一构思“真正的”法律的过程说到底，从本质上说是一阐释性的问题。法律是一阐释性概念，而不是什么“事实昭然”的观点。[2]

对“法律是什么”持“事实昭然”观点的人们认为，法律问题往往可以通过查阅文献所载的各机构所作决定的记录而获得答案，如人们对此发生争论，那是有些人在此方面犯了经验主义错误。换言之，法律是作为一种显而易见的事实而存在的，“法律是什么”这个问题并不取决于“它应该是什么”。那么，为何人们似乎有时会就法律产生理论性争论呢？这是因为当他们似乎在理论方面争论法律是什么之时，实际上他们是在争论法律应该是什么，他们的意见不一是前面提及的法律争论中的第三种争论，即关于忠实和道德的问题，而不是法律问题。

然而，司法实践中，人们“构思真正的法律”的过程并不像“事实昭然”观点所主张的那样，是一个类似于发现某种实体的过程，是一个只会产生经验主义争论的过程。恰恰相反，“事实昭然”的观点扭曲了法律实践，因为法律实践不是某种实体，而是“可有争议的”。在法律实践中，一切命题的意义由实践所赋予并且只有在

---

① 德沃金对从法规文本中“构思”出“真正的”法律这一过程的描述，对于普通法中的先例原则也同样适用，参阅〔美〕德沃金：《法律帝国》，李常青译，中国大百科全书出版社 1996 年版，第 22—28 页。限于篇幅，在此就不作展开，但须说明的一点，中译本将这一“构思”出“真正的”法律过程的理论称做立法理论是不大贴切的，因为它很容易使之与立法机关的立法活动相混淆，所以将这一理论称之为“构思法律的理论”比称之为“立法理论”更为科学，更符合英美的法统和法律现状。

② 〔美〕德沃金：《法律帝国》，李常青译，中国大百科全书出版社 1996 年版，第 6—11 页。

实践范畴内才有意义。①

分析主义法学、现实主义法学和自然法法学它们共同的错误就在于想努力取消“构思真正的法律”这一过程中所不可避免的“争议性”，以期保证法律正义论之根基不会动摇。德沃金指出，这些理论在力图保证法律正义论的同时，自身丧失了存在的正义论，是一种虚幻的法律的语义学理论。② 分析主义法学即法律实证主义认为，人们对法律的依据确实会具有一致的意见，因为人们可以找到把法律与其他东西区分开来的标准，以消除人们之间虚假的不一致。奥斯汀的主权命令说、哈特的法律规则体系说就是该种理论的典型代表。现实主义法学的论证是：在法律实践中，法律人之间采用的是同一语义学规则，这样就将使法律命题具有工具性和预测性，法院的具体判决就是人们在同一语义学规则下所达致的结果。换言之，法律命题将在同一语义学规则下使人们达致法律依据方面的一致性。自然法法学尽管内部有不同的理论派别，但其共同点是：人们在判定法律命题正确与否时并不完全依赖于事实标准，而是主张其至少在某种程度上依赖于与道德有关的标准，可谓一准乎道德。

因此，对于法律实践中，特别是司法实践中语义学理论的目标，即通过仔细研究法律人的言行而挖掘出一些共同规则，是注定

---

① 〔美〕德沃金：《法律帝国》，李常青译，中国大百科全书出版社 1996 年版，第 12 页。

② 德沃金在《法律帝国》一书中所批判的“法律语义学理论”，要言之，就是找寻一种判断法律命题真伪的标准，即衡定何为法律的标准。事实上，德沃金认为该种努力是徒劳的，无异于缘木求鱼，无功而返。可参阅《认真对待权利》一书中对实证主义的批判和《法律帝国》一书中对法律语义学理论的批判。

要失败的。[①] 因为它们不明白这种争论是"理论性争论"这一性质,因而也就不可能建构出一种关于法律的正当依据的特殊理论。

因此,德沃金认为,在"什么是法律"问题上发生的争论是"理论性争论",人们必须正视这种争论,别无他途。这是一种哲学方面的争论,因此我们这个研究项目的下一阶段是关于哲学方面的。[②]

二、阐释性的概念

德沃金认为法律的理论性论争是一种哲学上的论争,是哲学解释学上的论争,因此,人们必须步入哲学解释学这一复杂的领域。[③] 他说:"如果法律是一阐释性概念,那么任何法理学的价值都必须建立在何为阐释的某种观点之上。"[④]因此,德沃金在《法律帝国》一书中紧紧抓住这一可用来超越法律语义学理论、重构法律正义论的关键问题,试图建立一种新的法律理论。

在西方哲学诠释学的发展中,法律诠释曾经和宗教诠释、语文诠释一起构成了其最基本的经验材料。发达的法律诠释不仅给哲学诠释学提供了立论的基础,而且它几乎就是哲学诠释学得以诞生的温床。所以,伽达默尔认为,对哲学诠释学而言,法学诠释学具有典范意义。他说:"法学诠释学其实不是特殊情况,而是相反,

---

① Ronald Dworkin, *Law's Empire*, Cambridge, Massachusetts: The Belknap Press of Harvard University Press, 1986, p. 43.

② Ibid., p. 44.

③ 哲学解释学流派纷呈,对一些基本问题的看法并不一致,当代哲学解释学的奠基人伽达默尔坚决反对将哲学解释学当做一种方法,认为哲学解释学从根本上讲就不是一种关于方法论的哲学,它自身也不是方法论,而是人的经验世界的组成部分。参阅〔德〕伽达默尔:《真理与方法》(上卷),洪汉鼎译,上海译文出版社1999年版,序言。

④ 〔美〕德沃金:《法律帝国》,李常青译,中国大百科全书出版社1996年版,第46页。

它正适合于恢复历史诠释学的全部问题范围，并因此重新产生诠释学问题的古老统一性，而在这种统一性中，法学家、神学家都与语文学家结合了起来。”①当然，法学诠释学不是今天才有的新鲜事，其由来已久在学界已成为不争之事实。事实上，从古代东西方世界至今，法律诠释学就一直存在，尽管当时不像今天那样作为一门独立之学科而存在。② 德沃金接续前贤，拿起了法律诠释学这个“武器”，用以批判法律语义学理论，建构自己的“法律帝国”。因此，欲识得诠释性法律概念之“庐山真面目”，必须先对哲学诠释学作一番立论，作一“智力投资”。德沃金走的就是这一路径，且以“想象的例证”——礼节——来入门的。

德沃金以“礼节”为想象的例证对哲学解释学作了一番立论。

他论述道：试想在某个虚构社会的历史中，其成员均遵守诸如“礼貌要求农民在贵族面前脱帽”等“礼节性规则”，但是后来所有的一切随着历史的推移而一切都发生了演化。③ 这时人们对原有

---

① 〔德〕伽达默尔：《真理与方法》（上卷），洪汉鼎译，上海译文出版社 1999 年版，第 422 页。

② 关于中国古代的“法律诠释学”被人们称之为“律学”，以两汉鼎盛。一部中国法律发达史，倘若离开以法律诠释为宗旨的律学，便觉空洞无物，干枯无味。而伊斯兰世界的法律诠释，特别是和教法相关的教法学家的法律诠释，不仅是一种有关法律的实践活动，而且自身在创造着法律解释的理论。参阅〔英〕诺·库尔森：《伊斯兰教法律史》，吴云贵译，中国社会科学出版社 1986 年版。而在古罗马，法律诠释学的发达更是世人皆知，其注释法学派的历史功绩更是功不可没。

③ 演化与演进是两个截然不同的概念，演化是一中性用法，而演进则代表进步之意蕴。梅因爵士在其名著《古代法》一书中，曾写下了一句被后人反复引用的脍炙人口的名言：“所有进步社会的运动，到此处为止，是一个‘从身份到契约’的运动。”（参阅梅因：《古代法》，沈景一译，商务印书馆 1996 年版，第 97 页）毫无疑问，梅因的观点属于那种严格意义上的社会进化理论。哈耶克则持不同看法，认为社会进化论对社会历史进程的解释是非常有限的，它尤其不能从整体上解释社会进步问题，而且“这种进化理论也无力提供有关未来的预言”。参阅〔英〕哈耶克：《法律、立法和自由》（第一卷），邓正来等译，中国大百科全书出版社 2000 年版，第 24 页。

的这些礼节性规则产生了一种复杂的“阐释态度”，“这种阐释性的态度一经确立，礼节的制度便不再是机械的东西，人们也不再会不加研究地盲从古法了。人们于是试图对这种制度赋予一种意义，亦即按其最佳含义去理解它，然后再据此对它进行调整。”①德沃金认为例如“礼貌”这类礼节性规则的这种阐释性态度由两个相互依存的部分组成。其一，人们不仅假设这种礼节性规则存在着，而且认为是有价值的，其价值表现为为某种利益或目的服务，或者强化某一原则。简言之，人们不能单凭陈述那种习俗时所形成的规则来描述它。其二，人们认为礼节性规则的要求——它所要求的行为和作出的判断并不必或绝对一成不变——极易受其寓意的影响，因此，这些严格的规则必须凭那种寓意去理解、应用、引申、修正、限制或规定。对讲究礼貌的人来说，阐释不仅要对“礼貌为什么存在”这样的价值问题作出判断，而且还要对“礼貌现在所要求的是什么”即礼貌包含的内容作出正确的判断，这样，阐释就将其价值和内容捆绑在一起了。

完整的阐释性态度确定之后，那种存在于礼节性规则中被称为“寓意”的东西就获得了批判的力量，人们会开始以礼貌的名义提出一些前所未知的形式来表示“尊重”，或者对以前“尊重”的某种形式予以拒绝或抛弃，这并不意味着反叛，只是声称，他们现在所采纳的形式与别人先前的所作所为相比更能表达真正的“尊重”。所以阐释改变了以往的形式，反过来又变成了新的形式即新的习惯，新的形式又促进新阐释的产生，如此不断转化乃至无穷。

---

① 〔美〕德沃金：《法律帝国》，李常青译，中国大百科全书出版社 1996 年版，第 44 页。

据此可知,习惯的每一步改变都是前一步所获阐释的进展。①

这种"其命维新"的对"尊敬"等礼节性规则不断进行的阐释既会使"尊敬"的合理依据可能发生变化,又会使人们对"尊敬"的本质、特征和有无价值等问题的看法发生改变。随着时间换算的不断进行,可能人们将会认识到礼貌的寓意已与其原来的寓意背道而驰了。

为什么会有如上之变化呢?换句话说,如上变化之动力是怎样产生的?

德沃金认为:"我们需要从阐释者的观点略谈我称之为阐释态度从内部发生变化的情况。"②为此,德沃金对阐释本身进行了分析。他认为,根据不同背景,阐释包括三种形式,即对话性阐释、科学性阐释和创造性阐释(亦称为建设性阐释)。人们对阐释最熟悉的情况是对话,它被熟悉得几乎让人不认为它是阐释了,人们对另一个人的声音或符号进行阐释以便判断他说了什么。对话性阐释是有目的性的,且为说话者之目的。也就是需阐明说话者"所说"的意图何在,即他说了什么。科学性阐释则又有另一种背景:人们说,一位科学家首先收集数据,然后对其进行阐释。科学性阐释是对事物之间因果关系的阐释,它不像对话性阐释那样需对说话者目的性进行领会。创造性阐释不是谈话式的,也不是科学性而是建设性的,它涉及的主要不是阐释对象的目的,也不是阐释对象本身内部的因果关系,而是阐释者自己的目的以及作为

---

① Ronald Dworkin, *Law's Empire*, Cambridge, Massachusetts: The Belknap Press of Harvard University Press, 1986, p. 48.

② 〔美〕德沃金:《法律帝国》,李常青译,中国大百科全书出版社 1996 年版,第 46 页。

“果”而不是作为“因”存在的对象本身。简言之,“从建设性的观点来看,创造性阐释是阐释对象与阐释者的目的之间的一种相互关系”①。

德沃金认为有一种反对意见——认为对创造性阐释进行建设性叙述是错误的,因为创造性解释始终是一种对话性阐释——必须提前予以否定掉。

这种反对意见认为阐释应当不偏不倚,因此,阐释者就应该注意去发现别人的动机和目的,而不能夹杂阐释者自己的目的。反对者这样说是什么意思呢?有两种可能性:有人会说,对某种社会习惯的阐释(德沃金在论述创造性阐释是以社会习惯为例的)意味着去发现这种习惯的其他参与者的目的或意图,比如说,讲究礼貌的社会中的公民们的目的或意图。或者有人说,阐释旨在发现含有这种习惯的那个社会的目的,因为习惯本身具有某种形式的智力生命或群体意识。②

德沃金认为上述反对意见对阐释所描述的“两种可能性”都不具有实践的可能性。第一种“可能性”的不可能性在于:人们既无法掌握和了解每个讲究礼貌的社会中的参与者的目的或意图,也无法将之综合成一个总意图。反对者提出的第二种“可能性”的不可能则在于:人们在阐释中无法接受那种社会本体论的思想,即把社会假想为具有某种集体意识的特殊的人。纵使人们可以去进行这样的设想,那也只不过是在普通人之上再加了一个人而已。德沃金认为,创造性阐释必定是建设性的,因为阐释者对阐释对象所

---

① Ronald Dworkin, *Law's Empire*, Cambridge, Massachusetts: The Belknap Press of Harvard University Press, 1986, p. 52.

② Ibid., pp. 62—63.

作的任何判断都依赖于阐释者的认识，且该种认识不可能是人们想象中的那种所谓不偏不倚的对历史材料的报告，而是提出了一些与之相抗衡的主张和观点。当然，德沃金并不否论某些明显的东西。他认为阐释者是根据一种传统的阐释方式来进行思考，他不可能超出其范围。阐释的情况并不是一个“阿基米得点”，也不是想象，阐释旨在使阐释对象尽善尽美。在此德沃金再次求助于伽达默尔，他对阐释的说法是：“阐释既与历史的局限性搏斗，而又承认这些局限性。这倒中其鹄的。”①

打发掉如上反对意见后，德沃金认为创造性阐释的建设性叙述还必须面对其他反对意见，特别是这样一种反对意见，即认为建设性阐释不可能是客观的。在应对该种更具本质、更具颠覆性反对意见的挑战时，德沃金认为人们有对阐释问题作进一步研究的必要。

德沃金指出：“我们必须以完善建设性阐释开始，使法律研究适合于社会实践……这就需要我们对阐释的三个阶段进行分析，加以区别。首先必须有一个为实践提供暂时内容之规则和标准的‘前阐释’阶段……其次，必须有那么一个阐释性阶段，阐释者在这个阶段为前阐释阶段所确定的习惯中的要素确定一些总的理由……最后，还必须有一个后阐释性或改善阶段。”②

“前阐释”阶段相当于伽达默尔所讲的“偏见”。伽达默尔认

① Ronald Dworkin, *Law's Empire*, Cambridge, Massachusetts: The Belknap Press of Harvard University Press, 1986, pp. 61—62；另参阅〔美〕德沃金：《法律帝国》，李常青译，中国大百科全书出版社 1996 年版，第 57 页。

② 〔美〕德沃金：《法律帝国》，李常青译，中国大百科全书出版社 1996 年版，第 61—62 页。

为，没有偏见，没有理解的前结构，理解就不可能发生。“不是我们的判断，而是我们的偏见构成了我们的存在……我们存在的历史性产生着偏见，偏见实实在在地构成了我们全部体验能力的最初直接性。偏见即我们对世界敞开的倾向性。”①前阐释阶段是人们进行阐释的前提和基础，就像如果人们没有关于书的前阐释阶段，那么人们对书架上有多少本书的阐释便无法进行。阐释性阶段主要是一种论证，为阐释对象确定业已存在的理由。后阐释性阶段则是阐释者调整他对阐释对象“实际上”提出了什么要求的看法，并使之能更好地适合于他在阐释阶段所接受的理由。当然我们须事先明了，德沃金并没有认为实践中的阐释是严格按照三个阶段来进行的，他提出阐释划分三阶段的观点只是在理论建构中起着某种分析和便利的作用。事实上，实践中的阐释从来就是一浑然之整体。德沃金认为阐释过程与罗尔斯在型构其两个正义原则时所采用的“反思的平衡”的方法是一致的。②

德沃金通过对阐释过程三阶段的分析性论述，其目的是要看看一个人在阐释某一事物时他需要什么样的个人信念。在前阐释阶段，他必须确定阐释对象是什么，否则阐释态度便无法存在下去；他还需要对其在阐释阶段提出的理由究竟在多大程度上适合于阐释对象的固有特征上持有自己的信念，且将自己持有的信念

① 章启群：《伽达默尔传》，河北人民出版社 1998 年版，第 105 页，转引自《真理与方法》英译本，第 262 页。另伽达默尔这里所说的“偏见”绝非中文里带有贬义意思的“偏见”的含义，而是相当于海德格尔的前理解理论。在伽达默尔这里，这种“偏见”是构成阐释的基础和前提。

② “反思的平衡”的含义参阅〔美〕罗尔斯：《正义论》，何怀宏等译，中国社会科学出版社 1988 年版，第 47—53 页；另参阅〔美〕罗尔斯：《作为公平的正义——正义新论》，姚大志译，上海三联书店 2002 年版，第 49—53 页。

作为对阐释对象的阐释，而不是什么新的发明；最后他还要有更加独立的信念，以便对前两阶段信念中所包含的理由进行新的评估。因此，阐释绝不是对阐释对象的物理解剖，它自始至终贯穿着阐释者的个人信念，是阐释对象与阐释者之间的一种双轨式的往复过程。

既然阐释过程不可避免地要加上阐释者的信念，显而易见、不证自明的结论应该是不同阐释者作出的阐释肯定是不同的，那么建设性阐释的客观性将何以可能呢？

德沃金是从概念与概念的各种见解的区分入手来建构建设性阐释的客观性的。他依然以想象的例证——礼貌——为对象来展开他的论述。他说："根据'礼貌'这个词的意义，任何阶段或任何形式的习惯都没有必须具有的特征，而且对这样一种特征的探索恰好是受语义这个棘手问题纠缠不清的影响的另一实例。"①用维特根斯坦的比喻来说，惯例（指礼貌在时间跨度中仍保留的同一性）具有某种类似一根由许多细线所搓成的绳索那样有其连续性，但没有哪根线能在绳中从头至尾、从左至右无所不在。德沃金认为人们关于礼貌的争论具有树木那样的结构。"大多数人同意对于礼貌的最普通和抽象的主张，是认为这些主张类似于树干；但是对树干上的树枝，即对于这些抽象的主张作更为具体的提炼或再阐释时，人们却莫衷一是。"②哲学家们要做的工作就是展示出这种树木式的结构以便社会对此能展开有效的论争。假如对于礼貌

---

① 〔美〕德沃金：《法律帝国》，李常青译，中国大百科全书出版社 1996 年版，第 64 页。

② Ronald Dworkin, *Law's Emprie*, Cambridge, Massachusetts: The Belknap Press of Harvard University Press, 1986, p. 70.

最抽象的说法是“礼貌是尊敬问题”，那么哲学家的使命便是提示出这一说法并为社会提出这样一个主张：尊敬表达了礼貌的概念，而对于“尊敬在实际上要求的是什么”那些对立的立场则形成了礼貌这个概念的各种见解。概念和概念的各种见解之间的差异在此正是抽象层次之间的差异，从而可以对习惯的阐释加以研究。在第一层次上，“一致性”聚集在抽象观念周围，这些抽象观念可以毫无争议地运用于所有阐释之中；在第二层次上，潜在于这种抽象概念之中的争议需要加以辨别和处理。① 概念和概念的各种见解之间的区别不同于哈特提出的概念的核心地带与边缘地带之间的区分。德沃金自信地认为，人们能够在“关于礼貌是尊敬问题”这一论题上获得一致，即寻得一“概念”，这就充分保证了阐释过程中的客观性，也展现了阐释的普遍而又抽象的特性：其目的在于最好地阐释对象，即求得“唯一正确之解”。因为惟其如此，人们对于这一“概念”所具有的各种见解的争论（包括何者为最佳的见解）才有可能产生。当然，德沃金进而指出：“尽管人们在‘关于尊敬表达礼貌’这个概念的主张上无可争议，但这种主张是阐释性的而不是语

① 〔美〕德沃金：《法律帝国》，李常青译，中国大百科全书出版社 1996 年版，第 65 页。另在《认真对待权利》一书第 181 页处，德沃金举了这样一个例子来说明概念和概念的各种见解之间的区分：“我简单地告诉我的孩子，我希望他们不要不公平地对待别人。无疑，在我的头脑中我有我不想鼓励的那种行为的例子，但是，我不能接受这样的说法，即我的‘本意’只限于这些例子，这有两个原因。第一，我希望我的孩子们把我的教导用于我没有想到，也不可能想到的那些情况；第二，我准备承认，当我在说这些话时，我所认为的某些公平的行为实际上是不公平的；或者，反过来说，可能我的一个孩子会在以后说服我承认这一点；在那样的情况下，我会说我的教导包括他所提出的情况，而不会说我改变了我的指导。”德沃金在此的意思是他的孩子应该接受他提出的关于公平概念的指导，而不是由任何可能在他的头脑中存在过的特定的关于公平的概念的各种见解来指导。这是一个关键的区别。

义性的，它并不是关于每个人都必须遵守的语言的基本规则；它也并非长期有效：正如我前面所述，这种主张之所以成立是由于意见一致和不一致的模式，而这种模式在今后会消失。”①

尽管后文会有进一步的论证，但笔者认为还是很有必要对德沃金提及的、针对阐释的客观性而来的两种怀疑主义挑战的范围与力量作一简单交代。

一种是内在的怀疑主义（Internal Skepticism）。“如果一种怀疑主义理论表明以某些确定的价值判断为真理，则这种怀疑主义就是一种内在的怀疑主义。”也就是说，内在的怀疑主义是站在某种价值观之内来看待其他的价值判断，它所要否定的是其他具体的价值判断，它对存在着某种正确答案不持异议，它所欲证明的是它所持观点的正义论。“内在怀疑主义者所说的是他所反对的那种主张的实质”②。

另一种是外在怀疑主义（External Skepticism）。外在怀疑主义“不是关于道德信念而是针对我们看待这些道德信念的‘表面价值’（face value）的方式的观点”。它不讨论对象具体内容的对错，而只是质问根据的对错。“外在怀疑主义是一种形而上学的理论而不是一种阐释的或道德的见解”③。外在怀疑主义“反对价值是非善恶的判断有客观性，也就是一种价值的‘不可知认’……这种怀疑论是针对要去反抗传统哲学中流行广泛的所谓‘符应的真理

① Ronald Dworkin, *Law's Empire*, Cambridge, Massachusetts: The Belknap Press of Harvard University Press, 1986, p. 71.

② 〔美〕德沃金：《法律帝国》，李常青译，中国大百科全书出版社 1996 年版，第 72 页。

③ 同上书，第 73 页。

观’而发的。”①

德沃金对两种怀疑主义在不同的场合均作出了回应和批判。德沃金表示，尽管内在怀疑主义有不同的表现形式，但他们都有一个共同点，即在多种判断中，或是在相互对立的判断中，他们认为，双方都既不对也不错，不可能有正确答案，而只会有不同答案。德沃金说，内在怀疑主义的错误在于：自认为是一种中立性的所谓客观的立场，而事实上它同样需要一种理论为其主张的正确性辩护；否则，它的观点只能归为错误的观点的行列。所以，究其实质，内在怀疑主义并不是什么中立的所谓的客观性的立场，而只不过是在不同的立场之中增加了一种立场而已。

外在怀疑主义的观点又怎样呢？德沃金认为外在怀疑主义的错误就在于误解了他提出的阐释过程中的“唯一正确之解”说之真意。德沃金认为其论述阐释性概念并不是为了去寻找某种类似于柏拉图式的理念的东西，“不是自然模式，而是建设性模式”②。所以，外在怀疑主义没有多少力量，“唯一有价值的怀疑主义是内在怀疑主义，这种价值必须通过论证内在怀疑主义所反对的同样具有的竞争特点而获得，而不是通过咄咄逼人的经验主义的空谈而获得。”③因此，接下来的问题便是：哪种见解最符合我们所共有或分别具有的对阐释对象包括实践的法律作最佳陈述的信念。换言之，对于什么是法律而言，则指哪种见解是法律实践的最佳见解，哪种见解能真正保证法律的正义论根基不会发生动摇。

① 林立：《法学方法论与德沃金》，中国政法大学出版社 2002 年版，第 168 页。

② 〔美〕德沃金：《认真对待权利》，信春鹰、吴玉章译，中国大百科全书出版社 1998 年版，第 214—218 页。

③ 〔美〕德沃金：《法律帝国》，李常青译，中国大百科全书出版社 1996 年版，第 79 页。

三、法理学问题

德沃金认为,通过其所论述的阐释性概念完全可以拔掉语义学这个钉子,语义学理论对于法律问题所作的回答不再具有任何真理的成分,正如他所设想的例子中的礼貌一样,法律是一种阐释性概念。法律人[①]有责任据此进行而不是抛弃他们已置身其中的法律实践。

法律是一种阐释性概念,那么必然涉及阐释对象——法律实践——和阐释者——法官——之间的相互关系。阐释者和阐释对象之间存在着一种内在的张力,即一方面"每位法官的阐释性理论都以他对整个法律实践的'特点'(包括证明目的、目标或原则的合理性)为依据,而且每位法官的这些信念必然与其他法官的信念不同,至少在细节方面是如此"[②]。另一方面又有各种调和这些区别、协力促成趋同现象的各种约束力。具体说来主要是:首先,"每个社会都有法律的范例,这些范例在实践中通常不会受到挑战,除非有人予以篡改或对此一无所知。任何否认交通法规是法律组成部分的英美法官,都会被他人取而代之,正是这种事实阻却了激进阐释的生长。"[③]其次,对法官的阐释产生趋同现象约束力的因素

① 指所有从事法律工作的人,包括法官、律师,但又不限于法官和律师。鉴于德沃金对法律合法性的论述是以法官的司法活动为主体而进行的,笔者在下文将就法律人的范围限定为法官身上。

② 〔美〕德沃金:《法律帝国》,李常青译,中国大百科全书出版社 1996 年版,第 80—81 页。

③ Ronald Dworkin, *Law's Empire*, Cambridge, Massachusetts: The Belknap Press of Harvard University Press, 1986, p. 88;另参阅〔美〕德沃金:《法律帝国》,李常青译,中国大百科全书出版社 1996 年版,第 81 页。

是先前的惯例。[1] 最后，"法官是在社会范围之内而非独立于社会去考虑法律的；一般智力环境和反映并维护这种智力环境的普通语言，对个性的发挥构成了惯性的压力，也对想象力产生了概念束缚。正规法律教育的必然守旧性以及挑选司法和行政职务的律师的程序更进一步增加了趋向集中的压力。"[2]德沃金认为阐释者和阐释对象之间的这种内在张力要求法官既不能忽视阐释过程中趋同的力量，又不能夸大趋同的力量，而是谋求两种力量的平衡。如何去谋求这两种力量的"平衡"呢？德沃金采用的方法是一种历史的方法，他说："我们可以用一种长远的观点审视我们的法律文化。注视它是如何发展的，其一般特性又是如何随着时代而变化的。"[3]所以某些阐释性的范例在一段时间符合理性标准，时过境迁之后则不但不再是范例，甚至自身存在的正义论都成了问题，这纯属法律发展中的正常情况，也是对前面提到的"事实昭然"观点又一有力的否定。

所以，法哲学家们再也不能依靠对法律实践无益的语义学理论，他们也不能通过揭示给事实贴上法律标鉴的普通标准或基本规则给人们以任何指示。要知道，"法律的一般理论肯定是抽象的，因为它们旨在阐释法律实践的主要特点和基本结构而不是法律实践的某一具体方面或具体部分。除了抽象性外，它们是建设

① 先例原则是英美法统中一大特色，主要内容是指法院特别是上级法院先前的普通法判决对以后法院作同样的判决具有法律上的约束力，也就是说，先例构成了英美普通法的法源之一。

② Ronald Dworkin, *Law's Empire*, Cambridge, Massachusetts: The Belknap Press of Harvard University Press, 1986, p. 88.

③ 〔美〕德沃金：《法律帝国》，李常青译，中国大百科全书出版社 1996 年版，第 82 页。

性的阐释:它们力图充分地说明整个法律实践,同时还力图在探明法律实践和对这种实践的最佳论证之间保持平衡……法理学是判决的一个组成部分,亦即任何依法判决的无声开场白。"①在德沃金这里,法理学问题既是理论问题,更是实践性问题,归根到底是一阐释性问题。

在前阐释阶段,法哲学家们就法学领域中的某些认识具有相当的统一性,否则阐释态度无以生存。但这种一致只具有暂时性,一旦人们进入阐释实践的历史中,人们对为前阐释阶段法律实践中的要素所确定的一些总的理由将产生异议,即对法律的概念会产生各种不同的法律见解。为衡定各种法律见解之优劣,找出对法律概念的最佳见解,德沃金认为我们必须步入政治哲学领域,去寻求法律的正义论。他说:"我们对于法律的讨论在很大程度上是在假定法律实践最抽象和最根本的特点是以下列方式引导和约束政府的权力。法律坚持认为不得采用或抵制集体力量,不论这种做法将多么有利于眼前的目的,也不论眼前的目的多么有利或多么崇高,除非源于过去的政治决定所产生的个人权利和义务许可或要求,而过去的政治决定其实就是意味着对集体力量的使用已经正当化了。"②由此说来,在德沃金这里,法律存在的正义论源于过去的政治决定,它们才是合法权利和义务的来源。然而这里存在的问题是:人们对法律的见解是否都立基于这样一种共识上,即均认为法律就是在过去的政治决定和现在的强制力之间确立合理

① 〔美〕德沃金:《法律帝国》,李常青译,中国大百科全书出版社 1996 年版,第 83 页。

② Ronald Dworkin, *Law's Empire*, Cambridge, Massachusetts: The Belknap Press of Harvard University Press, 1986, p. 93.

的关系，这点还远不清楚。如果此一说法无法奠基，则意味着后面德沃金所建立的法律帝国完全是想象的异邦。

德沃金主张，最初没有争议的阐释给人们(这里有一个解释学循环的问题)提供了法律概念，而随之而来的法律见解则又使阐释变得完善。他说："每种法律见解，对于法律概念提出的三个问题，都要提供出相应的回答。首先，人们能充分合理地论证存在于法律与强制之间的联系吗？是否有理由要求国家只能以"源于"过去政治决定的权利和义务相符合的方式采用武力吗？其次，如果有理由，那么又是什么理由呢？第三，怎样理解"源于"这个短语以及与过去决定相符的见解才能最好地说明这个理由呢？对于这三个问题的回答决定了这种见解所承认的法律的权利和义务。"[①]

德沃金认为对上述三个问题的不同回答总括起来大体有三种阐释性主张。他把它们分别称之为"因袭主义"、"实用主义"和"作为整体的法律"，且认为第一种和第二种是错误的，只有第三种见解才对法律实践作出了最佳阐释。至于三种阐释性主张之内容以及优劣，笔者将留待下一节去完成。

随着文学的流转以及逻辑的推演，我们可以清楚地看到德沃金在"什么是法律"问题上这样一条线索：人们对什么是法律的争论不是经验主义的争论，而是理论性争论；此种理论性争论不能依靠语义学理论来解决，而必须将之理解为阐释性问题，即将法律理解为一阐释性主张之间的竞争。而不同的关于"什么是法律"的阐释性主张最好将之理解为过去的政治决定在多大程度上和以什么

---

① 〔美〕德沃金：《法律帝国》，李常青译，中国大百科全书出版社 1996 年版，第 86 页。

方式为国家强制力提供必要条件的争论，法律的正义论就存于以上的证明之中。质言之，法律的正义论存在于法律实践的最佳阐释之中。

德沃金认为，如果人们确实接受了抽象的"法律概念"见解，即认为根据何为法律的最佳阐释，法律权利就是源自于政治决定的那些权利，这有助于人们重新理解法理学上的经典难题。

经典难题之一是：法律和道德的关系问题。

耶林认为，法律和道德的关系问题是法学中的好望角，那些法律航海者只要能征服其中的危险，就再无遭受灭顶之灾的风险了。[①] 哈特则指出，法律和道德之间有许多不同类的关系，没有什么东西能够让我们富有意义地挑选出来，以作为它们之间特定关系来研究。[②] 从某种意义上来说，法律和道德的关系不是法哲学中的一个问题，而是法哲学问题的全部。时下流行理论可以说依然没有脱离康德理论给定的范围，认为法律指示外部行为，道德指示内部行为，这样，法律和道德之间的历史性官司在他们眼中就了结了。然而真理的获得从来就不可能如此容易。

德沃金认为法律和道德的关系是：两者相异，因一个的内容取决于另一个。[③] 他接着说："法律属于社会，但不仅仅是消极存在着，因为社会成员对何为正误持有某些见解；而且这个社会的法律是一个积极的义务承担，因为它的官员已作出了决定，将社会托付

① 〔美〕罗斯科·庞德：《法律与道德》，陈林林译，中国政法大学出版社 2003 年版，第 121—122 页。

② 〔英〕哈特：《法律的概念》，张文显等译，中国大百科全书出版社 1996 年版，第 181 页。

③ 〔美〕德沃金：《法律帝国》，李常青译，中国大百科全书出版社 1996 年版，第 89 页。

给构成法律的权利和义务。但是对于法律的一种特殊见解仍然可以以某种方式认为权利和义务源于过去政治决定的问题取决于普遍的道德和那些政治决定的明晰内容,或者它也可能否认任何联系的存在。法律的概念本身在社会中占主导地位的主张与其法律义务之间的联系和各种对立的解释方面是中立的,比那些对立的解释更加抽象。"①

德沃金上述这段话意欲何为?事实上,德翁的意思是,法律和道德的关系问题应立基于法律是一阐释性概念这一前提上,从阐释学的角度去理解二者之关系。他认为,在前阐释阶段,法律与道德无涉,因而不存在法律与道德的关系问题。但到了阐释阶段,法律与道德的关系才会产生历史上所能见到的各种纷争。比如在此阶段,实证主义法学认为法律就是法律,不是道德,如凯尔森就直截了当地宣称"法律概念没有丝毫的道德涵义"②。自然法学派,包括哲理法学派则大多主张法律与道德具有天然的相关性,法律离不开道德。狄骥甚至认为"一切的法律规范都是道德规范"③。耶里内克也说道,法律是最低限度的伦理。④ 而德沃金认为,法律和道德之间关系的长期争论之所以得不到解决,症结在于:"以往的法理学课本中,这种争论被描述成两种语言学理论之间的抗衡:

---

① 〔美〕德沃金:《法律帝国》,李常青译,中国大百科全书出版社 1996 年版,第 89 页。

② 〔奥〕凯尔森:《法与国家的一般理论》,沈宗灵译,中国大百科全书出版社 1996 年版,第 5 页。

③ 参阅〔法〕莱翁·狄骥:《宪法论》,钱克新译,商务印书馆 1959 年版,第 66—68 页。

④ 〔美〕罗斯科·庞德:《法律与道德》,陈林林译,中国政法大学出版社 2003 年版,第 147 页。

一种是法律实证主义，它坚持认为，通过每个人都承认的使用'法'这个词的语义规则，法律和道德就能被区分清楚；一种是自然法，它相反地坚持认为，正是那些语义规则把法律和道德联系起来。"①

因此德沃金认为，对法律与道德关系的不同的回答，只有进行视角转换，将之理解为是对法律概念所作的各种法律见解，这样人们对法律与道德关系问题的争论才具有实践的意义，否则又不可避免地陷入语义学理论中不能自拔。前文德沃金业已指出，法律有一个最一般的特点，这个特点就是在过去的政治决定和现在的强制力之间确立合理的关系。因此，"事实上这种长期争论，只有把法律与道德之间的关系理解为不同的政治理论之间的争论时才有意义。"②接着他又说道："每一种对立的见解都必须包括对这个问题的回答，即作为政治道德问题，为什么立法机关过去的决定应当具有那种见解所赋予的正当权力……因此，任何一般的见解也必须与政治道德的其他部分或部门有外在的联系，而且通过这些联系进而与更为普遍的意识形态方面，甚至是形而上学方面的信念发生外在的联系。"③

概言之，德沃金主张，法律与道德关系问题只有放在法律是一阐释性概念这一基地上来分析才有意义。在前阐释阶段，法律与道德的关系问题尚未出现，而只有在阐释阶段，该问题才得以产生

---

① 〔美〕德沃金：《法律帝国》，李常青译，中国大百科全书出版社 1996 年版，第 90 页。

② 同上。

③ 同上书，第 91—92 页。

且人们对该问题作了不同的回答，至于后阐释阶段，法律和道德则必然存在着联系。事实上，德沃金自己的主张是：除了前阐释阶段之外，法律和道德必然历史性地联结在一起。① 当然，德沃金探讨的道德主要是政治道德，是一种制度伦理。

事实上，法律与道德的关系问题从另一角度看是法的"实然"和法的"应然"的关系问题。自从休谟提出，从对"实然"的经验事实陈述，逻辑上无法跳跃到不同层次的"应然"命题上去，即"实然"命题和"应然"命题无法通约以来，不少睿智之士殚精竭虑、皓首穷经地想攻克这一"休谟法则"。笔者看来，对该问题的理解直到存在主义哲学以及哲学解释学的兴起与繁荣才取得了真正的进步。如海德格尔一针见血地提出："'世界'在存有学上绝对不是在本质上脱离'此有'的存在之规定，而是'此有'本身的一种性质。世界内的林林总总的存有者，都是'我作为人'要'照料'世界，和世界内之物打交道时所会用上的'工具'，都是'为了……之用'的方式。"②可见，事物中的道理即是人类所放进去的道理、意义，因而所谓法的"应然"与法的"实然"其实原本就是"相缚"在一起的，自然不存在两者如何通约的问题。马克思在其《1844年经济学哲学手稿》中更是直截了当地说："人对自然的关系直接就是人对人的关系，正像人对人的关系直接就是人对自然的关系，就是他自己的自然的规定。"③

---

① 参阅德沃金：《认真对待权利》，信春鹰、吴玉章译，中国大百科全书出版社1998年版，第13—29页；〔美〕德沃金：《法律帝国》，李常青译，中国大百科全书出版社1996年版，第80—93页。

② 引自林立：《法学方法论与德沃金》，中国政法大学出版社2002年版，第108—109页。

③ 《马克思恩格斯全集》（第三卷），人民出版社2002年版，第296页。

经典难题之二是：恶法是法吗？纳粹有法律吗？

德沃金对这个问题的理解与前面论述的经典难题上的理解是一致的，而且从本质上讲，这一经典难题事实上是法律与道德的关系这一经典难题的具体化。德沃金认为，一旦人们认识到法律的理论是阐释性的，人们就可以毫无困难地理解那种主张"恶法不是法，纳粹的法律不配享有'法律'这一称号"的含义，"因为根据我们的理解，在任何可被承认的政治道德中，遭到如此谴责的法律实践绝不可能得出具有任何可以被视为正当的权威的阐释。"[①]因此，一旦人们走出语义学理论的四角范围，认为法律是一阐释性概念，人们就不必过多地为不道德的法律制度是否能算做法律这个问题作出正确回答而操心，所以，"我们不必否认纳粹的法律制度是法律，因为根据通用的意思，它显然是法律，不管我们为赞成自己的法律而作出怎样的解释。但是，我们也不难理解有些人说纳粹法不是真正的法，或是变质的法，或是不完整的法。因为在那个意义上他并不是在使用'法律'这个词：他所提出的并不是那种前释性的判断而是怀疑的阐释性判断，即认为纳粹法缺乏使法律制度盛行的基本特征，这些法律制度的规则和程序为强制力提供了正当理由。"[②]

第二节　法律正义论之诠释——解构与建构

德沃金主张："法律辩论发生在人们的意见大致相同的地方，

① 〔美〕德沃金：《法律帝国》，李常青译，中国大百科全书出版社1996年版，第93页。

② 同上书，第95页。

那就是说如果法律存在，它就为使用集体力量反对各个公民或团体的行为提供正当理由。”①问题是人们对相互对立的各种法律见解中何种见解最优争论不休。这里有必要重复一下如下问题：每种法律见解，对于法律概念提出的三个问题，都提出相应的回答。首先，人们能充分合理地论证假定的存在于法律与强制之间的联系吗？是否有理由要求国家只能以与“源于”过去政治决定的权利和义务相符合的方式采用武力吗？其次，如果有理由，那么又是什么理由呢？第三，怎样理解“源于”这个短语以及与过去决定相符的见解才能最好地说明这个理由呢？对于这三个问题的回答决定了这种见解所承认的法律的权利和义务。为此，德沃金提出了法律实践中的三种抽象的阐释，而且认为每种见解并不精确地与法律史上的法学流派相吻合。他说：“我将把这三种见解分别称为‘因袭主义’、‘法律实用主义’和‘作为整体的法律’。我将论证，在三种见解中第一种最糟，虽然最初看来它似乎反映了一般公民对法律的理解。第二种比第一种影响更大，只有当我们论证的范围扩大到政治哲学的领域时，才可能被驳倒。通过全盘考虑，第三种见解对律师、法学教师、法官的实际行为和他们的大部分说法作出了最佳阐释。”②

一、因袭主义

大多数老百姓都普遍持有这样的观点，即法律就是法律，法律是其本身而非法官之所想，法官的任务是运用法律而不是改变法

---

① 〔美〕德沃金：《法律帝国》，李常青译，中国大百科全书出版社 1996 年版，第 86 页。

② 同上书，第 87 页。

律以使之符合自己的伦理学或政治。这样说对人们有什么帮助吗？若逐字推敲，它几乎没有告诉人们任何有用的信息，因为在法律实践中，大家都持有如上看法，而问题在于人们确实对究竟什么是法律、法律的正义论根据在何处持有不同意见。但如果作进一步的智性沉思，人们就能发现老百姓的这种本能性观点却反映出了一种重大的主张，即只要以前的政治决定在法律实践中以明确的方式得到认可，那么其就有继续存在的理由，而且必须继续存在。

德沃金认为，因袭主义与这个普遍提法的主旨如出一辙，不过因袭主义的解释有两点更微妙些。第一，因袭主义解释了以前的政治决定的内容怎样会变得清楚明白和不容辩驳；第二，因袭主义纠正了老百姓们认为的始终有法可依的普遍性观点。① 因袭主义者坚持认为，法律取决于独特的社会惯例，每个复杂的政治社会都有这种惯例，如在英美法统中，上级法院的判例对下级法院具有约束力的惯例。法律的正义论也存在于这种惯例之中，法律实践就是寻找、理解、尊重并实施这种惯例。如果根据这种惯例，埃尔默享有继承权，麦克洛林夫人享有获得赔偿的权利，那么他们就有这种权利，反之则无。当然因袭主义也承认，惯例不可能穷尽所有的权利，因为生活不再依旧，新情况、新问题总会不断产生，于是因袭主义者便在其关于法律实践的论述中加上了这种限制，即"法官必须尽其可能对这类新案件作出判决，但是假定任何一方当事人都不能因先前的集体决定而拥有胜诉的权利，亦即任何一方都没有

① Ronald Dworkin, *Law's Empire*, Cambridge, Massachusetts: The Belknap Press of Harvard University Press, 1986, pp. 114—115.

胜诉的合法权利，因此，在这个强有力的意义上说，法官在疑难案件中所必须作出的判决是自由裁定的；对过去判决的正确理解使这种判决仍悬而未决，除了法律上的依据以及现在的判决要与先前的判决相符外，法官还必须找到其他理由用以作为判决的理由（这种理由可能存在于抽象的正义、公共利益或某种期望的理由之中）。当然惯例也可能把新的判决转变为适用于未来的合法权利。例如，我们关于先例的惯例会把最高法院对埃尔默所作出的任何判决作为适用于今后继承人犯凶杀案的法律。这样，由惯例所认可的法律体系就在我们的法律实践中逐步产生”①。要言之，因袭主义主张，法律的正义论源于社会所确立的惯例之中，如出现惯例所没有穷尽到的情况，则依赖于法官行使自由裁量权，且依靠超法律的标准去产生新的判决，形成新的法律。于是先例的惯例又会使这项新法律在以后的案件中成为旧法律，成为惯例之一部分。这样，法律的正义论就存在于“其命维新，其新转旧”的不断推进的过程之中。

德沃金指出，尽管因袭主义具有一定的吸引力，因为它对“为什么过去的政治决定对现在的权利具有决定意义”这一命题作出了肯定性回答，但同时我们也应该注意到因袭主义内部不可克服的困境。一方面，因袭主义坚持认为过去的政治决定对现在司法的影响力自始至终都是由惯例所确立的，即无惯例则无法律；另一方面因袭主义又辩称，当惯例穷尽到无法规范时下出现的新情况时，那么法官只有采用强烈意义上的自由裁量权，并承认自己以非

① Ronald Dworkin, *Law's Empire*, Cambridge, Massachusetts: The Belknap Press of Harvard University Press, 1986, p. 115.

法律的原则来改变法律，然后用追溯的方式将之运用于诉讼当事人。因袭主义者认为通过惯例这一魔杖可以克服以上困境。

看来，因袭主义作为对法律正义论的一种见解，其命运取决于人们能否在法律实践中发现它视为唯一法律根据的那类惯例。如果人们不能发现因袭主义所主张的那类法律惯例，那么因袭主义的见解将是空洞无用的。

乍看起来，法律实践中存在着诸多因袭主义者所主张的惯例。如在英美，似乎任何稍微熟悉法律的人都相信，议会和国会乃至州的各种立法机构制定法律，而且相信以前的司法判决应受到后来的司法判决的尊重，这一切似乎都是不言自明的，它们构成了惯例。但是，当人们对这些惯例的理解采用一种阐释态度时，情况就会变得更加复杂了，此时对如上惯例中所包含的具体内容或要求，社会会莫衷一是，“若是理解正确的话，人们的道德信念和政治信念不再被用来与惯例的要求相比较，而是用来决定这些要求是什么。”①

换句话说，即使人们承认在英美法律体制中立法和先例属于惯例，但这也只是容易引起争论的惯例，它们对于司法实践不能提供任何进一步的指示，因为人们关于像埃尔默法律权利的意见说到底“是一种阐释而不是对法律规定的直接和不容争辩的应用”②。

二、实用主义

法律实用主义者认为，不论过去的政治决定如何，除了从全面

① 〔美〕德沃金：《法律帝国》，李常青译，中国大百科全书出版社 1996 年版，第 112 页。

② 同上。

考虑对整个社会最有益处的判决外，人们无权要求任何东西。当然，法律实用主义者并非总是如此激进，因为他们承认由于策略上的原因，法规和先例在当下的司法实践中通常也应获得尊重，但一旦法官认为改变过去的法规或先例更符合社会公众利益时，他们将会毫不犹豫地改变法律。波斯纳在其法理学三部曲之一的《超越法律》中谈及法律实用主义时就说道："运用到法律上，实用主义会把依据先例判决（即人们所知的'遵循先例'学说）当做一个政策，而不是当做一种义务。"①实用主义法学之先驱者们也主张，"怀疑或反对传统的法律制度和法学，要求从'本本上的法律'转向'行动上的法律'，要求进行改革"②，以适应社会利益之需要。博登海默也说道，在法律实用主义者看来，"法官、律师、警察、监狱官员实际上在法律事务中的所作所为，实质上就是法律本身。"③卡尔·卢埃林更是直截了当地指出："实体法规则在实际的法律实践中所具有的意义远没有人们早先设想的那么重要……在我看来，这些司法人员在解决纠纷时的所作所为就是法律本身。"④由此可见，实用主义者对法律正义论之解读与因袭主义者的解读存在着明显的实际上的差别。"在因袭主义制度中，法官不会因为某条法规更为公正或有效而随意改变盛行的法律惯例。在实用主义制度中，那种惯例是不会得到承认的，尽管法官一般会实施其他政治机

① 〔美〕理查德·A.波斯纳：《法理学问题》，苏力译，中国政法大学出版社2001年版，第5页。

② 沈宗灵：《现代西方法律哲学》，法律出版社1983年版，第96页。

③ 〔美〕E·博登海默：《法理学、法律哲学与法律方法》，邓正来译，中国政法大学出版社1999年版，第153页。

④ 同上。

构的过去决定，他们却不会承担这种义务。”①

实用主义法律观说到底“是一种对法律持怀疑态度的见解，因为它否认真实的、非策略性的法律权利”②。美国法学家杰洛姆·弗兰克的法律怀疑论就与其对“基本法律神话”的批判一脉相承，他只是抓住法律具有不确定性这一事实，认为“法律在很大程度上曾经是、现在是，而且将永远是含混的和有变化的”③。因此应当赋予法官以创造或变更法律的权利，而不是去发现业已存在的权利。实用主义法官也会毫无疑问地把那种明确的立法者意欲提出的权利纳入他所假设的似乎存在的权利之列，但是他并非一定就会尊重所有法规规定的一切权利（包括先例所确定的权利），他会有自己的取舍。

实用主义法律观尽管是一种主张“没有法律权利的法律观”，但它并不否认道德，甚至也不否认道德和政治方面的权利，它认为“法官应遵循他们自认能在未来产生最良好的社会效果的那种断案方法”④。当然，不同的实用主义者对何谓“最良好的社会效果”会产生不同的看法，有的认为“最良好的社会效果”应该是“最大多数人的最大幸福”，⑤其他一些人宁愿选择一个少一些不公正事情发生的社会。实用主义并不排斥任何关于改善社会的理论，但它

① 〔美〕德沃金：《法律帝国》，李常青译，中国大百科全书出版社1996年版，第134页。

② 同上书，第144页。

③ 倪正茂：《法哲学经纬》，上海社会科学院出版社1996年版，第240页。

④ 〔美〕德沃金：《法律帝国》，李常青译，中国大百科全书出版社1996年版，第144页。

⑤ 龚群：《当代西方道义论与功利主义研究》，中国人民大学出版社2000年版，第304—305页。

确实没有认真对待法律权利。“根据实用主义，我们所称的法律权利仅仅是最佳未来的奴仆：这些权利是我们为达到那个目的而创造出来的工具，并不具有独立约束力和根据。”①

德沃金用一种生动的图像式语言把“实用主义”比喻为“向前看的工具性策略”(forward-looking instrumental programs)②。实用主义对既存法律采取一种完全忽视、否定的态度。为说明这一点，德沃金又重申道，这种“工具主义否认任何已成型的政治实践史已经提供人民真正的权利义务基础，凭此可用来与法庭抗衡。工具主义的结论就是过去的司法实践(全体判例)仍没有制造出任何司法的权利。工具主义相信法官没有受制于判例，去违背替未来社会发展找到最好之判决的义务”③。在当前美国，德沃金认为实用主义的法律态度主要表征为一种“经济取向”，他对此立场在美国法学教育中之流行感到忧虑。为此，他与以芝加哥为中心的法律经济分析学派的代表人物波斯纳先生进行了持久不懈的论战。他指出，“这种被称之为对法律之‘经济的’取向已经征服了一大块美国法学教育的版图”④，如果让其盛行下去将导致彻底掏空民权的结果。

三、“社会人格化”和整体性

德沃金认为，因袭主义和实用主义均没有对英美法律实践作

---

① 〔美〕德沃金：《法律帝国》，李常青译，中国大百科全书出版社 1996 年版，第 144 页。

② 林立：《法学方法论与德沃金》，中国政法大学出版社 2002 年版，第 16 页。

③ Ronald Dworkin, “Natural Law Revisited”, *Florida Law Review*, Vol. 34, 1982, SP. 183f；转引自林立：《法学方法论与德沃金》，中国政法大学出版社 2002 年版，第 17 页。

④ Ronald Dworkin, *A Matter of Principle*, Cambridge, Massachusetts: Harvard University Press, 1985, p. 4.

出正确的阐释，没能为法律的正义论奠定智识性基石，只有整体性法律观才真心诚意地承认法律和法律权利。“它认为法律的强制作用对社会有用，倒不仅是因为它提供了某种可预见性、程序上的公正性或其他实用的方式，而且在于它保证了公民之间的平等，使他们的社会更纯洁真诚，增加了社会行使其政治权力的道德理由……它认为，权利和义务源于过去的决定，因此可以算是合法的；不仅当它们明确无误地体现在过去的决定中是如此，而且当它们源于明确的决定通过合理推论提出的个人道德和政治道德原则时，也是如此。”①

为一览整体性法律观之堂奥，德沃金认为人们必须步入政治哲学这一殿堂。

德沃金将大部分政治哲学的经典巨著归入空想之列，类似于经济学中盛行的模型。因为它们从人们事先并不受现实政治和宪法约束的角度去研究社会正义，是在自由创造理想的国家。要知道，生活在现实社会的人总是生活在某种特定的政治结构之中，人们在型构政治理论时，他们已属于政治社会之一部分。但是尽管现实与理想之间存在差距，人们必须依然看到：“一般政治理论与理想的政治理论具有某些共同的政治理想，即要有一个公正的政治结构的理想，公平分配资源和机会均等的理想，以及执行确立这些理想的法规和条例的公平程序。我将称之为公平、正义和诉讼的正当程序三大美德。”②接着德沃金又对这三大美德作了粗略之

---

① 〔美〕德沃金：《法律帝国》，李常青译，中国大百科全书出版社 1996 年版，第 88 页。

② Ronald Dworkin, *Law's Empire*, Cambridge, Massachusetts: The Belknap Press of Harvard University Press, 1986, p. 164.

界定。“在政治中,公平是寻求政治程序的问题——选举官员和制定这些官员对选民负责的办法,那就是用正确的方式去分配政治权力……与此相反,正义则涉及常设政治机构应该制定的决策。不论这些决策是否进行过公平的挑选,如果我们承认正义为一种政治美德,那么就要求我们的立法者和其他官员公平地分配物质资源和保护公民自由,以确保道德上的合理。诉讼正当程序是关于判断有些公民是否触犯了通过政治程序而制定的法律的正确程序问题。”①

德沃金认为人们应该在一般政治的这些理想(以上三大美德)之外再加上一个理想,即“政治整体性的美德”。“它要求政府说话同一口径,用一种原则上一致的态度来对待所有公民,把用于一些人的正义或公平的实际标准推广到应用于每个公民。”②事实上,德沃金提出的政治整体性这种美德可以说是对法理学中“相同的案件相同的处理,不同的案件不同的处理”这一恒久命题的当代解读。整体性原则不同于正义、公平和诉讼的正当程序,而是分别对三种美德提出的整体性要求,要求这几种主张确实承担着对原则一致性的义务,且就其本身价值而言也是正当的。③ 所以,如果说正义、公平和诉讼的正当程序是对法律正义论的第一层次的要求,

---

① 〔美〕德沃金:《法律帝国》,李常青译,中国大百科全书出版社1996年版,第148—149页。

② 同上书,第149页。

③ 整体性对公平这个见解的要求是:需证明立法机关被假定的权威所必需的政治原则是正当的,在确定立法机构所制定的法规含义时必须有充分的效力;整体性对正义这个见解的要求是:需证明立法机构决定的实质所需的道德原则是正当的,在其他法律中亦应予以确认;整体性对诉讼的正当程序的要求是:考虑到不准确的判决给人们所造成的不同种类和不同程度的道德创伤,社会关于诉讼的正当程序的整体性见解坚持这样的审判程序,亦即在执行某一部分法律时保持准确和效率之间引人注目的平衡。

那么整体性则是对第一层次要求的再要求，是第二层次的要求，且是对第一层次要求的实质化。因此，“法律的生命与其说是某些漂亮的迷信，不如说是整体性”①。

德沃金又将整体性的各种主张分解成两个更实际的原则。第一是立法的整体性原则，它要求那些以立法制定一项法律的人在原则上保持该项法律的一致性；第二是审判的整体性原则，它要求那些负责确定法律内容的人在理解和实施法律时以上述方式保持一致性。第二个原则解释了怎样和为何必须容许过去的决定在法院中有某种特殊的效力，这与实用主义者认为毋须如此的主张正相反。这也解释了为什么法官必须把他们控制的法律视为一个整体，而不是一套他们可以随意逐一制定或修改的互不相关的决定。②

德沃金旗帜鲜明地主张，整体性的法律观对法律实践所作的阐释是最佳的阐释，且能建构出法律的正义论，能使法律获得特殊的尊崇——这种特殊的尊崇是法律有效性的关键。③ 因此，德沃金认为，从一定意义上说，法律的正义论源自于它反映出了这一社会的理性的政治道德，即政治整体性美德。

然而，有一种对政治整体性产生误解的“社会人格化”的观点，

---

① 〔美〕德沃金：《法律帝国》，李常青译，中国大百科全书出版社 1996 年版，第 150 页。

② 同上书，第 150—151 页。林立先生将德沃金此种主张称之为“无漏洞之权利保障之理想”，是一种企图将法律视为“封闭完美的体系”的古老、过时的幻想，是“芝麻开门派”的当代版。参阅林立：《法学方法论与德沃金》，中国政法大学出版社 2002 年版，第一章。

③ 〔美〕德沃金：《认真对待权利》，信春鹰、吴玉章译，中国大百科全书出版社 1998 年版，中文版序言，第 3 页。

德沃金认为必须先期解决掉。该观点认为："政治整体性赋予社会或国家以一种特别深奥的人格化。它假定整个社会对公平、正义或诉讼的政治程序等原则的承诺或多或少类似具体的人对信仰、理想或计划的承诺，这对许多人来说无异是拙劣的形而上学。"①从本质上来说，德沃金不主张任何形而上学理论，反对将法律、道德、社会或国家等实体化，并从哲学解释学的立场对之进行批判。② 他说："我并不假定，宇宙的首要精神组成部分是某种不可思议的、无所不包的智慧，比血肉之人更为真实，我们也不应把国家或社会视为一个真的人那样具有不同的利益、观点甚或自己的幸福，我们也不能像对一个现实的个人道德生活的若干方面提出质问那样，对一个国家原则进行发问——例如，它是否可以随意承认这些原则，或者被这些原则欺骗，或者误解这些原则。我的意思只是赞同关于官员和公民所负责任的一种复杂的、双阶段的推理方式，从而在'社会人格化'过程中找到一种自然的展示，而不可能通过还原的方式把它逐一再变成官员和市民的主张。"③

德沃金将社会人格化只具有方法论的意义，并不具本体论的意

---

① 〔美〕德沃金：《法律帝国》，李常青译，中国大百科全书出版社 1996 年版，第 151 页。

② 参阅〔美〕德沃金：《认真对待权利》，信春鹰、吴玉章译，中国大百科全书出版社 1998 年版，中文版序言；〔美〕德沃金：《法律帝国》，李常青译，中国大百科全书出版社 1996 年版，第二章"阐释性概念"以及本书第二章第二节中"虚幻的社会权利"等内容。另，波斯纳坚持认为德沃金的法哲学理论是一种形而上学理论，是一种法律实在论和道德实在论。参阅〔美〕理查德·A. 波斯纳：《道德和法律理论的疑问》，苏力译，中国政法大学出版社 2001 年版。

③ Ronald Dworkin, *Law's Empire*, Cambridge, Massachusetts: The Belknap Press of Harvard University Press, 1986, pp. 168—169；另参阅中译本，第 151—154 页。

义，他只是将社会人格化作为一种分析责任的有效方法而应用之。

德沃金举了这样一个例子：假定某个汽车厂生产了一些有缺陷的汽车，以致发生数以百计的人丧生的可怕事故，现在人们要问，谁应该对事故承担责任？人们可能有两种追究责任的方法。第一种方法是，人们把个人责任的一般标准用于公司有关各类人，查询到底谁在生产汽车的过程中犯了错误，然后由其承担相应的责任。这种承担责任的方式问题在于，如果人们找不到犯错误的相关人员，就没有道德上的理由来说明为何股东应承担损失。另一种方法是，人们首先把问题构思成一个关于公司责任的问题，将公司自身看成是一个道德方面的代理人，从而把关于个人的过失和责任的原则对它模拟处理。首先，公司有控制生产次品的责任，然后人们才能进一步去追问公司的各类成员和代理人应该怎样去分担这种过错或责任。德沃金指出，当人们用第一种方法说公司负有责任时，事实上，该种责任仅指用合适的方式去概括人们归咎于每一股东的责任，本质上不是公司的责任，因此，此种人格化是空想，是装点门面。而第二种方法中提到的人格化则行得通，因为人们对群体所作的结论无论如何都优于对个人所作的结论。的确，通过第二种方法，人们可以对群体或机构的责任作出决定，但对有关个人由此而要承担的责任尚不清楚。但需看到，人格化不仅为具体人的责任作出判断提供了步骤，而且拓宽了一个我们用于思考这些判断的领域。① 人格化的真正意义并不在于确定了群体的责任，而是为判断真正的人所应承担的责任提供了一致思的

① 参阅 Ronald Dworkin, *Law's Empire*, Cambridge, Massachusetts: The Belknap Press of Harvard University Press, 1986, pp. 169—171。

步骤。从根本上讲，人格化改变了人们争论不休的责任模态。

德沃金认为："政治整体性的观点作为有效的拟人化手法以第二种方式人格化，因为它假定能选择并表达，也可以忠于或违背社会自身的、不同于其他官员或公民作为个人的那些原则。"①因此，政治官员负有不同于作为个人责任的特殊责任，因为他们是以社会的名义行事，是为社会履行责任的代理人，在此，正如公司的情况一样，人们必须合乎逻辑地把群体责任置于官员们的个体责任之前，要求他们平等对待其成员，这是整个政府应对其域下公民作出的承诺。

四、作为整体的法律

从某种程度上讲，因袭主义法律观认为法官在司法实践中主要是通过发现法律而非创造法律来确保法律的正义论，而实用主义者则反其道而行之。"作为整体的法律"认为，在司法实践中诠释法律的正义论方面如纠缠于"发现法律或是创造法律"这个由来已久的问题于事无补。法律的正义论要求是阐释性判断，其所阐释的是被视为正在逐渐展开的政治叙述的法律实践。因此，"作为整体的法律认为法律陈述既非因袭主义回顾过去事实的报告，又非法律实用主义展望的工具式的纲要，它坚持认为……将回顾与展望的因素合在一起。"②

"作为整体的法律"要求法官在法律实践中诠释法律的正义论时，即在证明权利和义务的理由时尽可能以如下假定为依据：这些

---

① 〔美〕德沃金：《法律帝国》，李常青译，中国大百科全书出版社 1996 年版，第 154 页。

② 同上书，第 201 页。

权利和义务都由一个创造者，即人格化的社会所创造，是对正义与公平的构成作出前后一致的表达。[①] 当然，整体性法律观在诠释这些源自于过去政治决定的权利和义务时采用的是建设性的阐释方式，而不是通过某种线索去发现所谓"历史事实"。

德沃金认为，作为整体的法律在阐释方面比因袭主义或实用主义更为彻底和完美。他说："后两种理论自视为阐释……但是它们所介绍的程序本身并不是阐释性的，因为它们并不要求判决疑难案件的法官对法律学说进行必要的阐释性研究。"[②]虽然因袭主义在要求法官研究法律判例等司法实践活动中无疑会产生阐释性问题，但是一旦法官以因袭主义为其行动指南时，他就没有机会在判决具体案件中对整个法律记录作出阐释。换句话说，因袭主义者阐释的是断代史，而不是当代史，更不是将断代史与时下进行的历史用原则的方式联系在一起的整体的历史，因此它只能保证法律的部分正义论而不是全部正义论。实用主义者犯的错误与因袭主义者同样重大，尽管方向相反。重提一下伽达默尔对阐释的理解是有益的。他说道，阐释既与历史的局限性搏斗，而又承认这些局限性。因袭主义只承认了历史的局限性，而没有与之搏斗；实用主义则不承认历史的局限性，想脱离历史的局限性而只与之搏斗。作为整体的法律则不同："它既是法律实践的产物，又是对法律实践进行全面阐释的激励，它向裁决疑难案件的法官们提出的程序是基本的阐释而非偶然的阐释。作为整体的法律要求法官对它本

---

① 〔美〕德沃金：《法律帝国》，李常青译，中国大百科全书出版社 1996 年版，第 201 页。

② 同上书，第 202 页。

身已有完美阐释的同一材料继续予以阐释。它为开始时所作阐释的部分内容继续提供更详尽的阐释。”①可见，整体性法律观既承认历史的束缚，又要挣扎历史的束缚。

所以，历史对作为整体的法律是重要的，但只是具有某些方面的重要性。

整体性的法律观并不要求一个社会的法律在所有历史阶段原则上都一致，它也不要求法官们设法把他们执行的法律理解为原则上是前一个世纪甚或前一代人所废弃的法律的延续。它只是坚持认为，法律的正义论——源于过去政治决定而产生的强制性的权利和义务——不仅包括在具有明确内容的法规和先例之中，而且还包括在证明它们为合理所必须具备的原则体系之中。“历史之所以重要，在于那种原则体系必须为过去这些判决的地位和内容提供政治理由。于是作为整体的法律以其当代的问题开始，追溯过去，而且以它在当代集中的问题及其同样的方式去探索。即使就现在的法律而言，它的目的并不在于重新体现最初创制法律的政治家们的理想或实际目的，而是更多地为了以值得陈述的全部史实去证明他们当时的行为是正当的。这种史实包含一个复杂的主张：现在的实践能被足以吸引人们造福于光辉未来的原则所组成并证明为正确。”②因此，整体的法律对“法律就是法律，法律是其本身而非法官之所想”这种陈旧的法律实在论表示扼腕，德沃金将持该种观点的人称之为“机械法理学者”。他们认为：“当我们

---

① Ronald Dworkin, *Law's Empire*, Cambridge, Massachusetts: The Belknap Press of Harvard University Press, 1986, p. 226.

② 〔美〕德沃金：《法律帝国》，李常青译，中国大百科全书出版社 1996 年版，第 203 页。

说到'法'时,我们的意思是指储存在'概念仓库'里等待法官去发现的一批不变的规则,当我们说到'法律义务'时,我们的意思是围绕着我们的那种规则形成的无形锁链。"①整体的法律对持有"法律就是法官早餐上吃的东西"观点的法律犬儒主义也表示同样的叹惜。德沃金将持有如上观点的人又称之为"唯名主义者"。在他们看来,"'法律义务'和'法'的概念都是虚构的,是法律家们有意无意创造出来并加以支持的"②。德沃金总结道,法律机械主义和法律犬儒主义这两种观点的错误根源均在于"发现和创造法律的同样不真实的两分法"③,而不是立基于建设性的阐释态度。

在前文中,笔者曾纲领式地描述了德沃金所展示给人们的创造性阐释之含义。他认为,创造性阐释的规范结构来自对意图的见解,并非(至少并非必然)因为阐释的目的是要发现任何具体历史人物或群体,而是因为创造性阐释旨在将阐释者的目的强加于创造性阐释所阐释的文本、资料或传统上。创造性阐释是阐释对象和阐释者的目的之间的一种活动。因此,"法官是批评家,又是创作家"④。一位判决"埃尔默案"和"亨宁森案"的法官事实上是在传统中加进了自己的阐释,未来的法官就会面临一种包括这位法官所作阐释的新传统。

德沃金将法律创造性的阐释与写系列小说进行了有益的比

---

① 〔美〕德沃金:《认真对待权利》,信春鹰、吴玉章译,中国大百科全书出版社1998年版,第32页。

② 同上书,第31页。

③ 〔美〕德沃金:《法律帝国》,李常青译,中国大百科全书出版社1996年版,第203页。

④ 同上书,第204页。

附。他认为作家和创造性的法律阐释者之间的区别只不过是同一过程中的不同方面。在系列小说的创作工作中，是一批小说家在接连写一部小说，每位小说家都对他所写的章节进行阐释，以便写出新的一章，而这一章又为后面的小说家多加了一些材料，以此类推。每位小说家都有写出他那一章的工作，使小说尽可能有最佳的构成。德沃金认为，此项工作的复杂性与根据作为整体的法律判决疑难案件时的复杂性具有可比性。小说家们的目的在于尽力共同创造出一部尽可能是最佳的联成一体的小说，在这个过程中，每位小说家都旨在用已有的小说材料，再加上自己的东西，以及(在他的控制范围之内)他的续写者将要或能够增添的东西去创作一部单独的小说，然而他又必须尽力使这部小说表征为出自一位作家之手的最佳力作，尽管事实上它出自许多作家的手笔。[①] 法官在对法律进行创造性阐释时面临的处境与系列小说家们面临的处境是雷同的。一方面必须满足于阐释规范结构的有关“适合方面”，即阐释者的阐释非但不能脱离阐释对象，而且必须与阐释对象能够自洽圆通；另一方面，与阐释对象能够自洽圆通的阐释可能不限于一种，那么阐释的第二个方面，即“正当理由”方面，要求阐释者在这些合格的阐释中加以衡量，以便在全面考虑后判断出最适合于法律实践的最佳阐释。因而，任何阐释者都须对阐释的规范结构的两个方面(即两种类型)作出自己的回答：适合或更不适合文本，以及在两种解释中哪一种解释实际上更佳。德沃金由此又进一步地论断道：“这两种主要类型本质上属于阐释者的信念和

---

① Ronald Dworkin, *Law's Empire*, Cambridge, Massachusetts: The Belknap Press of Harvard University Press, 1986, pp. 229—238.

态度的整个体系。两种类型中不存在这一类型由于另一类型与这个体系无关而独立于这个体系之外。"①

反对者会提出异议，认为既然阐释从本质上来说是关涉阐释者的信念和态度的问题，那么他实际上就不会受到真正的约束，因为只有人人必须同意的客观的、铁一般的事实才能真正约束一个人的判断。德沃金认为此种反对意见是一种误解，因为它的根据是教条主义，其坚持的是法律和道德领域的客观主义。此种反对意见从本质上来说是一种"自然模式"，它认为阐释的过程就类似于人们发现物理定律一样，或同自然历史学家把他所发现的一块块动物骨骼重新拼成动物的完整形状一样。而"建设性阐释模式"则不将阐释者的信念和态度当做发现真理的线索，而是当做被建构对象内在的、不可单列和划出的特征。"建设性阐释模式"不承认阐释对象具有某些固定不变的、恒久的、客观的存在，而只要求阐释者的整个信念体系具有原则上的一致性。此种原则上的一致性如置于普通法实践中，则要求法官在先例和一系列原则之间找到一种平衡，即这些原则既能证明这些先例的合理性，又能证明超出先例之外的判决的合理性。换言之，根据建设性模式之精神，法官只是将这些先例当做一个原则的具体化而接受，并不是当做发现真理的线索。德沃金进而主张，阐释的过程其实是不同信念和态度之间的微妙平衡，类似于罗尔斯的"反思的平衡"，即人们是在理论的调整和信念的调整之间循环往复，直至实现它们之间的最好结合为止，在司法实践中则表征为直至获

① Ronald Dworkin, *Law's Empire*, Cambridge, Massachusetts: The Belknap Press of Harvard University Press, 1986, p. 236.

得“唯一正确之解”为止。①

为全面展示作为整体的法律的建设性阐释的复杂结构，德沃金为人们提供了一个臆想的、具有超人智能和耐心的，而且承认作为整体的法律的法官——赫拉克勒斯（Hercules）。

赫拉克勒斯将如何为法律的正义论奠定基础呢？他别无他法，只能采取建设性的阐释态度，按照作为整体的法律要求，视自己为法律实践的系列作者，去努力实践着不同政治信念之间的微妙平衡。当然，即便是超人的赫拉克勒斯对法律实践中所遭到的各种问题的回答可以认为是现在最好的回答，人们依然不能将之作为整体法律的一般定义，否则这将不是创造性阐释态度。因为，“作为整体的法律存在于一种方法之中，存在于问题之中而不是存在于回答之中。”②

经过以上冗长而又艰难的跋涉，对德沃金提出的阐释性的整体法律观作一暂时的小结是完全必要的，以便清理思绪进行新的征程。

接受整体性阐释理想的法官们必须力图在关涉公民权利和义务的某种前后一致的原则中，找到对其社会的政治结构和法律学说的最合理的建设性阐释，以此去判决疑难案件，为法律的正义论提供最佳证明和诠释。法官们能否为司法实践提供最合理的建设性阐释，法律疑难案件中是否存在“唯一正确之解”，这是反对者经常向德沃金提出的责难和挑战。德沃金将反对者提出的挑战通称

---

①　参阅德沃金：《认真对待权利》，信春鹰、吴玉章译，中国大百科全书出版社1998年版，第213—223页；〔美〕德沃金：《法律帝国》，李常青译，中国大百科全书出版社1996年版，第210—212页；另参阅本章第一节中对怀疑主义的批判部分。

②　〔美〕德沃金：《法律帝国》，李常青译，中国大百科全书出版社1996年版，第214页。

为法律怀疑主义的挑战。

依德沃金之见，有两种不同的怀疑论对“唯一正确之解”说提出了挑战：一种是外在怀疑论；另一种是内在怀疑论。

法律的外在怀疑论者提出，如果每个法律案件均像德沃金主张的那样有“唯一正确之解”，那么德沃金必须承认人们可以找到判断是非、好坏、正误的标准。而事实上根本不存在判断事物的客观性价值标准，因为人们无法从客观上证明某一事物比另一事物更真、更善、更美。“外在的怀疑论者”认为，主张法官能为法律正义论提供最佳阐释的人，事实上都认同了柏拉图式的哲学观，认为有一个超乎经验世界的“理念世界”为人们提供判断价值是非的“客观”标准，而从本质上来说，评判一事物比另一事物更优、更具价值是不可能的。德沃金认为“外在怀疑主义”完全误解了其“唯一正确之解”说之真意。外在怀疑主义所反对的超验世界的标准其实也是德沃金自己所抛弃的。他说：“我不相信有什么有时被称为‘超经验’或‘柏拉图式’的诸道德事实，真的！我不懂这些是什么东西。”①现在令外在怀疑论者迷惑的问题是：既然德沃金不主张价值命题上的“符应真理观”②，那么他应该是认为疑难案件中

---

① Ronald Dworkin, *A Matter of Principle*, Cambridge, Massachusetts: Harvard University Press, 1985, p. 138.

② “符应真理观”是传统哲学中广泛流行的观点，甚至在今日人文社会科学领域中依然拥有巨大的或明或暗的市场。“符应真理观”简单说来其实就是认为：如果人们所说的东西与事实上的东西相符则为真理。例如，如果我说张三死了，结果到张家一看确实如此，那么我说的话显然是真理。“符应真理观”用来检视那些描述经验事态的命题是否为真的确有其合理性，但用在判断规范性、评价性命题之真假上将是一大问题。海德格尔在其“论真理的本质”一文中，更是从基础存在论的角度，即从“真正哲学”的高度批判了“符应真理观”的荒谬性，认为“真理”乃是存在者之解蔽，通过这种解蔽，一种敞开状态才成其本质。真理在本质上乃是自由，是对存在者之为存在的追问。参阅孙周兴选编：《海德格尔选集》(上卷)，上海三联书店 1996 年版，第 213—236 页。

法官作出的判决只不过是法官个人主观的反应才对吧！但德沃金依然主张“唯一正确之解”。他说，人们应该区分两种真理观，一种叫“自然模式”真理观，即柏拉图式的符应真理观；另一种是“建构模式”真理观。“建构模式”真理观是立基于罗尔斯的“反思平衡法”所提出的真理观，而“唯一正确之解”说的真正意义最终也是要依赖罗尔斯此一方法来理解。[①] 罗尔斯依赖“反思平衡法”所得出的真理观从根本上来说是指：一个命题的真理性根本无待于是不是得到他人的同意，而是只要在思想者本身能够经由自己的细心反思，得到平衡即可。因此，罗尔斯的真理方法虽不排除在建构过程中与他人沟通、论辩以增加自我反省的机会，但终极而言，并不是建立在互为主体之上的。如同罗尔斯所描述的，只要由头至尾，反复反思，步步为营，而首尾一贯，我们就深信我们的主张是真理，而别人与我们相左的看法是错误的。[②]

德沃金完全赞同罗尔斯式的真理方法。他认为每一个真理性命题皆是出于信念，而经过一种反思、往返修正的程序，最后基本上又回到原初信念的支持。法律命题的真理性亦是立基于这样一个立论方法。因此，对于外在怀疑论的质问，德沃金解释道：“假如，我相信奴隶制度在现代世界的情境下是不正义的，我认为我对此观点已提出立论，虽然我也明了如果我的看法仍受到挑战的话，我最终只有诉诸我的信念，而对这些信念我是不再有更终极的直接立论的。我之所以用‘我认为我有立论’这些字眼，乃因为我知道别人的看法和我不同；我也许不能说服他们，而事实上，如果我

---

① 林立：《法学方法论与德沃金》，中国政法大学出版社 2002 年版，第 173 页。

② 同上书，第 207 页。

给他们适切的机会，他们有可能可以说服我。但如今让我们假设某人听完了我反对奴隶制度的理由之后，问我是否还有其他的立论去主张奴隶制度真的是客观且真实不正义的，我将知道我没有，因为，就我所能再说的一切而言，那将不再是新的立论，而只不过是以稍微较强调的语气再重述一次我的主张而已。"①接着德沃金又铺陈道，他的反对者可能会说，"对于奴隶制究竟是不是客观上不正义的这个进一步的问题，发问者的意思正是在要求我们去看看是否人人都同意之……但如果发问者是这个意思的话，那我必须说我不相信奴隶制度是客观上不正义的。但这仍然不足以影响或动摇我原初认为奴隶制度是错误的这个主张。（当我本来这样说时）我本来就没有指望人人都会同意我的看法。"②总之，如果法律外在怀疑主义能够认识到德沃金提出的建设性模式的真理观，那么，他们对于其主张的"唯一正确之解"说就不会有怨言或争论了。

但是，德沃金承认"内在怀疑主义对我们的研究项目提出了更有力的挑战……因为它从根本上攻击了整体性的可行性"③。他解释道："内在怀疑论"企图去"揭露（美国的）司法实践是充斥太多的自相矛盾了，以至于完全不能对其司法史给予一个前后一致、一以贯之的阐释……例如，就意外事故的法律而言，其判决史是如此地杂乱无章、充满矛盾，以至于根本没有一种阐释可以从头到尾地解释得通其司法史上的实践，至多只是武断或仅对其有限的部分

---

① Ronald Dworkin, *A Matter of Principle*, Cambridge, Massachusetts: Harvard University Press, 1985, p. 171；另参阅林立：《法学方法论与德沃金》，中国政法大学出版社 2002 年版，第 211 页。

② 林立：《法学方法论与德沃金》，中国政法大学出版社 2002 年版，第 211 页。

③ 〔美〕德沃金：《法律帝国》，李常青译，中国大百科全书出版社 1996 年版，第 238—239 页。

适合”①。

如何应对内在怀疑主义的这种挑战呢？德沃金采取的直接方法就是对阐释中的“适合”(fit)方面作出必要的限制。他说：“整体性是一个有关原则的问题，并不要求政策有任何简单形式的一致性……(具体到平等待人问题上)正如我所说过的那样，它要求政府在平等待人的方法上遵从一致的见解，但这主要是关于一般策略和粗略地统计测验的问题。它并不要求政策范围内的狭隘一致性：它并不要求特别的规划以同一方式对待每一个人。”②当然，德沃金也认为这种情况在司法实践中是必须承认的，即过去的法律判决中某些是错误的。如果审判权允许的话，人们就应为这些判决翻案，但是从整个法律实践的观点看，人们必须视为错误的判决数量既不多又是不那么十分重要。因此，“对这些判决加以否定，并未为我刚才谈到过的更一般性阐释提供充实的依据。”③要言之，德沃金对内在怀疑主义责难的回答是：像类似于美国这样法律发达的国家，司法实践确实是按原则的方式行事，即法官在阐释法律时，能够找到诠释得通除了“误判”的那些少数案件之外的一切判例的正义论理论——也就是德沃金在《法律帝国》中捍卫的建构性的法律整体观。

当然，事实上美国法律能否达到如德沃金所说的那种程度，这是本书第五章要讨论的话题，在此不费笔墨。

---

① Ronald Dworkin, *Law's Empire*, Cambridge, Massachusetts: The Belknap Press of Harvard University Press, 1986, p. 268.

② 〔美〕德沃金：《法律帝国》，李常青译，中国大百科全书出版社 1996 年版，第 198—200 页。

③ Ronald Dworkin, *Law's Empire*, Cambridge, Massachusetts: The Belknap Press of Harvard University Press, 1986, p. 271.

第四章 法律正义论之核心——平等观

平等观是德沃金法律伦理思想的核心和源头活水，亦是法律正义论之根。德沃金在其权利论中提出，法律的正义论在于不但赋予人们以法律（相当于实在法）明文规定的权利，而且还赋予人们先于法律的权利。这既是一种法律权利，同时又是一种道德权利和政治权利，更是一种强硬意义上的权利。然而，权利说到底是针对政府的，是个人手中的政治护身符，它要求政府对其域下的公民以平等对待，否则法律便丧失其正义论，政府的存在也就缺乏正当性。因此德沃金的法律正义论理论实质上是普遍的权利理论(general theory of right)，[①]而这个理论的中心所在就是一个从政府的角度对平等概念的诠释。对这个平等概念的诠释，德沃金将之化约为自由主义式的平等。[②] 尽管平等观的内涵随着德沃金著作的不断出版而日渐得以丰满、圆通，但其对平等的了解和实质性主张在其法律伦理思想中却是一以贯之的。

---

① Ronald Dworkin, *Taking Rights Seriously*, Cambridge, Massachusetts: Harvard University Press, 1977, p. 277.

② Ibid., pp. 272—273; "Liberalism", Stuart Hampshive (ed.), *Public and Private*, Morality, Cambridge: Cambridge University Press, 1978, pp. 122—128.

第一节 关于平等的一般理论

要知道，德沃金对于法律正义论之最终基石——平等——的讨论是从批驳所谓普遍的自由权开始的。他说："我的论点中的核心概念不是自由而是平等。我设想我们所有的人都同意政治道德的如下假定：政府必须关心它统治下的人民，就是说，把他们当做有能力经受痛苦和挫折的人；政府必须尊重它统治下的人民，就是说，把他们当做根据他们应当如何生活的理性概念有能力组织起来并采取行动的人。政府必须不仅仅关心和尊重人民，而且必须平等地分配利益和机会。它千万不要根据某个公民的某一集团良好生活的概念更高尚或高于另一个公民的同样概念而限制自由权。总而言之，这些假定也就指出了可以被称做是自由主义的平等概念的东西；这是一个平等的概念，而不是它们指出的作为允许的自由概念。"①由此我们可以断言，平等的问题是德沃金法律伦理思想体系中的最高问题，它既是个人权利之渊源，亦是制度伦理之要津。

一、平等的问题

人类思想史上千百年来属于道德哲学、政治哲学或法律哲学的大多数理论，"不是用平等就是用自由作为探讨正义问题的焦点"②。因此，梳理平等的基本含义对于厘定德沃金的法律伦理思想是大

① 〔美〕德沃金：《认真对待权利》，信春鹰、吴玉章译，中国大百科全书出版社1998年版，第357页。

② 〔美〕E·博登海默：《法理学：法律哲学与法律方法》，邓正来译，中国政法大学出版社1999年版，第255页。

有裨益的。

尼采有云，只有非历史的存在才有可能被赋予恰当的定义。博登海默也说："平等乃是一个具有多种不同含义的多形概念。"[①] 萨托利更是感叹道：平等问题是一座迷宫。[②] 平等是专属于人类精神状态的一种理念性的追求——动物之间只存在"弱肉强食"的自然法则而绝无平等可言，从发生学的角度来看，平等是人类最原始、最简单同时也是最切身、最持久的生活样式和价值目标。可见，平等对于人的生存境域和进一步发展的可能性具有原初的关联和本质的重要性。因此，对平等的诉求历史性地成为人类社会恒久的主题。在历史上对平等的诉求从某个方面来说其实亦是对正义的诉求，平等的概念与正义的概念是一枚硬币的正反面，人们在说"正义"时，其实也是在说平等，反之亦然。为此，我们有必要对"正义"的概念有一基本的领会和把握。

博登海默说："正义有着一张普洛透斯似的脸（a Protean face），变幻无常，随时可呈不同形状并具有极不相同的面貌。"[③]亚里士多德认为，正义寓于某种平等之中，从分配的含义来看，它要求按照比例平等原则把这个世界上的事物公平地分配给社会成员，即相等的东西给予相等的人，不相等的东西给予不相等的人，所以，"公正在于成比例"[④]。查士丁尼在《国法大全》中提出的并

---

① 〔美〕E·博登海默：《法理学：法律哲学与法律方法》，邓正来译，中国政法大学出版社1999年版，第285页。

② 〔美〕乔·萨托利：《民主新论》，冯克利、阎克文译，东方出版社1993年版，第357页。

③ 〔美〕E·博登海默：《法理学：法律哲学与法律方法》，邓正来译，中国政法大学出版社1999年版，第253页。

④ 〔古希腊〕亚里士多德：《尼名马可伦理学》，廖申白译注，商务印书馆2003年版，第135页。

被认为是古罗马著名的五大法学家之一乌尔庇安(Ulpian)首创的一个著名的正义定义,其表述如下:“正义乃是使每个人获得其应得的东西的永恒不变的意志。”[①]西塞罗也曾把正义描述为使每个人获得其应得的东西的人类精神取向。如果说乌尔庇安和西塞罗对正义的界定取得是主观向度,那么后来中世纪神学家阿奎那则强调了正义的客观性方面,将正义定义为“一种习惯,依据这种习惯,一个人以一种永恒不变的意志使每个人获得其应得的东西”[②]。穆勒则说:“每个人得到他应得的东西为公道;也公认每个人得到他不应得的福利或遭受他不应得的祸害为不公道。”[③]当代伦理学家、社群主义的代表人物麦金太尔则说:“正义是给每个人——包括给予者本人——应得的本分。”[④]佩雷尔曼更是把古今流行的诸多正义概念归纳为六种:(1)对每个人同样对待;(2)对每个人根据优点对待;(3)对每个人根据工作对待;(4)对每个人根据需要对待;(5)对每个人根据身份对待;(6)对每个人根据法定权利对待。并从中概括出一个形式主义的概念:正义就是同等待人。[⑤]彼彻姆也持有同样的看法,认为正义的一般含义可以理解为是一种应得,给予每个人所应得,而不给予每个人所不应得,公正地对待每一个人。[⑥] 罗尔斯《正义论》的主题也是正义问题,是社会中分配

① 〔美〕E·博登海默:《法理学:法律哲学与法律方法》,邓正来译,中国政法大学出版社1999年版,第264页。

② 同上书,第265页。

③ 〔英〕约翰·穆勒:《功用主义》,唐钺译,商务印书馆1957年版,第48页。

④ 〔美〕A·麦金太尔:《谁之正义?何种合理性?》,万俊人等译,当代中国出版社1996年版,第56页。

⑤ 参阅张文显:《二十世纪西方法哲学思潮研究》,法律出版社1996年版,第548页。

⑥ 〔美〕汤姆·L.彼彻姆:《哲学伦理学》,雷克勤等译,中国社会科学出版社1990年版,第328页。

公正的问题，其主要对象是社会基本结构及其社会制度的安排问题。所以，“我们甚至可以说，公正原则是建立社会的根本原则，所谓追求一个合理的社会所含的意义，就是追求一套正确的公正原则作为指导我们社会进行对权利和义务的分配。”①

当然，不同时代不同理论旨趣的思想家对正义的界定是千差万别的，很难精确地画出其四角范畴，一切都是语境化的。因而，布莱斯·帕斯卡尔(Blaise Pascal)抱怨道，正义的界限有如“河流”。② 须指出的是正义问题尽管与平等问题在历史舞台上总是联袂演出，但平等只是正义问题的一个面向与维度，而不是其全部问题。如近代以来，正义问题在自由主义者那里经常是一个自由的问题，所以，尽管对正义概念的了解有助于我们对平等概念的了解，但不可就此止步，裹足不前。

人类自走出“丛林法则”以来，平等问题对于人类来说就如影随形。从一定意义上讲，平等的诉求是源于不平等之现实。冯亚东先生提出的“平等概念三法则”的确有着原初本真之意义。他概括的平等观念三法则是：第一法则，平等只会是弱者发出的呼唤；第二法则，被要求平等的主体之间本无平等可言——平等主体之间只存在利益的争夺和实力的较量；第三法则，平等只能依靠一种超越平等主体(应指要求平等的主体)的权威力量才能获得——这种力量一定比强者更强，且为弱者所拥戴、所推崇。③ 从上述法则中可以看出，平等问题的要害在于它必须依靠“他者”的力量，在今日政治社会中则必须依靠公权力的力量。苏格拉底早在2400年

---

① 石元康：《当代西方自由主义理论》，上海三联书店2000年版，第174页。

② 〔德〕伯恩·魏德士：《法理学》，丁小春、吴越译，法律出版社2003年版，第175页。

③ 冯亚东：《平等、自由与中西文明》，法律出版社2002年版，第4—5页。

前就似乎明白了这一点，他声称国王是“人民的牧人”，而人民只不过是一群需要被主人照看的羊群。“苏格拉底的前提是一种根本的不平等；没有人是公民，大家都是臣民。统治者和被统治者之间有着一道鸿沟。”①后来的亚里士多德更是“粗暴地否定了人类的平等”②，他公然宣称：“世上有统治和被统治的区分，这不仅实属必要，实际上也是有利益的；有些人在诞生时就注定是被统治者，另外一些人则注定将是统治者。”③西塞罗也指出：“在我们祖辈那里，为了能享受公正，人们总是立道德高尚之人为王。要知道，人们平时由于受到势力强大的人们的压迫，他们便求助于某个德性出众之人，此人为了保护弱者免遭欺凌，便建立平等制度，以使地位崇高的人们和地位低下的人们享有同样的权利。制定法律的原因与拥立国王的原因是一样的。”④霍布斯曾就类似儿童争物品的现象谈道：“任何两个人如果想取得同一东西而又不能同时享用时，彼此就会成为仇敌。他们的目的主要是自我保全，有时则只是为了自己的欢乐；在达到这一目的的过程中，彼此都力图摧毁或征服对方……根据这一切，我们就可以显然看出：在没有一个共同权力使大家慑服的时候，人们便处在所谓的战争状态之下。”⑤

由上可知，平等问题的由来其实是出于两个向度之要求。其一是出于对正义、公正或公平之诉求。此一向度为平等注入实质

---

① 〔美〕斯东：《苏格拉底的审判》，董乐山译，上海三联书店 1998 年版，第 18 页。

② 〔法〕勒鲁：《论平等》，王允道译，商务印书馆 1988 年版，第 75 页。

③ 〔古希腊〕亚里士多德：《政治学》，吴寿彭译，商务印书馆 1988 年版，第 13 页。

④ 〔古罗马〕西塞罗：《论义务》，王焕生译，中国政法大学出版社 1999 年版，第 195 页。

⑤ 〔英〕霍布斯：《利维坦》，黎思复等译，商务印书馆 1985 年版，第 93—94 页。

要求和内涵，其轨迹大致表征为身份平等—政治平等—经济平等之走向。其二是出于对不平等之反动。平等问题之提出正是由于现实实践中存在着的不平等才使其成为可能和必要，而不平等的克服又先天注定必须依靠超诉求主体的力量才能完成。因此，对不平等的克服又须依赖不平等的力量。这里便面临着一种风险，即人们在不得不诉求超越其主体力量的同时面临着为其所侵害的风险。这是一历史性难题，德沃金提出的法律正义论问题亦是力图对这一问题作出科学回答的当代课题，即一方面法律为人们追求平等提供了"他者"的力量，另一方面人们又必须防止"他者"的异化，保证"他者"自身在当代社会条件下的正义论。

平等这枚金币，一面写着"正义"(体现了人们的诉求)，一面写着不平等(体现了依靠不平等的力量)，因而人类对平等的诉求历史性地与保证平等的力量相缚在一起。具体在当代政治社会中，则意味着平等问题主要是针对政府的，人们的平等权利是对政府所提出的规范要求，所以平等问题和平等权利其实质就是对政府及其拥有的法律的正义论问题。在笔者看来，我们只有从这个角度去寻求平等问题之含义，才能抓住问题之根本和枢纽，德沃金的法律伦理思想正是从这个角度和历史原则去建构的。

德沃金说："我们能够对平等不闻不问吗？宣称对全体公民拥有统治权并要求他们忠诚的政府，如果它对他们的命运没有表现出平等的关切，它也不可能是个合法的政府。平等的关切是政治社会至上的美德——没有这种美德的政府，只能是专制的政府。"①

---

① 〔美〕德沃金：《至上的美德：平等的理论与实践》，冯克利译，江苏人民出版社2003年版，第1页。

二、德沃金的抽象平等概念

德沃金指出，自由主义的主要论旨就是由一个自由主义式的平等概念(liberal concept of equality)所构成的。[①] 这个平等的概念不同于保守主义者提出的只是赞成社会上应该多点平等的平等概念。它所提出的乃是，政府应该对于所有统治下的人给予同等的关注和尊重，这是法律正义论、政府正当性的基石和设准。公民所具有的其他权利，包括各种各样的特定的自由的权利均来源于这一前提。

德沃金认为："自由主义平等概念支配下的每一位公民都有一种受到平等关心和尊重的权利。这一抽象的权利可以包括两种不同的权利。第一种权利是平等对待的权利(right to equal treatment)，就是说，像其他人所享有的或被给予的一样，同样分享利益和机会……第二种权利是被视为平等来对待的权利(right to treatment as an equal)。这不是一种平等分配利益和机会的权利，而是在有关这些利益和机会应当如何分配的政治决定中得到平等地关心和尊重的权利。"[②]第一种权利是每个人在各方面的分配所获得的都是一样多。例如在投票权这点上，几乎所有的民主国家都承认它们的公民只要符合法律规定的条件，那么均可获得相同的投票权。德沃金认为第一种权利并不具有本质的重要性，

---

① 〔美〕德沃金：《认真对待权利》，信春鹰、吴玉章译，中国大百科全书出版社1998年版，第356—357页。

② Ronald Dworkin, *Taking Rights Seriously*, Cambridge, Massachusetts: Harvard University Press, 1977, p. 273；另参阅〔美〕德沃金：《认真对待权利》，信春鹰、吴玉章译，中国大百科全书出版社1998年版，第357—358页。

重要的是第二种权利。他说:"我提议,被视为平等来对待的权利必须被看做是自由主义平等概念的根本要素。"[①]在该书"反向歧视"一文中他举了这样一个例子:如果我有两个孩子,一个快要病死了,且他的病使别人也不舒服(另一个则是健康的),如果我掷了一个硬币来决定谁来吃仅剩的那一点药品,我就没有表现出平等的关心。这一例子表明,被视为平等来对待的权利是基本的,而平等对待的权利是派生的。[②]

事实上,德沃金所倡导的自由主义的平等概念对于公民来说其实就是"被视为平等来对待的权利",对政府来说则是一种将公民当做平等来对待的义务。后来,德沃金又将这一平等的概念发展为其伦理个人主义两大原则之一的重要性平等原则(the principle of equal importance)。德沃金所主张的重要性平等原则是指:"从客观的角度看,人生取得成功而不被虚度是重要的,而且从主观的角度讲这对每个人的人生同等重要。"[③]德沃金声称,这一原则不根据人们的任何特性,仅就任何人的生命都有意义而不虚度这一点来作出的判断。[④] 在《生命的自主权》一书中,德沃金在讨论妇女的堕胎权问题时,还对重要性平等的原则作了更为详尽的发挥,他说:"至少直觉上相信,无论人类的生命以怎样的形式,都

---

① Ronald Dworkin, *Taking Rights Seriously*, Cambridge, Massachusetts: Harvard University Press, 1977, pp. 273—274;另参阅〔美〕德沃金:《认真对待权利》,信春鹰、吴玉章译,中国大百科全书出版社 1998 年版,第 358 页。

② Ronald Dworkin, *Taking Rights Seriously*, Cambridge, Massachusetts: Harvard University Press, 1977, p. 227.

③ 〔美〕德沃金:《至上的美德:平等的理论与实践》,冯克利译,江苏人民出版社 2003 年版,导论,第 6 页。

④ 同上。

具有内在价值。”[①]他还强调指出，人的生命之所以说“有些事情具有内在价值，这种价值和人们喜欢不喜欢、想不想要、需不需要、有没有用并没有关系”[②]。在 2002 年 5 月德沃金来华作演讲时反复提到了重要性平等原则，并视之为其理论体系的“阿基米得点”。[③]

对于“被视为平等来对待的权利”这一概念，德沃金陈述道：“平等关心和尊重的权利比不同的政治理论的标准的平等概念更为抽象。它允许这样的观点，即这个更为基本的权利要求这些平等概念中的这一个或那一个作为派生的权利或者作为目标。”[④]也就是说，其他种类的平等权利包括受到平等对待的权利都是从这一权利中派生出来的，都以之为最终依据。换言之，被视为平等来对待的权利是任何特定的、具体的权利的依据，一切特定的、具体的权利都是由它所衍生和派生的。这些特定的具体的权利既包括具体的平等权、自由权，又包括具体的财产权、安全权等一系列的权利。可见，被视为平等来对待的权利在德沃金法律伦理思想中是一切权利之母，它与其他权利之间的关系犹如一国宪法与其部门法之间的“母子”关系。

现在的问题是：“被视为平等来对待的权利”这一权利的特征是什么？它还有源头和根据吗？

---

① 〔美〕德沃金：《生命的自主权》，郭贞伶、陈雅汝译，商周出版城邦文化事业有限公司 2002 年版，第 80 页。

② 同上书，第 82 页。

③ 参阅〔美〕德沃金等：《认真对待人权》，朱伟一等译，广西师范大学出版社 2003 年版，第 17—30 页。

④ Ronald Dworkin, *A Matter of Principle*, Cambridge, Massachusetts: Harvard University Press, 1985, p. 238.

德沃金对于这一抽象权利特征的论述采用的是苏格拉底式的论述方式，即采用一种反证法的方式。他这样写道："当由于某种原因，一个集体目标不足以证明可以否论个人希望什么、享有什么和做什么时，不足以证明可以强加于个人某些损失或损害时，个人便享有权利。当然，从它不指明人们有什么权利或保障什么权利这一点来看，确实，如果说权利有什么特征，一个权利的特征便是形式上的，但它并不假设权利具有某些特别的形而上学特征。"① 可见，德沃金认为，被视为平等来对待的权利不能设想为某种实体性的东西，否则就会陷入传统形而上学的泥潭中而不能自拔，这也是他自认为不同于别的理论建构者的最大区别之所在。至于该权利的根据和源头，德沃金的回答是耐人寻味的。德沃金 2002 年 5 月 24 日上午在复旦大学逸夫科技楼报告厅作"权利哲学"演讲后回答与会者提出的这样一个问题（德沃金先生，麦金太尔在《德性之后》一书中认为，对人权的辩护就如同为独角兽做辩护，您如何看待这一问题）时，说道："关于独角兽的问题，科学理论能够通过经验来证实或证伪，但权利本身却无法进行证实或证伪。就我个人而言，我始终认为是存在权利的。"②这里不得不提的还有德沃金在浙江大学演讲时对林来梵教授提问的回答。林教授问："罗尔斯虚拟了一个无知之幕，而您所谓的权利是没有提到起源的，这是我想知道的。"德沃金的回答是："很难回答，也不需要回答，正如孩子问母亲自己是哪里来的这样的问题一样"，"如果一定要回答的

---

① 〔美〕德沃金：《认真对待权利》，信春鹰、吴玉章译，中国大百科全书出版社 1998 年版，第 6 页。

② 〔美〕德沃金等：《认真对待人权》，朱伟一等译，广西师范大学出版社 2003 年版，第 182 页。

话，我想说是自尊，自尊是权利的来源”①。须注意的是，德沃金在触及这一“被视为平等来对待的权利”的根据时不是拘泥于个人的视阈而更多是从政府的角度以及政府视阈下的个人的角度来考虑的。他认为，这一权利来自政治道德理念的要求，是法律正义论、政府正当性之理据。如不作以上理解，我们无疑会偏离德沃金法律伦理思想的主旨。所以，在德沃金这里，对“被视为平等来对待的权利”此一抽象的平等概念的论证方式从来都是采用双轨制的，而不是单一流程式的。平等这一概念如用图像式的语言来说，则可以当做由“政府”和“个人”这两个“轿夫”抬着的一个“贵妇人”。掌握这一点对于我们理解德沃金的平等观乃至其整个理论体系都是至关重要的；否则，我们无法跟随德沃金在政府与个人之间不断跳跃时所阐发的不同主张而进行及时的转换，于是乎便自认为这是德沃金理论体系自身混乱之罪证。

三、自由主义式的平等

平等与自由之间的关系是法哲学中令人头痛的历史性难题。法国伟大的启蒙思想家卢梭说道：“如果我们探讨，应该成为一切立法体系最终目的的全体最大的幸福究竟是什么，我们便会发现它可以归结为两大主要的目标：即自由与平等。”②对平等与自由的含义及其相互关系，历代思想家们有着种种不同的阐释，但究其总体，人们更注重自由这一价值目标，认为整个法律正义学说应以自由观念为核心而建构起来。例如，约翰·洛克宣称：“法律的目

---

① 〔美〕德沃金等：《认真对待人权》，朱伟一等译，广西师范大学出版社2003年版，第190页。

② 〔法〕卢梭：《社会契约论》，何兆武译，商务印书馆1980年版，第69页。

的并不是废除或限制自由，而是保护和扩大自由。”杰斐逊确信，自由乃是人生来就享有的和不可剥夺的一项权利。卢梭痛苦地疾呼：“人人生而自由，但却无往而不在枷锁之中。”康德宣称说，自由乃是“每个人据其人性所拥有的一项唯一的和原始的权利”①。以赛亚·柏林的“两种自由概念”，即消极自由和积极自由概念，更是将人们对自由的理解和颂扬推进了一大步。② 罗尔斯《正义论》中的两大原则之首要原则便是自由原则，而极端自由主义者诺齐克更是将自由的范围推广到其逻辑的极端。而对于平等的问题则往往成为与自由问题相冲突的附带问题，甚至有时很巧妙地将平等问题托付给“上帝”去解决——“在上帝眼里，所有人都是平等的。”③

自近代以来，人类的社会实践在贯彻自由和平等这两大目标时，总是设定它们之间存在着天然的根本性矛盾，因而不同的思想家们在进行其理论建构时均必须面对这一矛盾并努力解决之。在西方自由主义传统的阵营里，自由是法律正义论的核心，这点几乎已成公理，因而剩下的问题便是如何安置“平等”这一目标的位置。伟大的资本主义启蒙思想家孟德斯鸠在资本主义前期凭借其敏锐的历史洞察力就发出过一番感叹：“虽然在民主政治下，真正的平等是国家的灵魂，但是要建立真正的平等却是很困难。”④西塞罗

---

① 〔美〕E·博登海默：《法理学：法律哲学与法律方法》，邓正来译，中国政法大学出版社 1999 年版，第 279 页。

② 参阅〔英〕以赛亚·柏林：《自由论》，胡传胜译，译林出版社 2003 年版，第 186—247 页。

③ 〔英〕罗素：《走向幸福》，王雨等编译，中国社会出版社 1997 年版，第 358 页。

④ 〔美〕罗斯科·庞德：《普通法的精神》，唐前宏等译，法律出版社 2001 年版，第 102 页。

也曾尖锐地指出:"确实没有什么比自由更美好,然而如果不是人人平等的,那自由也就不可能存在,然而自由又怎么能做到人人均等呢?且不说在奴隶制公然存在,毋庸置疑的王政制度下,甚至在那些被宣称人人自由的国家里。"[①]康德用大家熟知的一个著名命题自认为解决了这个难题,解决之道就是"他以法的公正设想为对所有人机会均等的观念。这种机会均等恰如这一观念本身所示的那样,没有丝毫人为或外部的障碍。换言之,他在正义观念之下构筑了一个新的哲学基础,即最大限度的个人自由权利主张。这个观念随同宗教改革运动一同出现,因此能够在 19 世纪的法律中获得其最终的逻辑发展"[②]。黑格尔也论述道:"人们当然是平等的,但他们仅仅作为人,即在他们的占有来源上,是平等的。从这意义说,每个人必须拥有财产。所以我们如果要谈平等,所谈的应该就是这种平等。但是特殊性的规定,即我占有多少的问题,却不属于这个范围。由此可见,正义要求各个的财产一律平等这种主张是错误的,因为正义所要求的仅仅是各人都应该有财产而已。其实特殊性就是不平等所在之处,在这里,平等倒反是不法了。"[③]当代自由主义大师哈耶克也曾指出:"法律面前人人平等与物质的平等

---

① 〔古罗马〕西塞罗:《论共和国论法律》,王焕生译,中国政法大学出版社 1997 年版,第 44 页。20 世纪英国学者霍布豪斯对黑格尔的政治学说和国家观尖锐地批评道:"过去我们没有理会黑格尔对国家的颂扬,以为那只是一个形而上学的梦想家的狂言。这是个错误,他的整个想法是和欧洲历史上最不幸的发展紧密交织在一起的……正是黑格尔的国家观企图证明自由和法律是一致的,藉以削弱民主的原则;想用法律观念削弱平等的原则;要使个人成为国家的一部分,以削弱个性的原则;把国家推崇为人类社会最高和最后的组织形式,以削弱人性的原则。"参阅〔英〕霍布豪斯:《形而上学的国家论》,汪淑钧译,商务印书馆 1996 年版,第 17—18 页。

② 〔法〕孟德斯鸠:《论法的精神》(上册),张雁深译,商务印书馆 1961 年版,第 45 页。

③ 〔德〕黑格尔:《法哲学原理》,范扬、张企泰译,商务印书馆 1996 年版,第 58 页。

不仅不同，而且还彼此相冲突，自由所要求的法律面前人人平等会导向物质的不平等。”①美国前总统尼克松在谈及美国建国时期的立宪者时由衷感叹：“尽管他们对平等观念推崇备至，但是，他们却摒弃任何压制个人自由为代价来强制推行平等的制度，因为个人自由对于激发人类的创造力来说至关重要。”②

可见，近代以来，整个西方的制度设计，尤其在其政治法律制度的设计上，几乎都是围绕着“自由”这一中心目标来着力的，平等则由最初启蒙思想家们所构想的一种与自由并驾齐驱的理想沦为程序上或机会上的一种期待可能性，甚至变成为自由的必要妥协。

德沃金在自由与平等的关系问题上一改以往主流传统，认为自由和平等这对范畴可以和谐地相融于一种平等观之中。德沃金认为，当人们在规范意义上争论平等和自由相冲突的时候，实际上是共享着同一个前提，即实际上均是基于某种平等观上，只不过是不同的人采纳了不同的平等观，对平等的内涵有着不同的指涉和要求。例如，当我们说，医疗改革损害了某些人的自由权利时，人们的意思是什么呢？它侵犯了个人的自由选择权利，还是因此而不平等地对待了社会成员？看似是平等与自由的冲突，实质上是在较量不同平等观的正当性。③

为厘定自由与平等的真实关系，德沃金认为人们有必要分清两种意义上使用的“自由”和“平等”的含义。一种是把每一个当做

① 〔英〕哈耶克：《自由秩序原理》，邓正来译，生活·读书·新知三联书店 1997 年版，第 104—105 页。

② 〔美〕尼克松：《1999——不战而胜》，谭朝洁等译，中国人民公安大学出版社 1988 年版，第 362 页。

③ 〔美〕德沃金：《至上的美德：平等的理论与实践》，冯克利译，江苏人民出版社 2003 年版，第 136—137 页。

一种浅显的描述词来使用，它本身没有包含价值之维，亦不传达褒贬之义。就“平等”概念而言，有的只是表示有限的或得到理解方面的相同或同一，但并不意味着说话的人认为在哪些方面相同是可取的，因为它并未涉及说话人的价值判断。而就浅显意义上使用“自由”而言，则只是简单地表示不存在限制。在采用这种含义时，人们可以说，法律禁止杀人越货，从而减了自由，但这并不意味着他反对那法律。因此，这种意义上的“自由”与“平等”概念其实也是德沃金使用的人类学意义上的概念。德沃金还说，人们更主要的是从规范的角度、从价值取舍与判断的角度来使用“自由”与“平等”的概念。从规范的意义上使用“平等”，是要表示人们在某一个或某些方面相同，或应以同样的方式加以对待，否则就是不公正的。而从规范意义上使用“自由”，则是为了描述我们认为人们应当享有自由的态度，即人们在具体方面所具有的一种权利。①德沃金进而认为，一切有关“自由”与“平等”关系的真正有意义的讨论均应从规范意义上来展开。他说：“担心自由和平等相互冲突的政治哲学家，都是从规范的而非浅显的含义上思考这些观念。他们所以担心，是因为他们害怕政治观念之间而不是描述词之间的冲突。我这里所要探讨的，也始终是规范的理想之间的冲突。”②

虽然，不同的政治哲学家们都是从规范的意义上来探讨“自由”与“平等”的关系，但不同的人对“自由”与“平等”概念的内在

---

① Ronald Dworkin, *Sovereign Virtue: the Theory and Practice of Equality*, Cambridge, Massachusetts: Harvard University Press, 2002, pp. 125—126.

② 〔美〕德沃金：《至上的美德：平等的理论与实践》，冯克利译，江苏人民出版社2003年版，第137页。

"应当"的理解是不同的,即不同的人对于人们应当享有什么样的自由以及他们应当在哪些领域和方面相同或得到相同对待的方式,肯定持有不同的想法。要言之,自由与平等是一个阐释性概念,是允许人们对之有不同的解释或观点的概念。所以德沃金认为:"我们是否认为作为理想的自由和平等之间存在着冲突,这无疑取决于我们每个人所持的观点。"[①]这样,分析不同类型平等观、考察自由概念在各种不同类型平等观中的地位和安排,对于我们更清楚地领会和把握平等与自由之间关系的真意和本质当属必然。为便于剖析自由与平等的关系,德沃金在《至上的美德:平等的理论与实践》一书之"自由的地位"一文中简略地分析了三种典型的自由观:第一种是放任自流的自由观。它对应着自由至上主义或保守主义的自由观,自由就是平等,平等就是自由。此种观点并不一定认为自由和平等必然存在冲突,有时甚至认为,如果平等并不意味着经济利益上的平等的话,那么自由与平等可以和谐相处,而且已经和谐相处了。第二种是占支配地位的福利主义的自由观。自由是保证功利最大化或达到社会最佳福利的手段,因而具有工具性价值。此种观点一般认识到平等与自由之间的冲突,因为在某些情况下,他们会认识到,在保护言论自由等具体自由时会减损社会的平均福利。第三种就是为德沃金所肯定的资源平等论自由观,它主张并认为平等与自由可以和谐共存。当然,德沃金也特别指出资源平等论的自由观,并不是物质平等论的自由观,二者存在着性质上的根本差异。

---

① 〔美〕德沃金:《至上的美德:平等的理论与实践》,冯克利译,江苏人民出版社2003年版,第137页。

德沃金在对自由与平等的关系进行了一番必要的先期外围清扫工作之后，接着就进入了对自由与平等关系问题的真正思考领域。总括而言，德沃金对该问题的思考可以分为前期和晚近两个时期。在其前期思想中，德沃金对平等与自由的关系问题的思考主要是从权利观的角度来论述的，因而自由与平等的关系也就换算成抽象自由权和抽象平等权之间的关系。德沃金为此捍卫了抽象平等权，在肯定具体的自由权时，否定了抽象的自由权，且主张具体的自由权是由抽象的平等权推导出来的，所以抽象的平等权是一阶的，具体的自由权是二阶的，因而法律的正义论与正当性也就立基于抽象的平等权而非抽象的自由权之上。而在其晚近的思想中（主要体现在其近著《至上的美德：平等的理论与实践》中），德沃金将其抽象的平等观丰富为资源平等观，对政府正当性、法律正义论的根据从抽象平等权深化为资源平等权，从而在分配正义的逻辑中来展开自由与平等关系的讨论。

德沃金对自由主义式的平等观从权利论的角度所展开的论证主要体现在其成名作《认真对待权利》这本书中，所以本书第一章对德沃金法律伦理思想的基地——权利观——论述中所主张的同样适用于本处，因而在论述中出现必要的重复既是需要，又不可避免。

德沃金认为，法律的正义论源自于对人的权利的捍卫，而且这种捍卫可以从两个角度去理解。首要的也是主要的是对政府提出了要求，即政府必须承担的责任，其次是出于个人有何种权利的主张。为此，历史上有一种至今依然认为有效的、强劲的主张，即认为政府有责任保障人们的自由，人们有权利向政府主张自由权，这是法律正义论、政府正当性之根据。至于平等权，则大致属于配角的地位，起着帮衬的作用。德沃金否定了法律的正义论立基于所谓的抽象自由权之上，而声称法律的正义论来自于人们抽象的平等权。

总的说来，德沃金认为，抽象的自由权与抽象的平等权之间的冲突是不存在的，原因在于人们只享有抽象的平等权，而不享有抽象的自由权。人们享有的只是从抽象的平等权推导出来的具体的自由权，而此种自由权与抽象的平等权不但不会产生冲突，反而是抽象平等权的内在要求。

德沃金认为现实的情况是：在以往全部政治领域内，西方社会中的自由主义者[①]几乎一致性地认为正义问题即法律的正义论、政府的正义论在于保证人们的自由。自由权可谓家喻户晓，为从国际性的民族解放战争到争取个人独立、平等乃至当今性自由和妇女解放斗争的每一项社会运动都提供了支持。自由权成为针对政府、针对法律的人们话语的中心，即便是反对自由的人也均得以自由的名义来进行，否则无异于自掘坟墓，将自己归入"反动"之行列。而德沃金认为，将自由权视为政府正义论、法律正义论之基石纯属历史性的讹误，因为，"很明显，不存在什么一般的自由权"[②]。

在"自由主义"和"我们享有什么权利"两篇文章中，德沃金指出，一般的政治法律理论总是把自由与平等这两个政治理想认为

---

① 笔者冒昧地主张，从中国语境出发来看待西方近现代以来的思想界主流中的各派人士，包括保守主义、自由主义、新自由主义、新保守主义、左派、右派、新左派、新右派等，其实大抵均可归之自由主义这一旗号下，只是存在着在不同时代，针对不同的具体问题表现出量上的不同，而无本质上、建制上的不同。

② 〔美〕德沃金：《认真对待权利》，信春鹰、吴玉章译，中国大百科全书出版社1998年版，第353页。

是相互竞争，有时甚至是互不相容的东西，如果给予人们多一点自由，则平等就要被牺牲多一些；同样地，如果要求人们之间多一点平等，则这一定要靠牺牲某些人的自由才能得以完成。总之，人们对自由主义看法的不同只是对于平等与自由之间量的取舍的不同，而绝非本质上的差异。事实上，德沃金认为自由与平等的冲突是虚假的，其主要来源于有关自由的传统定义，即认为自由就是意味着：如果一个人想做某事，那么，一个政府不应对该人可以做的事情施加限制。[①] 柏林的消极自由概念的主旨与传统定义是一脉相承的，认为自由的这种含义来自对一个或一群人在不受他者干涉和强迫的情况下从事活动的那一空间的寻求。用柏林自己的话说："我们一般说，就没有人或人的群体干涉我的活动而言，我是自由的。在这个意义上，政治自由简单地说，就是一个人能够不被别人阻碍地行动的领域。如果别人阻止我做我本来能够做的事，那么我就是不自由的；如果我的不被干涉地行动的领域被别人挤压至某种最小的程度，我便可以说是被强制的，或者说，是处于奴役状态的。"[②]德沃金称这种作为允许的自由概念其实是个中立性的东西，在其全部含义中，自由与平等显然是相互竞争的。边沁在这个意义上曾说，无论什么样的法律都是对自由的"违背"。

德沃金进而指出，正是这种中立意义的自由观导致了在"自由与平等关系问题"上的历史性讹误，其引出的混乱远比其澄清的混乱多。他接着说："为了明智地询问我们是否享有一种中立意义上

---

① 〔美〕德沃金：《认真对待权利》，信春鹰、吴玉章译，中国大百科全书出版社1998年版，第350页。

② 〔英〕以赛亚·柏林：《自由论》，胡传胜译，译林出版社2003年版，第189页。

的自由权，我们必须紧紧把握权利的某种含义……如果自由权要发挥其适合政治争论的作用，它必须是一种更为强硬意义上的权利。”[①]强硬意义上的自由权意味着，如果某人做某事享有自由权利，那么，即使否认这种权利符合普遍利益，政府否认这种权利也是错误的。因此，就任何强硬意义的权利而言，根本不存在普遍的自由权，有的只是某些特定自由的权利；否则，任何法律的存在都将视为对中立意义上的自由的戕害，法律也就不再是对自由的保护，反而成了自由的让步，这显然是极其荒谬的。所以，德沃金认为法律的正义论根据不能依靠普遍的自由权，而必须寻求另外一种根据，这就是平等的概念。

德沃金认为一切个人的具体的基本自由和政治权利都是从抽象的平等权利中派生出来，因而“在一个假设是自由主义的平等概念所支配的国家里，政治理论的最高问题是：在这样一个国家里，在利益、机会和自由等方面，什么样的不平等是允许的以及为什么”[②]。德沃金给出的答案是：政府必须对其域下公民表示同等的关心和尊重。如果政府做到了同等关心和尊重其域下的公民，则由此产生的不平等是合法的。可是，德沃金又指出不能将自由这一价值目标弃之不顾。他提出我们必须说明那些为人们耳熟能详的各种各样的基本的自由（这些自由已牢牢地锁定在例如美国宪法那样的文件中了），如何被认为是根本的平等概念所要求的。可以说，德沃金对自由与平等关系的理论建构，其要害之处便在于此，即如何从他所说的平等的关切与尊重这项权利中推导出各项

① 〔美〕德沃金：《认真对待权利》，信春鹰、吴玉章译，中国大百科全书出版社1998年版，第352页。

② 同上书，第357页。

自由的权利。

因此，我们这里首先有必要对德沃金主张的抽象的平等权进行一番解剖。为看清从抽象的平等权中推导出具体的自由权，事实上，德沃金对于政府必须对其域下的公民给予同等的关切和尊重这一要求，表面上进行了价值取舍，而在其论证方式中则采用的是保持中立的态度。因为德沃金除了说政府必须把人们视为可能受苦及受挫折的存在之外，并没有再说什么。事实上德沃金自由主义式的平等观对政府的最终逻辑要求是：政府对于什么样的人生才是理想的人生应采取中立态度，它的主要任务不是去教化公民，而是为其域下的公民可以自由地去建立及追求他们认为是理想的人生提供一个场所和机制。政府对于各种各样的人生一视同仁，给予同等的尊重。① 在肯定了人们的中立抽象的平等权这一基本前提下，那么接下来的问题便是：这项权利在现实社会生活中如何落实。换言之，政府应采取什么样的政治、经济等方面的安排以保障这项权利得以贯彻，而人们又必须拥有哪些具体的自由权去实现那一抽象的平等权。

传统的自由主义者认为，对于“如何实现抽象的平等权利”这一问题，政府应采取自由放任的政策，因为人生而有一种普遍的自由权，这是不言而喻、不证自明的公理。德沃金认为这是错误的，

---

① 在西方启蒙思想运动之前的传统社会里，由于价值客观主义盛行，个人的主体性没得到应有的发展，政治理论家们几乎一致性地认为政府对于教化人民、使人们成为道德的人一直肩负着不可推卸的责任。因此，政府对于什么样的人生是理想的人生必然有一定的标准和设定，并努力践行之。今日之中国，从某种意义上说，是昨日之中国的继续，传统中国所倡导的“作之君、作之师”的传统依然以某种方式“活着”，所以梁漱溟先生才会发出“认识老中国，建设新中国”之感叹。参阅梁漱溟：《中国文化要义》，学林出版社 2000 年版，自序，第 5 页。

一是因为其错误地认为人有普遍的自由权，而事实上人们并没有此项权利；二是采取自由放任政策纯粹是出于功利性的考量。既然不能采用自由放任的政策去实现人们的抽象的平等权，那么一个尊重自由主义式的平等的政府可以根据何种理据来限制自由呢？①

德沃金说道："一个尊重自由主义的平等概念的政府只能根据某些非常有限的证明类型来适当地限制自由。"②为此他采用了权利论中的论证分类法，将之分为原则的论证（argument of principle）和政策的论证（argument of policy），政策的论证又分为功利主义的政策论证（utilitarian argument of policy）和理想主义的政策论证（ideal argument of policy）两种。原则的论证就是为了保障某些人的特定权利免受因行使某种自由的伤害，政府可以对自由作出限制，例如限制诽谤就是一种根据原则性的论证而对自由作出的限制。理想主义的政策论证将是基于这样的理由而支持限制自由：限制某些自由将使社会获益。当然，社会获益并非因为较多的成员获得了比他们想要的还多的东西，而是因为社会以某种方式更接近一个理想社会，而不管该社会的成员是否想要有争议的改善。功利主义的政策论证则认为社会中较多的人们会获得比

① 可见，德沃金在此必须面对一个逻辑上的悖论。一方面，对于什么样的人生是理想的人生，政府应采取价值中立的态度；另一方面，对于自由放任政策下的人生，德沃金又必须采取否定的态度。显然，德沃金不可能同时站在这两个立场上，正如他挖苦别人所说的那样，他给自己发出了这样一道命令："请你从北极点上往任何方向走都可以，但是不能往南走。"因而他在进行其理论建构时，必须私下里不停地在这两个立场中进行转换。用个不恰当的比喻：德沃金从前门拿出去的东西，往往从后面又偷运进来。

② 〔美〕德沃金：《认真对待权利》，信春鹰、吴玉章译，中国大百科全书出版社1998年版，第359页。

他们想要的全部还多的东西,因而,即使某些人会获得较少,但作为整体的社会因此将会获益。用边沁的话说就是,最大多数人的最大幸福可以作为对自由进行限制的理由。德沃金认为,不管是理想主义的政策论证,还是功利主义的政策论证,它们对自由作出限制的理由都是出于实现某些全面的政治目标或为实现某些国家事务所要求的。自由主义式的平等观反对出于政策性论证对自由作出限制,不管其是来自理想主义还是功利主义,政策性论证都是注定会失败,原因是由于它们在提供限制人们自由的理由时没有尊重每一个人的应受到平等的关心和尊重的权利,而只是将个人当成实现某些社会目标的工具。只有原则性的论证才能保证限制人们的自由是同样出于尊重每一个人的平等的关心和尊重的权利。政策性论证之所以没有尊重公民的抽象平等权,其根源在于认为个人权利与社会权利之间存在博弈的问题,而事实上社会权利是一个虚幻的概念(第二章已有论述),否则就会否认个人拥有强硬意义上的权利。具体到理想主义的政策性论证来说,其荒谬性在于它假定了某种人生方式是较为理想的,社会有权选择它。而德沃金认为这显然违反了对各种生活方式给予同等地尊重这个原则,显然在不平等地对待其域下的公民。功利主义的政策论证尽管在实践中表面上是把每个人当做一个人(既不多于一个人,也不少于一个人)来对待,然而其计算功利或效益时,忽视了个人偏好与外在偏好之间的区分,实际上将人们的外在偏好也计算进去,从而对同一个人构成了算两次或占两份的问题。[①] 这显然没有把

① Ronald Dworkin, *Taking Rights Seriously*, Cambridge, Massachusetts: Harvard University Press, 1977, p. 235.

某些人视为平等来对待。

由此我们可以得知,德沃金在其早期著作中并没有从正面去建构其主张的自由与平等的关系,而只是本能性地认为抽象的平等权可以“推导”出具体的自由权。此种“推导”在德沃金这里实质上只是意味着践行抽象的平等权需要自由权,而且只能是具体的自由权。与此同时,德沃金又不想将此种自由权扩大化、普及化,因而又依据原则性的论证方式对自由权进行了诸多限制。实际上,德沃金对平等与自由关系的深度讨论还是体现在其晚近著作《至上的美德:平等的理论与实践》中,因此接下来的考察就必然转向该著作了。

在《至上的美德:平等的理论与实践》一书中,对平等与自由关系的论证,德沃金主张将平等立足于资源平等这一维度上,诉诸于分配正义的逻辑,以机会成本概念为核心来展开。

在具体论述自由与平等的关系之前,有必要对自由与平等这两个概念作一限制。德沃金开宗明义地告诉我们:“平等指的是这样一种环境:人们不是在福利方面平等,而是在他们支配的资源方面平等。那么自由在这种平等中的意义是什么呢?对这个问题要作两个方面的限制。首先,我所说的自由,是指人们有时所说的消极自由——不受法律限制的自由,而不是指更宽泛的自由或能力。其次,我不想泛泛地讨论自由,而是只想讨论自由与平等分配之间的关系。”①继而德沃金捍卫了这样一种主张:如赞成资源平等是分配平等的最佳观点(此一平等观的论证将在本章第二节中予以讨论,在此处先作为一既定的接受条件对待),那么自由就变成了

① 〔美〕德沃金:《至上的美德:平等的理论与实践》,冯克利译,江苏人民出版社2003年版,第130页。

平等的一个方面，而不是像人们经常认为的那样，是一个与平等有着“潜在冲突的独立的政治理想”①。

德沃金在论证其自由主义式的平等观时，反对将自由视为具有基本的、绝对不能因为平等而牺牲的价值。他认为这种说法是空洞的、生硬的，是教条主义的和先验的。正确地认识自由的价值，不是通过坚持自由比平等更重要或一样重要来证明，而是证明按照何种分配平等的观点是最佳的观点——即按照社会财产的分配要对每个公民表示平等关切——的要求，这些自由必须得到维护。德沃金在资源平等论的论证过程中已经得出了这样的结论：“它使平等分配不依靠计划可以直接测算的结果，如偏好的满足，而是依靠一个协调的决策过程；在这个过程中，对自己的抱负和计划承担责任并因这种责任而承认自己属于一个实行平等关切的共同体的人们，能够认识到他们自己的计划给别人造成的真实成本，所以在设计和调整他们的这些计划时，只利用原则上人人可以享用的资源中公平的一份……为使这一过程充分而恰当，必须有本质意义上的自由，因为某人占有一定的资源或机会给别人造成的真实成本，只能在人们的抱负和信念是真实的，他们的选择和决定合理地适用于那些抱负和信念时才能发现。”②

因此，在德沃金这里，自由对于平等之所以必不可少，不在于人们是否看重自由，而在于自由对于使平等得到界定和保证的过程是至关重要的。而平等之所以能在人们拥有充分的自由条件下

---

① 〔美〕德沃金：《至上的美德：平等的理论与实践》，冯克利译，江苏人民出版社2003年版，第131页。

② 同上书，第132—133页。

得以界定和保证，其本质在于反映了伦理个人主义在分配公正中的核心概念——真实的机会成本。以上寥寥数语可以说大致描述了德沃金主张的自由与平等在资源平等支持下的分配正义论中的情景，然而他给人永远难以磨灭的直觉是：平等是政府正当性、法律正义论的要求，而自由只是兑现平等所必不可少的条件而已。对于此一直觉，信奉自由主义传统的德沃金万万难以接受，所以他不厌其烦地反复声明：自由与平等只是一种政治美德的两个方面；自由与平等不是相互独立的美德，而是政治合作组织的同一理想的两个方面；我们既借助于自由来定义平等，又在一个更抽象的层次上借助于平等来定义自由；我们不是把自由当成手段和工具，而是诉诸自由在塑造一个社会的整体性质，在恢复它的平等关切信念上发挥的作用；我们通过真实的机会成本使自由与平等这两种美德合为一体，因为真实的机会成本这一关键性概念，处于传统上所说的平等主义关切和自由主义关切的交汇点，真实的机会成本是一个有着两面性的概念，它一张面孔朝向平等，另一张面孔朝向自由。①

笔者理解德沃金对自由主义式的平等观所作的理论努力，但不完全赞同其主张。德沃金曾经批评诺齐克，说他的权利理论具有极端性，过分强调了所有权的至上性，因此在面对多种权利之冲突时，他的理论就缺乏一种规范意义上的正义论理论来对之进行合理安排与调节。② 所以，德沃金在其法律伦理思想中力图建构一个平等与自由和平共处的内在关系，以期克服诺齐克的困境，确

① 〔美〕德沃金：《至上的美德：平等的理论与实践》，冯克利译，江苏人民出版社2003年版，第200—201页。

② 同上书，第119页。

保法律的正义论之基石不会动摇。事实上,德沃金论述的自由与平等关系绝非其所声称的那样,是一金币的正反面,倒不如将之比喻为“种子与土壤”的关系更为恰当,平等被视为“种子”,自由比喻为“土壤”。因此,他所主张的平等与自由的关系,说到底是一种主次的依存关系,平等是主要的,自由是条件性的。当然,就按德沃金所主张的平等对于自由具有逻辑上的优先性这一点来说,确实切中了问题的要害,笔者深表赞同。

第二节 分配平等观

德沃金认为政府对其域下的公民予以平等的关切是法律正义论、政治正当性的内在理据,但是对于平等的关切除了从一般权利这一角度进行论证外,人们对于“平等的关切要求的是什么”这个问题不能置若罔闻,还必须从经济的维度进行考察。否则它的平等关切就值得怀疑,因为“财富的分配是法律制度的产物”①。因此,“平等的关切要求政府致力于某种形式的物质平等,我把它称为资源平等(equality of resources)。”②

一、对福利平等观的否定

德沃金认为“平等是一个既令人喜爱又令人费解的政治理想”③。

① 〔美〕德沃金:《至上的美德:平等的理论与实践》,冯克利译,江苏人民出版社2003年版,导论,第1页。

② 同上书,导论,第4页。

③ 同上书,第3页。

因此，人们有必要确切地阐明何种形式的平等归根到底是重要的。这不是一个语言学的问题，而是要求人们对不同的平等观进行实质性的区分。接着，德沃金直截了当地说："我将讨论有关分配平等的两种一般性理论。第一平等（我称之为福利平等）的要求是，一种分配方案在人们中间分配或转移资源，直到再也无法使他们在福利方面更平等，此时这个方案就做到了平等待人。第二种平等（资源平等）的要求是，一个分配方案在人们中间分配或转移资源，直到再也无法使他们在总体资源份额上更加平等，这时这个分配方案就做到了平等待人。"①德沃金继而否定了福利平等观，赞成资源平等观。

德沃金对福利平等观的否定最早出现在其《法律帝国》一书中。他当时是从法律是一建设性阐释概念这一角度，对普通法中曾在英国引起注意而在美国律师中产生震动的一个叫做"非故意损害法"的"经济"理论的阐释性主张的否定开始其对福利平等观的批判的。那种经济理论假定，对"非故意损害法"正义论提供的最佳阐释是经济原则，而此种经济原则的核心要求就是在想象交易代价为零的情况下，个人有责任使社会财富最大化，这既是"非故意损害法"正义论要求，又是个人一般的道德责任和义务。② 德沃金一针见血地指出，以上观点的不正义论完全是由于是一种功利主义的论证，在于对个人责任与公共责任的混淆。功利主义者从个人责任与公共责任相混淆的角度假定，"我们每个人都有一种

---

① 〔美〕德沃金：《至上的美德：平等的理论与实践》，冯克利译，江苏人民出版社2003年版，第4页。

② 〔美〕德沃金：《法律帝国》，李常青译，中国大百科全书出版社1996年版，第246—256页。

普遍的义务,始终要把他人的利益与我们自身的利益视为同等重要。从那种普遍义务中,又派生出另一种义务,就是要始终使全社会更富。"[1]德沃金认为以上假定是荒谬的,因为我们大多数人相反倒认为:"我们没有普遍的义务要在每件事中以同等的爱护和关怀对待我们社会中的所有其他成员。但是我们的政府,即人格化的社会,确实有这种义务,而且我们也许希望对于我们为什么个人有时在普遍的公共责任中也有义务找到某解释。"[2]功利主义对"非故意损害法"所作的经济学阐释的非法性不但表征在对个人责任与公共责任划分的混淆上,更深刻地体现在对公共责任所要求的政府义务的范围和特点的界定上。功利主义是一种以福利为基础的平等观念,它认为,只要政府的法规大致能确保有最大可能获得平均福利,以同一方式计算每个人的幸福或成功,那么政府在其财产分配方案中就是对人们一视同仁。[3] 因此功利主义所倡导的法律正义论根据便在于使社会福利最大化、个人福利平均化。然而现在要问的是:该种财产分配方案在实践中如何可能?

德沃金认为,人们当然可以设想具有超人智识的政府已经成功地按福利平等的观念设计出了最初的财产分配方案,然后使每个公民都能凭这种财产分配方案自由支配或交换那些分配给他的财产,且无需承担一视同仁地关注所有人的利益的那种责任。但是接下来的问题是,一些公民肯定将通过其财产处置行为比另一

---

① 〔美〕德沃金:《法律帝国》,李常青译,中国大百科全书出版社 1996 年版,第 263 页。

② 同上书,第 264 页。

③ 同上书,第 264—265 页。

些公民获得更多的福利或增加更多的财富,因而政府最初设计的福利平等将历史性地逐渐消失,于是政府就有责任,也有必要去制定新的不同的法规以改变原有的财产分配方案,用来恢复功利主义最初所要求的效果。然而与人们的福利密切相关的个人兴趣与爱好犹如一条流动的河流,变动不居,政府的财产分配方案将永远无法跟上其变化,这样政府对其公民表示的平等关切将无法兑现。可见,在德沃金看来,将平等的关切立基于福利平等观上,无疑是将法律正义论大厦建立在流动的沙丘上。

如果说在《法律帝国》一书中,德沃金对福利平等观的否定还只是牛刀小试,那么在晚近的《至上的美德:平等的理论与实践》一书中则可以说是发起了总攻击。

在西方政治哲学、法哲学领域中占主导地位的功利主义认为,如果说平等是政治社会的一大美德,是法律正义论的前提,那么说到底它只能是福利平等①,"因为经济学家发明或至少采用福利这个概念,恰恰就是为了描述生活的基本要素,而不只是为了描述工具性的东西。"②乍一看,福利平等观具有直觉上的吸引力,它似乎导向了政府应对人们生活的本质问题的思考,而不是仅停留在对

① 福利平等理论与西方的福利国家制度有着直接的关联。第二次世界大战以后,出于对经济正义的渴求,绝大多数西方国家在实践中都向着不同程度的福利国家迈进。在理论上,福利经济学的兴盛则与之遥相呼应。然则以社会保障为主体的现代西方福利国家在战后经历了几十年的迅猛发展后,其内在弊端日益彰显,从而导致了上个世纪80年代福利国家的全面危机,于是对于福利国家采取的福利政策进行全面反思和改革成为必然之举。不同理路的理论派别纷纷拿起理论的武器对福利制度展开不同程度的批判。自由主义为捍卫其平等观,也必然对福利主义的平等观作出相应的回应。

② 〔美〕德沃金:《至上的美德:平等的理论与实践》,冯克利译,江苏人民出版社2003年版,第7页。

生活的工具性思考上。然而现实提供的证据愈来愈表明，福利平等观并不像它显现的那样强大，西方国家以福利平等观为主旨的政治法律制度的安排并没有消除分配上的不平等现状，因而政府的正当性、法律的正义论依然是个问题。为此，德沃金站在温和的自由主义立场上展开了对福利平等观的批评。

德沃金认为，任何一种平等理论都包含必不可少的两个方面：一是对某种待分配的"善"的概念的描述；二是就待分配的"善"如何进行平等分配。福利平等观亦不出其右，它也必然包含着对应的两个方面，即何为福利以及该种福利如何平等分配。因此，福利平等观如欲获得成功必须对以上提及的两个方面都给予正确的捍卫。德沃金指出，对福利平等观的捍卫可以有如下两种策略①：

第一种策略是分两步走，先对福利作出一种有说服力的规范性规定，然后再对该种含义和福利如何进行平等分配进行论证；

第二种策略是一步到位法，将福利概念予以"悬置"，不讨论关于福利范畴的实质含义和规定，而是直接讨论如何对福利进行平等分配。

人们在评价有关福利平等的特定观点时是否必须对两种策略都予以考虑呢？德沃金认为完全没有必要，原因有二：一是福利概念无法定义，即关于什么是一种确定的"善"的定义，一定且一直都避免不了众说纷纭的争论，人们难以用一种理性标准对其达成共识，这是古今规范伦理学、法律正义说所面对的不解难题；二是纵

---

① 〔美〕德沃金：《至上的美德：平等的理论与实践》，冯克利译，江苏人民出版社2003年版，第14—15页。

使人们在“何为福利”这一点上无法达至共识，并不妨碍人们在某种粗略的概念或理解之下来进行某种福利的平等分配。总括起来就是人们可以先假定有一个“真理性”的福利概念，然后再对该种福利进行公平分配，此时如发现福利平等分配从根本上来说是不可能的，那么根据逻辑上的倒推法，第二步的不可能性就充分证明第一步设定的无意义性，即第二种战略的失败也必须被视为第一种战略的失败。①

德沃金承认存在着若干种福利平等观，但他只研究两种他认为最著名、最言之成理的福利平等的理论。第一类他称之为“福利即成功的理论”(success theories of welfare)。这一理论假定，个人的福利就是他在实现其偏好、目标和抱负上的成功，因而把成功的平等作为一种福利平等的观点，主张资源的分配和转移应达到进一步的转移无法降低人们在这些成功方面的差别的程度。②“福利即成功的理论”究其实质就是主张资源的分配和转移在满足人们成功的平等方面达到边际效用。第二类福利理论他称之为“感觉状态理论”(conscious-state theories)。该种福利平等观认为，分配应当努力使人们在其自觉的生活的某些方面或质量上尽可能达到平等。③

德沃金指出，“福利即成功的理论”由于人们的偏好可大致分为三类，即政治偏好(political preferences)、涉他偏好(impersonal preferences)、个人偏好(personal preferences)。所以从原则上讲

① 〔美〕德沃金：《至上的美德：平等的理论与实践》，冯克利译，江苏人民出版社 2003 年版，第 14 页。

② 同上书，第 10 页。

③ 同上书，第 11 页。

成功的平等又呈现出三种不同的样态，即要求满足包括政治偏好、涉他偏好和个人偏好的无限制的成功平等理论；强调排除政治偏好，只满足涉他偏好、个人偏好的有限制的成功平等理论；以及只要求满足个人偏好的成功平等理论。① “福利即感觉状态理论”也可以根据人们从不同偏好的实现或落空中获得“享受”和体验到“不满足”②的角度分出三种与“成功平等”观相对应的三种形式，包括不限制享受来源的感觉平等、剔除了政治偏好的感觉平等和只满足纯个人偏好的感觉平等。③

所谓无限制的成功平等理论，就是要求满足个人的所有偏好，它们既包括政治偏好，也包括其他形式的偏好。这种平等观是德沃金区分出的最宽泛、最不受限制意义上的成功平等。依该种平等观，它首先应该满足每个人的政治偏好，但结果会怎样呢？能否事实上满足其他每个人的政治偏好？德沃金说，政治偏好是指“有关共同体应当如何把各种物品、资源和机会分配给其他人的偏好”④。这里有一点须先作出说明，德沃金在讲述满足其他每个人的政治

---

① Ronald Dworkin, *Sovereign Virtue: the Theory and Practice of Equality*, Cambridge, Massachustts: Harvard University Press, 2002, pp. 16—17.

② 德沃金为避免传统功利主义者将福利视之为“快乐”和“避免痛苦”所引起的历史性争议和麻烦，因而他不加区分地用“享受”(enjoyment)和“不满足”(dissatisfaction)来指称任何福利平等的感觉状态观点都会予以关注的所有称心和不称心的感觉状态或情绪。因此，德沃金的此种用法比它们在日常用语中有较宽泛的含义。简言之，德沃金对“享受”和“不满足”只作了两点限制：一是这些希望得到或避免的感觉状态必须出于人们自身的缘故；二是它还须是自己内心可以确认的感觉状态。事实上，不管用什么词来置换“快乐”和“痛苦”，其主观流动性丝毫不会减损。

③ Ronald Dworkin, *Sovereign Virtue: the Theory and Practice of Equality*, Cambridge, Massachustts: Harvard University Press, 2002, pp. 17—18.

④ 〔美〕德沃金：《至上的美德：平等的理论与实践》，冯克利译，江苏人民出版社2003年版，第10页。

偏好的分配平等问题时，它事实上包含着这样一个事实性前提：即法律作为一种财产分配制度的产物，其本身肯定持有某种分配观念和分配理论，否则谈满足其他每个人的各种偏好就成为没有参照点的胡言乱语。这一点对于德沃金后面论述的其他福利平等观均是适用的。可见，满足其他人的政治偏好说到底是在法律既定的分配理论之外的一种分配正义观。当然，立基于政治偏好上的分配观既可能表现为系统化的、理论化的政治分配观，亦可能是一种非正规的、非系统化的，甚至完全个体化的分配观。无限制的成功平等理论能否根据人们在分配观上的差异来分配资源呢？能否满足所有人的个人偏好呢？德沃金认为，即使人们对实践中面临的不可思议的困难不予考虑，给予某种意义上的“悬置”或“加括弧”，其理论自身在逻辑上也必将陷入悖论之中。因为，一方面政治共同体必须满足所有人的个人偏好且应平等。这样就既包括得到法律规定的分配理想，也包括法定的分配理想之外的分配理想。而且毫无疑问，没有得到法律支持的其他分配理想应该得到政治共同体的补偿，否则人们无法实现福利上的平等。另一方面，法律制度之所以支持而且必须支持某种平等观，而不是其他平等观，其潜台词就是因为为法律所支持的分配平等观具有正当性，而其他的分配平等观具有不正当性。如此一来，政治共同体及其制定的法律制度一方面否定了其他的分配正义观，另一方面又以另一种形式予以全面性支持，这明显既不合法，也不合逻辑。职是之故，无限制的成功平等理论其内含的要求本身是自相矛盾的，相当于叫自己向左转的同时又要向右转，因而其先天注定不可能同时满足各种不同的分配理想。可见这种无限制的成功平等理论将因为政治法律的正义论问题而自然倒塌。①

将政治偏好排除之后，限制的成功平等理论能否是一种可替代的理论呢？

限制的成功平等理论是一种将政治偏好排除在外而只考虑涉他偏好和纯个人偏好因素的一种福利观。德沃金对此种分配平等观采用的办法是先将纯个人偏好闲置，专门探讨涉他偏好在分配平等观中实现的可能性问题。如果因涉他偏好的满足而导致该种平等观的不可能，那么结论肯定是整个限制的成功平等观是虚幻的。涉他偏好又可称之为非个人偏好，它们是同别的某些事物而不是同他们自己或别人的生活和境遇有关的一种偏好。例如，有些人非常关心科学知识的进步，尽管不是他们（或他们认识的人）在推动这种进步；还有些人深切地关注某种他们绝对见不到的"美"，甚至有些人希望火星上有生命，等等。政治共同体能否满足这些不同的涉他偏好以实现这方面的福利平等呢？毫不夸张地说，要想满足其他每个人的涉他偏好无异于痴人说梦。因为涉他偏好具有无限的不确定性，其指向的目标完全依赖于人们想象的空间，而不依赖于现实的政治、经济、文化等可能的条件。因而作为财产再分配的法律制度无论如何进行资源的转移和补偿都无法满足所有人的涉他偏好。德沃金由此指出，限制的成功平等观是一种可望而不可即的福利平等观，相比较而言，对于自由的国家来说，受到更多限制的平等目标才是恰当的目标。②

---

①　参阅 Ronald Dworkin, *Sovereign Virtue: the Theory and Practice of Equality*, Cambridge, Massachustts: Harvard University Press, 2002, pp. 17—25。《至上的美德：平等的理论与实践》中译本在此并没有说清楚问题，原因在于其没有完全分析德沃金对分配平等论证的内在理路，基本上采用一种直译的方式。

②　参阅 Ronald Dworkin, *Sovereign Virtue: the Theory and Practice of Equality*, Cambridge, Massachustts: Harvard University Press, 2002, pp. 25—28。

在论证了无限制的和限制的成功平等理论的不可能性后，德沃金接着又展开了对成功平等理论的最后也是最严格的一种形式，即个人的成功平等观的讨论。个人成功平等观要求对财产分配作出这样的安排：在财产分配能够使每个人自己的生活和处境的偏好得到满足的程度上，使人们尽可能接近于平等。根据纯个人偏好指涉的对象不同，德沃金又将该种平等观分解为两种不同的平等观。一种是根据纯个人偏好直接指向的相对具体的目标——例如某人希望成为一名出类拔萃的律师，而不是成为一名不错的艺术家——来确定对资源的分配和转移的分配正义观，即个人相对成功的平等观。另一种则是讨论自认为比相对成功的平等观更好的总体成功的平等观。该种平等观认为，对个人成功与否的评价不应拘泥于个人某一具体目标的实现，而应根据其总体的人生抱负和价值观来评价他一生的成就。譬如，某人确实可能因为他成了一名出类拔萃的律师而不是一名不错的艺术家而感到遗憾，但是他却认为总的说来他的一生是成功的，这就是个人总体成功的理论。德沃金进而指出，不管是个人相对成功的平等观还是总体成功的平等观，在实践中均无法实现。在个人相对成功的平等理论中，囿于每个人对相对成功指涉目标的重要性排序的不同，不同的人之间肯定要求进行不同的且必然相互矛盾的资源分配和转移，因此，相对成功的平等理论如想获得成功，它必然满足这样一个前提条件，即政治共同体中的人们，对相对成功指涉的具体目标的认识具有完全的一致性，这在一个民主、自由的国家是根本不可能的。所以个人相对成功的理论不可能实现。基于同样的道理，在总体成功的平等理论中，民主、自由国家中每个公民人生的哲学信念和价值观不可能整齐划一，它们必然存在着巨大差异，因而找不到一条既能满足独立的公正分配又能衡量各方总体成功平等与否的共同检验标准。可见，个人总体成功的平等观只能面对破产的厄运。①

概言之，"福利即成功的理论"之所以无法践行，其根本的原因在于：从分配的目标来看，它建议达致某方面的分配平等；而从分配的过程来看，它又必定要推荐某种为它所谴责的不公平的分配。此种困境源自于在该种福利平等观中始终无法确定一个自足的"公平份额"用来进行分配。

至于感觉状态福利平等观，德沃金认为其同样由于无法给出一个在财产分配中必须的公平份额而归于荒谬。

综上所述，德沃金认为："福利平等观并不像人们时常认为的那样，是个具有内洽性的或有吸引力的理想。"②因为福利平等观的根本缺陷在于无法提供一个对个体间的个人福利（不管对个人福利作何种理解）进行横向比较的公平的客观标准，因而公平分配便无法兑现，作为财产分配的法律制度的正义论也就没有保证。

二、资源平等观

德沃金认为，按西方的法律正义论理论，"最重要的价值是个人主义的价值，即每一个独立存在的人的命运和尊严。"③因此在

① 参阅 Ronald Dworkin, *Sovereign Virtue: the Theory and Practice of Equality*, Cambridge, Massachustts: Harvard University Press, 2002, pp. 28—42。

② 〔美〕德沃金：《至上的美德：平等的理论与实践》，冯克利译，江苏人民出版社 2003 年版，第 63 页。

③ 〔美〕德沃金等：《认真对待人权》，朱伟一等译，广西师范大学出版社 2003 年版，第 18 页。

《至上的美德：平等的理论与实践》的导论中他公开宣称："伦理学个人主义的两个原则对于这种完备的自由主义理论至关重要，它们共同支撑着本书所捍卫的关于平等的论述。"[1]可见，在具体论述德沃金的资源平等观之前，有必要在此对其伦理学个人主义作一先期交待。

德沃金陈述道，一切政治法律正义论理论都必须对所有的核心政治价值——不仅是平等的价值，还有民主、自由和公民社会的价值——作出言之成理的诠释，而且此种"言之成理的诠释"还必须证明它们反映着更为基本的信念，即个人对自己的生活拥有"自治权"。德沃金将这一个人对自己的生活拥有"自治权"的基本信念归之为伦理个人主义的两个基本原则，这两个原则是[2]：(1)重要性平等原则(the principle of equal importance)；(2)具体责任原则(the principle of special responsibility)。对于这两个原则的具体含义，德沃金在不同的著作中反复予以了说明，其中心含义大致如下：

重要性平等原则是指："从客观的角度看，人生取得成功而不被虚度是重要的，而且从主观的角度讲这对每个人的人生同等重要。"[3]这条原则并不是说我们人人能力相同，也不是说人人一样强壮、一样健康或一样聪明，而是说每个人的生命都应该成功而不被浪费，过好的生活而不是过坏的生活。这一点对于每一个

---

① 〔美〕德沃金：《至上的美德：平等的理论与实践》，冯克利译，江苏人民出版社2003年版，导论，第6页。

② 同上。

③ 同上书，第6页。

单独存在的人都同等重要。[①] 重要性平等原则其实质是要求政府站在中立的立场上，对人的生命的本质价值予以同等重视和对待，不能厚此薄彼。同时，该原则是对德沃金早期著作《认真对待权利》中倡导的"被视为同等来对待的权利"的进一步丰富和发展。

具体责任原则又称之为"特殊责任"原则。[②] 德沃金认为，虽然我们必须承认，人生的成功有着客观上平等的重要性，但个人对这种成功负有具体的和最终的责任——是他这个人在过这种生活。该原则坚持认为："就一个人选择过什么样的生活而言，在资源和文化所允许的无论什么样的范围内，他本人要对作出那样的选择负起责任。该原则不对任何伦理价值的选择表示认可。它不谴责传统而平淡的生活，也不否定新奇而怪异的生活，只要这种生活不是因为别人断定这是某人自己该过的正确生活而强加于他的即可。"[③]具体责任原则其实是一种道德主体性原则，其要点在于个人有道德责任也有道德权利来面对、回答触及人们良知和信念等与生命意义和价值有关的本质性问题。这也是将人视为目的而非手段的最高意义。[④]

德沃金坦承，资源平等观受伦理学个人主义两个相互配合的原则的支配。重要性平等原则要求政府采用的法律或政策能保

---

① 〔美〕德沃金等：《认真对待人权》，朱伟一等译，广西师范大学出版社 2003 年版，第 18 页。

② 同上。

③ Ronald Dworkin, *Sovereign Virtue: the Theory and Practice of Equality*, Cambridge, Massachustts: Harvard University Press, 2002, p. 6.

④ 参阅〔美〕德沃金：《自由的法：对美国宪法的道德解读》，刘丽君译，上海人民出版社 2001 年版，第 151—154 页。

证在政府所能做到的范围内，公民的命运不受他们自身的其他条件——经济背景、性别、种族、特殊技能或不利条件——的影响。具体责任原则要求政府在它所能做到的范围内，努力使其公民的命运同他们自己作出的选择密切相关。[①] 要言之，德沃金力主的资源平等的分配正义论，其宗旨是尊重并实现个人的道德主体性，途径则是依靠政府及其制定、实施的政治法律制度来完成。

德沃金认为一种完备的自由主义分配正义理论应该彻底贯彻伦理个人主义所倡导的两大原则，这也是资源平等论的内在本质要求。德沃金正是在这种理路下来展示其架构的资源平等观。他不赞同罗尔斯“正义论”中所倡导的，“原初状态”下处于“无知之幕”之中的人们，通过社会契约方法来实现分配正义的方案，而是主张采用一套不需利用任何假定的全体一致赞同的协议的方式来实现资源平等。德沃金采用的核心理论和方法具体说来是：选择非人格资源和人格资源作为平等的尺度；把他人付出的机会成本作为衡量任何人占有非人格资源的尺度；以一个虚拟的保险市场作为再分配税收的模式。[②] 应指出的是，德沃金始终没有严格定义或说明“资源”概念，他仅是一般性地将其分为人格资源（personal resources）和非人格资源（impersonal resources）。具体而言，个人的身体健康状况、体格、技能等属于人格资源，其他一切可以私人占有和转让的财产、生产资料和合法机会都是非人格资源。

---

① 〔美〕德沃金：《至上的美德：平等的理论与实践》，冯克利译，江苏人民出版社2003年版，第7—8页。

② 同上书，第8页。

德沃金假定:“资源平等就是在个人私有的任何资源方面的平等。”[1]因而他探讨的分配正义理论是一种狭义的分配正义理论,它不包括支配公共资源的权利平等在内的政治权力的平等,尽管任何全面的平等理论都必须找到一条整合私有资源与包括政治权力在内的公共资源的途径。他仅讨论在市场经济私有制条件下,政府应如何作出一种政治法律等制度的安排,以让社会成员之间达致经济利益方面的分配平等。换言之,政府及其规制的作为财产分配制度的法律制度的正义论在于保障社会成员在可自由利用的资源上处于平等地位和同一起跑线上,不仅体现在初始分配点上的平等,而且体现在再分配的过程中的平等。

为此,德沃金设计了一种以市场经济作为作业平台,以拍卖作为分配者的分配手段,以妒忌检验作为衡定准则的初始分配的理想模型。他假定有一封闭的共同体,其社会成员都接受了这样一条原则:对于这里的任何资源,谁都不拥有优先权,而只能在他们中间进行平等分配。德沃金把它称为妒忌检验(envy test):一旦完成分配,如果有任何居民宁愿选择别人分到的那份资源而不要自己那份,则资源的分配就是不平等的。[2] 为克服分配资源过程中由于囿于待分配资源的具体性和有限性而出现的任意性和不公平这两个显著的难题,因此又假定分配者需要某种形式的拍卖或其他市场程序。这种拍卖方式假定拍卖者(也就是分配者)可以对共同体的资源进行份额划分,然后让划分后的资源进入拍卖市场,

---

① Ronald Dworkin, *Sovereign Virtue: the Theory and Practice of Equality*, Cambridge, Massachustts: Harvard University Press, 2002, p. 65.

② 〔美〕德沃金:《至上的美德:平等的理论与实践》,冯克利译,江苏人民出版社2003年版,第69页。

直至每一份资源在拍卖市场上都可以在某一价位上只能有一人购买，而且每一份资源都能卖出去，不然拍卖者就调整价格直至达到可以清场的价格。这样，拍卖过程完成之际，人人都表示自已很满意，物品也各归其主，妒忌检验也获得通过。当然，在虚拟的拍卖模式的初始分配中，最重要的是人们以平等的条件和身份进入拍卖市场，否则该种方案不具有任何吸引力。

虚拟的平等拍卖方案为封闭共同体的资源分配平等提供了一种有吸引力的解释，接下来的问题是：是否能够使这一设计更为细致，形成一个用来制定或检验由劳动、投资和交易组成的动态经济社会的资源平等的方案？①

假如拍卖如上述所描绘的那样取得了完全的成功，共同体的公民在那一刻便达到了资源平等。然而随着随之而来的人们生产和交易活动的进行，"那一刻"达到的资源平等的状况就会立即消失，妒忌检验也会失灵。因为人们的初始平等会在时光的流转中因运气、天赋和后天的技能等诸多因素的差异而产生不公平。

如何处置该种初始平等之后出现的不平等，这是德沃金资源平等观中的艰难之处，当然解决后也是其平等观不同于他人平等观的新奇之处。总的说来，德沃金的理论努力主要是想清除影响资源分配平等的各种偶然的外在因素，包括自然天赋和社会环境中的各种偶然因素。之所以如此，原因之一在于：如果允许各种偶然的外在因素上的差异而导致结果上资源拥有的不平等，那么就无法保证人们在分配起点上是平等的。原因之二在于：根据伦理

① 〔美〕德沃金：《至上的美德：平等的理论与实践》，冯克利译，江苏人民出版社2003年版，第74页。

个人主义的具体责任原则,天赋等偶然性因素从本质上讲不是个人自主选择的结果,而是一种“偶得”,因而让个人承担该种后果不符合个人责任原则。为了在动态经济社会中贯彻资源平等,消解运气、天赋和能力等可能带来的不平等,德沃金设想了一种虚拟保险市场,以便人们在面对偶然因素所带来的每一种风险时,可以自主地进行选择并承担选择的成本和后果,这样分配的结果就可以视之为符合了两个原则的分配正义。接下来,德沃金分别考察了运气、劳动技能等因素在分配平等中通过虚拟保险市场予以解决的可能性。

运气是动态经济社会中影响人们资源分配的重要因素之一。因讨论的需要,德沃金将共同体中公民的运气分成两种:一种是选择的运气(option luck);另一种是无情的运气(brute luck),即厄运。[①] 选择的运气是一个自觉的和经过计算的赌博如何产生的问题——人们的损益是不是因为他接受自己预见到并可以发生的孤立风险。无情的运气则是个风险如何产生的问题,从这个意义上说它不同于自觉的赌博。[②] 举例来说,某人的庄稼因雷击而被烧属无情的运气,而另外一人买的足球彩票中奖了则属选择的运气。德沃金认为,如果个人因选择的运气而导致的资配不平等,那么他不能就此向政府抱怨。但如果是遭遇到厄运时,这时出现的资源不平等就不能要求作为选择主体的公民独自来负责,社会应该通过建立一种保险市场来防范。假定社会成员对各种风险均有着大

---

① 〔美〕德沃金:《至上的美德:平等的理论与实践》,冯克利译,江苏人民出版社2003年版,第76页。

② 德沃金所主张的“无情的运气”类似于我国法律中规定的“不可抗力”,即当事人不能预见,不能避免并且不能克服的各种情况。

体相同的评估，那么人们需要的具有不同险种的保险市场就可以建立起来。人们便可评估各种机会成本，对是否投保作出自己的选择，由此而导致的资源不平等就转化为是依据“选择运气”而获得的，因而也是必须予以接受的。这样，德沃金利用保险手段将无情的运气和选择的运气勾连起来，将无情的运气转化为选择的运气，从而自认为对动态经济社会中因运气问题而出现的资源不平等问题予以了解决。[①] 然而这里的关键在于：人们如何利用保险市场这一手段将人类智能无法达到的无尽的厄运逐一转化为选择的运气，这本身就是一个无情的运气问题。当然，即使德沃金可以假定保险市场已经通过万能的上帝穷尽了一切可能的险种，并均可以将人类已经面临和将来面临的一切无情的运气转换成选择的运气，这也只不过是聊以自慰的奢侈品而已，在实践中断不能行。

德沃金还专门讨论了残障问题。他认为可以将先天残障问题化约为一个无情的运气来解决。也就是说，人们可以将先天有残障的人视为遭遇了无情的运气，因而导致他在初始分配中处于不利的地位，为保证初始资源的平等，共同体有责任对其进行资源补偿，补偿的程度则依虚拟的保险市场来解决。假定在残障保险市场中，人们对某种残障风险具有大致相同的评估，共同体可以就此（不管通过什么方法）确定该险种的保费以及随之而来的赔偿金，从而可以确定给先天残障的人以多少资源的补偿才可达致初始分配中的资源平等。[②] 至于后天的残障，德沃金并没有论述，按其内在理路和逻辑，他肯定会让后天残障与保险市场联系起来。即对

---

① 参阅 Ronald Dworkin, *Sovereign Virtue: the Theory and Practice of Equality*, Cambridge, Massachustts: Harvard University Press, 2002, pp. 73—77。

② Ibid., pp. 77—83.

于后天残障问题，是一个人们可以通过保险来予以解决的选择运气问题。然而就像前文说的那样，让人们对将来可能会发生的自己根本无法预测的残障先期进行投保，这肯定没有实践的可能性。

劳动技能的差异是影响资源平等分配的另一个重要因素，是德沃金认为最重要也最难处理的一个方面。德沃金认为资源平等的要点从本质上是要让人们能够支配同等的外部资源。而初始拍卖只能导致人们在起点上的资源平等，假如人们拥有的劳动技能不一样，初始拍卖所建立起来的平等就会缺乏连续性。换言之，在生产技能不平等的现实世界里，初始拍卖无法保证连续性的平等。在德沃金这里，资源平等观不能停留在起点平等上，而应该是整个人生的资源平等。为此，德沃金对极端自由主义者诺齐克所持的起点论予以了批判。诺齐克的起点论认为，公正要求平等的初始资源，此后实行自由放任政策，政府在初始分配之后绝不能再参与资源的再分配。德沃金认为诺齐克的公正理论是一种站不住脚的公正理论。他论述道，假如公正要求后来采取自由放任政策，那么它在初始分配时也必须要求这样做，因此公正要求的应该是不仅在初始分配时要进行平等的拍卖，在后来的岁月里也应一再要求平等拍卖。

揭示出了“起点论”的错误之后，德沃金具体探讨了劳动技能在保险市场解决的可能性。事实上，德沃金在探讨劳动技能对资源不平等的影响时是按两条线索进行的，这两条线索是以劳动技能的获得性来源为根据划分的。一条线索是天赋劳动技能，另一条线索是后天劳动技能。对于天赋劳动技能的差异所导致的资源不平等，德沃金认为可以依靠保险市场予以解决。在一定程度上，人们可以把天赋差异理解为程度不同的残障问题，天赋能力的某种缺乏类似于某种程度上的能力残障。如果人们都面临某些天赋能力缺乏的同等风险，那么就可以建立针对天赋能力的保险市场，从而消除人们因天赋劳动技能差异而导致的不平等。尽管德沃金没有谈及后天劳动技能导致的不平等问题，但我们从其理论逻辑中可以推断出，基于后天劳动技能导致的不平等由于是人们选择的运气所导致的，因而此种不平等必须予以接受。但是由于天赋劳动技能与后天劳动技能没有明确的分野，因而我们无法精确地计算出哪些不平等是天赋劳动技能导致的，而哪些又是后天劳动技能导致的，因为技能是一成长的产物，在这一成长过程中，天赋因素和后天因素总是交织在一起无法分离，犹如硬币的正反面，缺乏任何一面则另一面就根本不存在。所以，德沃金想单独消除天赋劳动技能所导致的资源不平等按理说是不可能的。然而，德沃金认为还是有必要进行努力，他论述道，由于天赋劳动技能上的差异必将反映在人们因之所获得的收入差异上，因而可以考虑从其实际收入中进行调节。他将人们的收入看成是能力的函数，即个人收入是个人劳动能力的经济租，这样针对技能差异而欲建立的能力保险市场就可以转化为失业保险市场，通过失业保险市场来矫正人们因能力差异而产生的资源不平等状况，从而最大化地达到分配平等。当然，这里的问题依然是前面没有克服的老问题，即哪些收入是天赋劳动技能的经济租，哪些又是后天劳动技能的经济租，要知道，后天技能的经济租在德沃金这里是允准的不公平。德沃金自己也只有明确承认这一难题无法克服，承认失业保险存在着内在困境，但考虑到天赋劳动能力差异必将反映在人们的实际收入差异当中的现实性，因而德沃金依然认为保险市场的理论设想至少为分辨针对技能差异的公平分配政策的最低要求的问题，提供了一个理论上的解决办法，尽管其不十全十美，但是一个次优方案。①

总之，德沃金认为经由其建构的拍卖模式和虚拟保险市场能够实现资源平等，也能体现其主张的伦理个人主义的两大原则。但笔者认为有三个问题尚需进一步探讨：第一个问题是为什么平等分配是要求资源分配的平等而不是其他类型的分配平等，德沃金没有作出进一步的证明；其次是德沃金对资源平等观的论证与罗尔斯正义观的论证方法有无本质的区别；最后颇为攸关的问题是，德沃金终生倡导的人的道德主体资格在此过程中是得到了尊重还是反遭贬低，这也是一个值得商榷的问题。

第三节　资源平等与公民的良善生活

德沃金认为一种自由主义的平等概念应该占据政治道德的核心位置，法律制度的正义论的核心也存于其对自由主义平等概念的捍卫和保证之中。显然，在德沃金这里，经过对平等概念的一般理论的探讨和对资源平等观的具体分析，他认为政府的正当性、法律的正义论难题已经在政治层面上得以解决。但接下来的问题是：如果接受德沃金的平等概念，人们能否过上良善生活？在人们应该过什么样的生活上，政府及其施行的法律到底是应该“作为”还是“不作为”？如果是“作为”，那又应该怎样进行呢？声称对其

① 参阅 Ronald Dworkin, *Sovereign Virtue: the Theory and Practice of Equality*, Cambridge, Massachustts: Harvard University Press, 2002, pp. 83—100。

域下公民负有责任的政府能够对公民能否过上良善生活不闻不问吗？以上问题概而言之，就是德沃金自认为在政治法律层面予以解决了的政府正当性、法律正义论问题能否以及如何在个人良善生活上给予最终完成。换言之，德沃金所倡导的资源平等与公民的良善生活能否圆融自洽？德沃金的回答是肯定的。他说："我认为，最合理的哲学伦理学是以一种自由主义信念为基础的，自由主义平等既不排斥也不威胁或忽视人们的生活的良善性，倒不如说它就是来自一种有关良善生活的有吸引力的观念。"①为把捉住德沃金这一思想的真意，笔者认为必须对德沃金如下思想进行检视：作为国家或政府的政治共同体与公民个人之间的关系；对"何为良善生活"这一极其复杂的问题予以有说服力的解释。接下来本书就逐一考量德沃金对如上两个问题所采取的自由主义立场。

一、政府中立原则

政治共同体与个人关系问题在当代西方政治哲学、法哲学领域的争论主要表征为自由主义和社群主义两大思想潮流之间的论争。社群主义和自由主义在"政治共同体与个人关系"这一问题上的分野，依大多数人看来，主要是政治共同体与个人这两者在各自的理论建构中谁先谁后、抑或不分先后的问题。当然，没有哪一位社群主义者会认为政治共同体在时空上可以脱离个人而单独存在，也没有哪一位自由主义者会认为在时空上个人可以脱离政治共同体而独存，因为经验事实已经证明并还在继续证明以上任何

① 〔美〕德沃金：《至上的美德：平等的理论与实践》，冯克利译，江苏人民出版社2003年版，第276—277页。

一种想法都具有显然的荒谬性。基于以上理由，以往一个潜在的预设前提——即社群主义意味着只主张集体权利，而自由主义意味着只主张个人权利——从根本上讲就是一种错觉，真理的获得从来就不是这么简单。[①] 德沃金承认“自治的个人”不可能超越社会环境，承认家庭、学校以及更大的文化环境（有时他又称之为背景环境）对个人自主能力的培育具有本质的重要性。他曾明确表示：“人们如何看待我以及我对身份和自尊的感觉，部分地取决于社会习俗、看法、爱好、信念、偏见、生活态度以及我所生活的社会中根深蒂固的文化背景等诸如此类的东西的混合体。”[②]

如果我们将自由主义与社群主义的论争归之为“政治共同体与个人关系中谁先谁后”的问题，那么很容易掉入一个虚假的问题中，而真正的问题却被掩盖起来。威尔·金里卡认为，自由主义与社群主义的论争其实质是这样一个关键性论题：即关于国家的性质和地位的问题。换言之，是关于国家是否应该中立的问题。至于一般论证中所表述的政治共同体与个人谁具优先性则只具有语言方面的提示作用或理论建构中逻辑上的效力。

自由主义强调国家中立原则，强调国家或政府的“不作为”，而社群主义则否认该原则，认为国家中立不可能充分保障自我决定所必需的社会环境，只有当政府保护和尊重共同体的传统和主流生活方式时，才有可能维系实践上的共同体。可见，社群主义更强

① 可参阅本书第二章中对“虚幻的社会权利”的论证，更详细的说明可参阅〔加〕威尔·金里卡：《当代政治哲学》（下），刘莘译，上海三联书店 2004 年版，第 449—451、600—614 页。

② 〔美〕德沃金：《自由的法：对美国宪法的道德解读》，刘丽君译，上海人民出版社 2001 年版，第 337 页。

调国家的“作为”方面。[①] 在对于政府或国家是否应该中立问题上，德沃金有着鲜明的立场，他主张：国家中立既可能又必须，它是其倡导的自由主义的平等观的内在要求和题中应有之义。

德沃金认为，任何国家和共同体都必须具有政治道德，这是不言而喻、不证自明的真理。在早期著作《认真对待权利》一书的中文版序言中，他从权利论的角度谈道：“(1)一个符合规则的社会具有政治道德的某些观念，也就是说，它承认对于政府行为的道德限制；(2)该社会对于政治道德的特定观点——以及源于这种观点——是理性的，即对于相同的情况给予相同的处理，而且不允许矛盾的判断；(3)该社会相信它的所有成员生而平等，他们有权利受到平等的关心和尊重。”[②]在《法律帝国》一书中，德沃金明确而又具体地将公平、正义、诉讼的正当程序和整体性作为政治道德和法律正义论的必然要求。[③] 在《至上的美德：平等的理论与实践》一书中，他更是直截了当地宣称：“平等的关切是政治社会至上的美德——没有这种美德的政府，只能是专制的政府。”[④]所以，自由主义共同体责无旁贷地应该接受自由主义的道德理念，而其核心

① “作为”和“不作为”是法律中常用的一对概念。如果某人或某一组织负有法律规定的必须积极进行行为的义务而没有履行该义务，则该人或该组织就构成了“不作为”的违法。例如，成年子女对丧失劳动能力的、负有赡养义务的父母不履赡养义务，就是一种典型的“不作为”违法；“作为”的违法则与之相反。“作为”与“不作为”这一对概念对政府或国家同样是适用的，在此不再展开。

② 〔美〕德沃金：《认真对待权利》，信春鹰、吴玉章译，中国大百科全书出版社1998年版，中文版序言，第16页。

③ 参阅〔美〕德沃金：《法律帝国》，李常青译，中国大百科全书出版社1996年版，第六、七章。

④ 〔美〕德沃金：《至上的美德：平等的理论与实践》，冯克利译，江苏人民出版社2003年版，第1页。

便是将社会成员视为平等者来对待。为实现自由主义共同体的道德理念，在处理政府与个人关系问题上，平等观念需要“国家中立”原则。

在《原则论》一书中，德沃金阐述了其国家中立的思想。他说，一旦共同体将平等原则作为其政治道德的根本原则、法律正义论的最终基石，那么“政府必须在有关什么是良善生活的问题上保持中立……政治决定必须或尽可能地独立于任何特定的良善生活观念”①。当然，此种说法很容易让人产生误解，认为“政府中立原则”的基础是怀疑主义，是一种价值上的不可知论的变种。然而德沃金对以上可能产生的错觉予以了反驳。他认为“政府中立原则”并不是说政府在处理其与个人之关系时没有立场，而恰恰拥有的是自由主义式的立场；不是否定一切道德原则，而是肯定了自由主义的道德原则；不是肯定一切价值观，而是只肯定了自由主义的价值观。所以“政府中立原则”这一概念不是从描述意义上而是从规范意义上来说的，“政府中立原则”在德沃金这里说穿了其实就是要求政府必须确保公民在资源分配上平等，包括在初始分配的起点上以及每个人的整个人生中均确保公民的资源平等。政府的中立立场，我们可以将之比为体育比赛中裁判的地位和立场，尽管这一比喻并不一定完全妥帖，但可以给我们以某种合理的暗示。

在《至上的美德：平等的理论与实践》一书中，德沃金所坚持的政府应该保持中立的立场和理由与《原则论》一书中所倡导的理由与立场是一贯的。但论证的逻辑主要是以机会成本这一核心概念

---

① Ronald Dwokin, *A Matter of Principle*, Cambridge, Massachustts: Harvard University Press, 1985, p. 141.

来展开。德沃金认为在资源平等论中，“政府的中立性”可以从两个方面得以体现。首先是体现在初始资源的分配上，政府必须以“作为”的方式保持中立，即必须确保共同体中每一个公民都具有同等起点。他说，资源平等分配中“最重要的是人们以平等的条件进入市场”①，类似于跑步比赛中裁判必须让参赛者处于同一起跑线上进行比赛的道理一样。其次，“政府中立性原则”还体现在接下来的动态经济社会中。尽管社会中每个人都具有起点上的相同资源，但随着时间的流转，由于各人的良善生活观念的不同，每个人对自己拥有的那份资源会产生不同的偏好与评估，并作出不同的处理行为。这时“政府的中立立场”就要求其对公民处置资源的过程中保持中立，即政府必须对随之而来的公民之间进行的资源流转保持“中立”。此种“中立”从规范意义上来讲，就是要求政府确保公民进行的资源转换反映了各自真实的机会成本，能确保每个公民根据自己的兴趣和偏好进行自由选择；否则，政府一旦以倡导某种良善生活方式介入动态经济社会，就会歪曲自由选择的机会成本，人们也就没有得到平等对待。用跑步比赛的例子再次进行类比还是有用的。“保持中立的政府”与裁判在竞赛过程中的地位具有可比性，他也必须让每个竞赛者充分发挥各自水平，不能因为某位选手跑得特别快而干扰他，也不能因为某位选手跑得特别慢而帮助他(不管什么方式)，他必须保持“中立”。可见德沃金主张的中立原则的政府既不同于自由资本主义时期所倡导的政府应当担当“守夜人”的角色，也不同于政府对国民经济担任“保姆”的

① 〔美〕德沃金：《至上的美德：平等的理论与实践》，冯克利译，江苏人民出版社2003年版，第73页。

角色，而是位于“守夜人”与“保姆”的中间，其对动态经济社会既有所为又有所不为。

德沃金要求政府保持中立，事实上是为其坚持的伦理个人主义创造背景条件，惟其如此，个人的道德主体资格也才真正具有实践的意义。在德沃金这里，接受伦理个人主义和公民个人的道德主体资格是承认自由主义政治共同体逻辑起点上的先决条件和前提，同时也是自由主义政治共同体的最终目的和逻辑归宿。所谓公民的道德主体资格是指这样一种观点：“个人是道德价值的基本单位，因此任何对更大单位（如共同体）的道德义务都必须根植于我们对个人的义务。”①德沃金进而认为，如果政府的中立原则得以真正确立，公民的道德主体资格得以真正落实，那么，公民所认同的共同体肯定是自由主义共同体，而不是其他性质的共同体。德沃金说，过去“有一种普遍的看法是，坚信政府用强制性权力落实伦理同质性是错误行为的自由主义宽容精神动摇了共同体，因为一部共同的伦理法典是共同体的核心。我认为，假如根据我定义的平等观的背景来理解自由主义宽容，那么它不但与最吸引人的共同体观念相一致，而且是其不可缺少的要素”②。为此，德沃金批评了四种错误的共同体概念。

第一种是民主共同体。该种共同体认为“民主的多数有权为全体人民规定伦理标准”③，“塑造民主共同体伦理环境的问题，应

---

① 〔加〕威尔·金里卡：《当代政治哲学》（下），刘莘译，上海三联书店 2004 年版，第 450 页。

② 〔美〕德沃金：《至上的美德：平等的理论与实践》，冯克利译，江苏人民出版社 2003 年版，第 238 页。

③ 同上书，第 239 页。

由多数的意志来决定”[1]。这种共同体概念事实上仅仅将共同体当做一个具体的、数量上的政治群众的简单象征，是倡导实质性和程序性的多数至上主义，是一种主张对共同体的伦理环境应采取赢者通吃的方式来型构。

第二种是家长主义的共同体。“它把共同体定义为不仅是一个政治群体，而且有着一些共同而明确的责任”[2]。家长主义共同体进而指出：“真正的政治共同体必须不仅是个霍布斯式的互利集团，每个公民把所有其他人当做达到自己目标的有用的工具，它必须是每个人对别人的幸福本身有一份特殊关切的社团。”[3]

第三种实质上是“实体论”共同体。它将“共同体视为一个有自身权利的实体，它是各种影响和利益的来源，不可以化约为哪一个具体个人的贡献”[4]。该种共同体主张：“人们需要一个道德同质性的共同体，作为道德和伦理生活的一个必要的观念背景。”[5]用塞尔兹尼克形象的语言来说，是因为伦理学必须有一个定泊之锚——一个处在行动者信念之外的立场，而唯一可能的锚就是行动者的政治共同体的不受怀疑的共同信念。

第四种是“一体论（或人格化）”的共同体。它“赋予了共同体以人格，认为政治共同体不仅独立于而且优先于公民个人”[6]。持有该种概念的人认为，自由主义者的错误在于将个人幸福与政治

---

① 〔美〕德沃金：《至上的美德：平等的理论与实践》，冯克利译，江苏人民出版社2003年版，第240页。

② 同上书，第239页。

③ 同上书，第243页。

④ 同上书，第239页。

⑤ 同上书，第250页。

⑥ 同上书，第239页。

共同体的幸福作了严格的区分，认识不到“个人生活和他们的共同体的生活是一体的”①。一体论的共同体概念采用的是拟人化论证方式，事实上主张共同体的共同生活是某种超人式的生活，它与形成共同体的每个公民个人有着同样的形态，面对着同样的道德及伦理的分歧与困境，遵循着同样的成败标准。②

德沃金对以上四种错误的共同体概念在《至上的美德：平等的理论与实践》一书中分别予以了具体的分析和批判。③ 总括起来就是这样一条：它们共同的根本缺陷在于取消了公民的道德主体资格，挖空了伦理个人主义的精神，否认了政府中立原则。只有自由主义共同体才把握住了共同体与个人关系的精神实质，才真正能确保公民的良善生活得以践行。

那么，德沃金本人倡导的自由主义共同体究竟是一种什么样的共同体概念呢？德沃金表示，人们应该持有一种改进版的“一体论的共同体”（简称一体论）概念。他认为一体论依靠的是一种烦琐的形而上学，本质上声称共同体是宇宙中的基本实体，而人类个体只是抽象和幻觉，共同体对于个人而言具有本体论上的优先性。当然，德沃金坦承一体论已含有真理的颗粒，它将共同体拟人化的手法是对共同体恰当的描述，但其根本缺陷在于没将个体成员在

---

① 〔美〕德沃金：《至上的美德：平等的理论与实践》，冯克利译，江苏人民出版社2003年版，第252页。

② 德沃金对伦理和道德以及伦理观和道德观在其理论体系中均作了明确的区分。伦理指涉人们自身的生活，道德指涉一个人对他所承担的“应当”。因此，德沃金的伦理观是指关于人们自己的哪种生活良善的信念，而道德观则指一个人应当如何对待别人的原则。

③ 参阅〔美〕德沃金：《至上的美德：平等的理论与实践》，冯克利译，江苏人民出版社2003年版，第238—267页。

共同体中的定位找准。所以一体论如想获得救赎，则必须采纳一种非形而上学式的解释方式，也就是必须采纳德沃金所推荐的依靠社会实践和态度的一体化解释，即实践的观点（practice view）。他说："根据实践的观点，集体行为单位并没有优先性；它们是通过（个体成员）的社会实践和态度而形成的，捍卫这种一体观的人必须指明并描述这些实践。"[①]为此，德沃金举了多次使用的一个交响乐团的例子来说明之。一支交响乐团具有集体生活，不是因为它在本体论上比它的成员更具根本性，而是因为其成员的实践和态度所形成。所以，在德沃金这里，共同体的形成与存在实际上是其个体成员的实践过程中的一种自然完成，共同体与个人如果一定要谈优先性，那也只有语言学上和逻辑上的意义。德沃金将这种改进版的"一体论"称之为"自由主义共同体"概念，且认为其正确性就在于捍卫了公民道德主体资格和伦理个人主义。

社群主义质疑德沃金等自由主义倡导自由主义共同体中的道德自由、伦理个人，认为它势必面临价值多元论的困扰，无法对良善生活的正当性进行选择，个人的良善生活之间缺乏一致性标准，人类陷入严重的道德危机将不可避免。麦金太尔认为，"所谓的当代道德分歧，不过是些相互对立的意志的冲突而已"[②]，因此"任何一种道德哲学都要以某种社会学为前提"[③]。桑德尔也认为自由

① 〔美〕德沃金：《至上的美德：平等的理论与实践》，冯克利译，江苏人民出版社2003年版，第256页。

② 〔美〕A·麦金太尔：《德性之后》，龚群等译，中国社会科学出版社1995年版，第13页。

③ 同上书，第31页。

主义者没有共同的价值观、没有统一的道德规范，对于人们到底过怎样的生活“缺乏指导自己进行选择的标准”[①]。社群主义与自由主义对于共同体与个人关系的论争可以归之为这样一个关键性问题：公民个人的良善生活观如何与对政治共同体的认同和谐统一起来。对于自由主义者来说，就是如何处理个人良善生活观的多元论与对共同体的政治认同相统一这一难题。

德沃金宣称：如果人们坚持自由主义共同体的概念，坚持政府正当性、法律正义论在于资源平等，坚持政府中立原则，那么作为道德自主、伦理个人的公民就肯定会获得良善生活。为此，德沃金转入到对自由主义者良善生活的讨论，从政治哲学、法哲学问题进入到哲学伦理学问题。

二、良善生活论

德沃金认为，一种良善生活论，就像任何重要的思想分支一样，既复杂又有着严密的结构。在伦理学的某些相对具体的层面上——比如生活的细节——自由主义能够并且应当中立，但是在某些更为抽象的层面上，它不能也不应当中立，因为此时人们是在哲学伦理学的高度上讨论问题，这时任何人都必须有自己的哲学立场。在哲学伦理学上，“我们至少可以区分出三个这样的问题。其一，这个伦理学问题的根源何在？第二，使生活良善是谁的责任？第三，良善生活的标准是什么？”[②]德沃金认为，前两个问

① 〔美〕桑德尔：《自由主义与正义的局限》，万俊人等译，译林出版社 2001 年版，第 184 页。

② 〔美〕德沃金：《至上的美德：平等的理论与实践》，冯克利译，江苏人民出版社 2003 年版，第 273—274 页。

题——根源和责任问题——已经在其倡导的自由主义平等观中得以反映和贯彻，并在当今西方民主国家所普遍接受的两个原则中得到令人信服的解决。第一条原则是，人的生命一旦开始，使其成功而不是虚度光阴，便有着很大的客观重要性，而且每个人的生活都有着平等的重要性。这是伦理学的根源问题之所在。第二条原则认为，过某种生活的人，对于它的成功负有首要的、不可推卸的责任。这是谁应对良善生活负责的问题。所以，德沃金接下来的问题就是寻求良善生活的标准。为此，他区分出了伦理价值的两种模式——作用模式和挑战模式——并捍卫了挑战模式。是什么东西组成了良善生活或幸福生活呢？功利主义哲学家们认为，不同的生活成功与否，可从伦理价值的一个唯一的要素承载者的角度加以度量和比较，这一"唯一要素"要么是愉快，要么是满足。德沃金认为必须超越这些化约主义的做法，既承认幸福概念的复杂性，又承认它的内在结构，为此他提出了两种幸福概念。

一种是意愿的幸福(volitional well-being)，另一种称之为反省的幸福(critical well-being)。所谓意愿的幸福和反省的幸福，就是"如果一个人确实拥有或得到了他需要的东西，他的意愿的幸福便因此而得到了改进。如果他拥有或得到了使他的生活更良善的东西，他的反省的幸福就得到改进"[①]。对于意愿幸福和反省的幸福的具体含义、相互区别和联系，德沃金通过举例子的方式反复予以说明，但在笔者反复研读之后依然觉得其不甚明了。[②] 本书

---

① 〔美〕德沃金：《至上的美德：平等的理论与实践》，冯克利译，江苏人民出版社2003年版，第277页。

② 参阅同上书，第277—282页。

大致这样来理解和把握德沃金两种幸福概念：意愿的幸福主要是指“如愿以偿”，人们使用意愿的幸福这个概念主要是在描述意义上使用，通过意愿的幸福得到的东西——即实现了的人愿——对于生活而言只具有工具性的价值。意愿的幸福具体包括各种各样的成分，但每一种成分对于每个人生活而言只具有偶然性。反省的幸福这个概念则主要是在规范的意义上来使用，意味着某种道德要求，与某种道德规范理论相联系。反省的幸福本身具有本质重要性，犹如人的生命本身具有内在价值一样，反省的幸福所包含的内在成分在特定的时空中是每个人生活中的必需品，其表征为人们所拥有的是一种“应当”。可见，反省的幸福具有某种客观性，不以个人的主观认识为转移。德沃金同时也认为意愿的幸福与反省的幸福是相互关联的，有时二者会“携手同行”，有时又会“自相矛盾”，但不会相互转化。当反省的幸福与意愿的幸福有冲突时，人们无法诉诸第三种更高的幸福范畴。在这种情况下，人们为了过良善生活而能够做的，就是听从自己的反省的幸福。

所以，德沃金认为：“为自由主义寻找伦理基础的任何尝试，都必须集中在独立于意愿幸福的反省的幸福上。”①这说明了他对待个人良善生活的理性主义态度。

厘定了两种幸福概念之后，德沃金便从哲学伦理学入手开始了他对良善生活观的分析。他认为，一种生活的成功在于它对自己的特定环境作出了恰当的反应，所以判定良善生活的标准没有固定的回答，也不是一个静止的问题。哲学伦理学不涉及某些具

① 〔美〕德沃金：《至上的美德：平等的理论与实践》，冯克利译，江苏人民出版社2003年版，第281页。

体的伦理学观点和实质性道德判断，它探求的是一种对待问题的态度和思考问题的方式。换言之，良善生活的标准问题蕴藏于人们如何来思考良善生活的标准这一问题之中。“良善生活的标准”不是某种类似于人们可以通过科学手段予以发现的物理规律一样的东西，而是哲学反思活动的自然展示。①

在德沃金看来，尽管人们对良善生活的标准聚讼不止，但大体都含涉如下几方面的问题，这些问题构成了良善生活论的主要问题域。具体包括这样几个方面：良善生活有无意义、有无独立的价值？如有价值，则其价值是先验的，还是有背景的？如果良善生活的价值是经验的、有背景的，那么怎样对经验的环境予以评估？在此种评估中，人们是否应该将公正视为良善生活的必要背景？对以上问题的回答反映着人们理解伦理标准时不同的、在某些方面相互对立的方式。德沃金将之概括为两种模式：第一种模式——作用模式——认为，良善生活的价值在于它的产品，也就是说，在于它给世界上的其他人造成的结果；第二种模式——挑战模式——则认为，良善生活的良善性在于它作为一种表现的内在价值。德沃金进而指出，他所概括的伦理价值的这两种哲学模式可以指导人们对于伦理问题上所存在的困惑和担忧作出回答，但不能从根本上为伦理价值提供任何普适性的论证。换言之。这两种模式只能对大多数人的伦理经验作出解释，而不能提供一条超越时空、人人都首肯的标准。

伦理生活的意义问题是第一个伦理困境。

---

① 参阅 Ronald Dworkin，*Sovereign Virtue：the Theory and Practice of Equality*，Cambridge，Massachustts：Harvard University Press，2002，pp. 237—275。

作用模式认为，一种特定的生活方式的价值来自于其结果所具有的独立价值，生活的意义就在于其所导致结果的价值多少，二者是一种正比例关系。因此，只要人们接受某种客观价值论，它使人们所能做的事情对世界、对宇宙有着真正的重要性，比如说神学的人类中心主义或人类的功利主义，作用模式就认为能够解决伦理学的第一种困境。挑战模式以非常不同的方式回答“意义问题”。它采用亚里士多德的观点，认为良善生活具有一种技能展示(skillful performance)的内在价值，因此，各种事件、成就和经验能够具有内在价值，即使在它们出现于其中的生活之外没有作用时也是如此。可见，生活其实就是一种为面对生活挑战而展示技能的过程，其价值完全存在于它本身，不依靠任何特殊的或独立的价值。这种模式也不依靠某件事情的独立的重要性，尽管它承认给世界带来变化的重要性。挑战模式认为，一个人的创新、发现或创造对其生活的良善性作出的贡献这件事本身，有着他所创造的东西的独立价值之外的重要意义。当然，挑战模式并不会为被伦理所困的人们规定应当用成百上千的考虑中的哪一种来判断一项成就对某个人的生活技能起多大作用，否则挑战模式就会变质为作用模式。德沃金主张的是，人们可以也必须把生活本身看做一种挑战，将伦理价值视为一种生活中应对生活本身的挑战而具有的技能展示的价值。

伦理学的第二个困境是：伦理价值是先验的还是有背景的或经验的。

作用模式将伦理价值与事物的独立价值联系在一起，强调对伦理价值的评价有某种客观的确定不移的标准，个人生活的评价完全取决于他的生活给这个世界乃至宇宙带来的某种客观作用和效果。根据这种模式，伦理价值必然是先验的，因为说使生活良善的作用的独立价值取决于这种作用的时间和地点是非常不合理的。作用模式事实上主张，伦理价值的尺度，必须在任何地方都是一样的。挑战模式则主张，伦理价值是经验的、有背景的而不是先验的。挑战模式将伦理价值判定为应对生活挑战而具有的技能展示价值，德沃金为此专门举了个艺术的例子进行类比。他认为一幅绘画作品具有两种价值，即产品价值和艺术价值。产品价值是指该绘画作品具有的独立的、超越时间的价值，因此人间多一件优秀的绘画作品，从客观上它使得世界变得更加美好了，但作品的艺术价值不同于前者，艺术价值是一种并非独立于而是取决于它被如何生产出来的过程的价值。产品价值和艺术价值之别有力地解释了原作品与完美无瑕的复制品之间的差别。所以，艺术品的价值不仅在于其反映着它作为产品的价值，还反映着人们对生产该艺术品的技能展示的尊敬。同理，良善生活的挑战模式包含着既要定义成功又要保障成功的挑战，如果将过美好生活视为一项挑战，那么，对怎样才算生活美好加以定义，便也是这种挑战的内容之一。要知道艺术家总是在某个特定历史时刻走进艺术史的，其特定历史时刻的政治、经济、技术和社会诸条件，都构成了其所面对的挑战的背景或参数。邓小平面对的挑战与王安石面对的挑战之所以不同，原因也就在于各自面对挑战时的背景或参数的不同。以上例子充分说明，挑战模式所倡导的一种技能展示的价值无疑是有背景的或是经验的，但又不必是主观的。因为随着时代和环境的改变，人们面对挑战时所拥有的参数也会发生变化；当然，变化了的背景或参数同样也会对伦理生活提出规范的要求。

伦理生活面临的第三个困境，亦是最为艰难的困境是：既然伦理价值是经验的或有背景的，既然生活之美好恰如绘画之卓越一样，意味着以恰当的方式对环境作出反应，那么接下来便包含这样一个问题，即对于任何特定环境中的特定的个人来说是否存在唯一正确的回应。

对于这个问题，德沃金认为挑战模式在抽象的层次上并不需要回答，它仅仅强调该问题属于哪一类问题——它要求个人对环境的全部特性作出回应，而不是针对这种环境采取一种无时间限制的理想生活。在作用模式的任何合理的版本中，人们实际生活中的整个环境对其生活的质量都构成限制，而理想生活是一成不变的。人们对良善生活的追求过程实质上是对某种事实上并不存在的虚构的理想生活的逼近过程。因此，在作用模式中，上帝如能给人们以更长的寿命、更多的技能、更多的财富，等等，人们就肯定能创造出更多的独立的价值，从而离理想生活更近一步，假如人类全知全能，那就完全可以达致理想生活。挑战模式则把生活良善作为对个人环境作出的正确回应，从而将生活中的某些环境因素作为有助于人们定义自己的生活之美好表现的"参数"，而另一些作为"限制"。至于生活中的环境因素在什么情况哪些具体因素构成对生活有助的参数，什么时候又构成阻碍生活的限制，在哲学上无法作出具体区分。不过，有一点是肯定的，即人们不能把与自己环境有关的一切都当做参数，否则就会毁掉自己的哲学伦理学。既然良善生活意味着以恰当的方式对环境作出了正确的反应，那么何谓良善生活的问题在各个人那里是不一样的，有的人认为是限制的因素别人却可能将它当做参数来对待。可见，没有一种哲学模式可以为良善生活提供一个样板，因为每个人的生活环境都是非常复杂不一的。

伦理生活的第四个困境是由于伦理学和道德观之间的相互作用而产生的。行为不公正能够让人过上良善生活吗？

德沃金将以上问题分解为两种形式。第一，一个人的不公正行为对其生活之反省意义上的价值有何影响？第二，他的社会不公正——尽管与他本人的行为无关——这一事实对此有何影响？作用模式对第一个问题没有立场，因为它可以支持两种相互矛盾的观点。一方面，不公正行为由于其结果的负面效应，因而不可能过上良善生活；另一方面，如果不公正行为之后的行为所产生的正面结果超过了以前不公正行为所产生的负面效应，那么就其总体而言他又能过上良善生活。至于第二个问题，作用模式认为，生活在一个不公正的社会里对于一个人能否过一种良善生活根本就没有任何关联和影响。因为不公正社会的出现并不是具体人的责任，不存在利用本人生活中创造的价值用来抵消其负面效应的问题，因而每个人能否过上良善生活取决于其创造的有益于世界的价值。挑战模式建议对这两个问题采取一种非常不同的态度。"接受这种模式，从而同意我们环境的某些方面必须被当做生活幸福参数的人，会觉得很难不把公正当做那些参数之一。"①因为人们在面对生活的挑战时，有充分的理由要求有一个公正的环境。而公正的环境，在德沃金看来就是要求作为财产分配的法律制度，确保每个人都拥有本章第二节中所界定的资源平等中一份平等的资源，这样，良善生活论首先就要求资源平等分配，个人良善生活

① Ronald Dworkin, *Sovereign Virtue: the Theory and Practice of Equality*, Cambridge, Massachustts: Harvard University Press, 2002, p. 264. 中译本在此出现错误，意思刚好相反。另，德沃金认为许多参数都具有规范性，有助于确定人们将面对的挑战。基于此，不允许出现这种挑战的生活就是不好的生活。至于生活中的哪些参数具有规范性，哪些不具有规范性，德沃金没有论述，事实上他也承认无法论述。

必须以分配正义的解决为前置条件，伦理诉求变成了政治法律诉求，平等作为政治法律要求和伦理要求就产生在个人对良善生活的追求和需要当中。

总之，德沃金通过对良善生活论两种哲学模式的分析，认为只有挑战模式才具有巨大的解释力，才能使法律的正义论和政府的正当性问题在个人良善生活论这一最终逻辑归属上得以最终完成。当然德沃金在论述良善生活论时是站在批判内在怀疑主义这一立场上的，而且采用的是一种形式伦理学的阐述方式，这是必须在此予以说明的。

第五章　法律正义论之典范
——宪法观

宪法观是德沃金法律伦理思想体系中重要的一环，亦是法律正义论典范之所在。对一国法律正义论的追问从法的载体角度来看，其最终的落脚点无疑是该国的宪法，因为宪法是任何现代国家法律体系中的根本大法，是其他一切法律的渊源，决定着其他一切法律的效力和法律地位。因此，考量德沃金道德解读视阈下的宪法观，对于厘定德沃金的法律伦理思想当属必然与必需。

第一节　美国宪法的道德解读

一、美国宪政的基础

宪法与宪政是紧密相连而又互不相同的两回事。有宪法不一定有宪政，有宪政则必有宪法。中国自有宪法已近百年，然中国之宪政建设尚待完成，这充分说明修宪法虽易，行宪政实难，“宪政之于宪法，犹如法治之于法制，其盛衰兴废，不独受制于法律之制度，更取决于政制之安排、社会之结构、公民之素质与民众之信仰。”①

---

① 〔美〕埃尔斯特、〔挪〕斯莱格斯塔德编:《宪政与民主》，潘勤、谢鹏程译，生活·读书·新知三联书店 1997 年版，总序，第 1 页。

宪法可以写在纸上,宪政则不仅为一理论,更是社会生活,尤其是政治生活之实践。今日之美国,既有宪法又有宪政,这是任何没犯偏执狂的普通人都承认的事实。大抵说来,美国的宪法与宪政几乎是一同产生的,这同样是一浅显的事实。简言之,美国在1787年宣布成文宪法时,理论上的宪政已大致框定,虽然实践中也产生了诸多争议,且经不同时代的人们加以了解决,但大致结构没有改变。

"徒法不足以自行"这句谚语,充分说明人类不但要有写在纸上的法,更要有能保证法能贯彻执行的制度安排。宪法之于宪政可谓形式之于内容,所以现代法治国家不但要有宪法,更需宪政,以保障写在纸上的宪法能通过制度安排予以真正贯彻实施。要让纸上的宪法变成社会实践中的宪政,其核心问题就是解决现代国家权力的行使问题。美国的宪政基础就是建立于这一关键问题的解决上,而德沃金的宪法观又是立基于美国宪政的平台上。因而在此先简略考察一下美国宪政的基础。

"宪政是对政府的法律限制。宪政还意味着政府权威与权力同国民权利与自由之间的制衡。"①宪政就是要从法律上厘清现代国家权力关系的配置,从某种意义上来说,宪政就是要使宪法成为政府行使其法定职权的"营业执照"。

北美大陆原为英国殖民地,美国与英国渊源之深自不待言,所以美国的政治法律制度可以说是英国的修改版。英国是近现代民主政治的发祥地,英国的宪法制度对于限制王权和保障民权方面

---

① J. Mckay, *A History of Western Society*, Houghton Mifflin Company, 1987, p. 524.

所彰显的功绩，为美国开国之士所洞悉。因此，美国独立之后，以制定国家的基本大法为第一要务成为开国元勋们的一体共识。不过美国 1787 年所制定的宪法，其方式上并没有遵循英国的不成文法的路线，而是采用了成文宪法的方式。制宪人士有虑于历史以往的政府权力过于庞大之旧弊，所以美国宪法尤为注重对政治权力的划分，这也是美国宪法的主要特质。美国制宪者基本上秉承了孟德斯鸠的分权学说，将国家权力分解为立法、行政和司法三大权力。孟德斯鸠分权学说的贡献主要在于：其一，反对一切集权制度，提出在“一切权力合二为一”的国家里，“虽然没有专制君主的外观，但人们却时时感到君主制的存在”。① 其二，提出了国家权力之间制衡的必要性。“要防止滥用权力，就必须以权力约束权力”②。其三，主张司法独立。“如果司法权不同立法权和行政权分立，自由也就不存在了。如果司法权同立法权合二为一，则将对公民的生命和自由施行专断的权力，因为法官就是立法者。如果司法权同行政权合二为一，法官便将握有压迫者的力量。”③其四，指出任何政府都有腐化的可能性。“一切有权力的人都容易滥用权力，这是万古不变的一条经验。”④美国制宪者们正是本着孟德斯鸠理论的精神实质架构了美国的宪法，以三权分立的原则作为美国宪政之基石，其终极目的为使政府成为一法治的政府，而非人治的、专制的政府。

---

① 〔法〕孟德斯鸠：《论法的精神》（上册），张雁深译，商务印书馆 1961 年版，第 157 页。

② 同上书，第 154 页。

③ 同上书，第 156 页。

④ 同上书，第 154 页。

美国宪政的基础除了以三权分立为基石外，另一大特色就是美国宪法制度中的司法审查制度，即美国司法机关有审查法律是否违宪的权力，须说明的是，“美国的司法审查制度，也并不是规定于条文之中，而是宪法实施以后，根据宪法的精神所形成的”①。依美国联邦最高法院所持的宪法理论，法院是否宣布法律违宪，乃是法院当然之责。1803年联邦最高法院大法官马歇尔在确定司法审查主义的“马伯里诉麦迪逊案”(Marbury v. Madison)的判决中称：“确定何为法律，显系法院的职权及责任……假如法律与宪法处于相反的地位，而同时适用于某一特定的案件时，法院须决定该案件宜适用法律，而可无视宪法；抑须适用宪法，而可无视法律。要之，法院必须从交相冲突的法则中，择一决定，以处理特定的案件，此种决定，实为司法职权的本质。”②在美国宪政制度中，最高法院由于具有司法审查权，因而其最重要的责任是裁决涉及宪法解释问题的案件，判定某项法律或政府行动是否违宪。今天，联邦最高法院的大法官们更多地把联邦最高法院的司法审查权看做是过境巡警或体育比赛的巡边员。“他们紧盯着行政权和立法权之间、联邦政府和州政府之间、各级政府和个人之间的边界，力求不偏不倚，追求公正无私，以保证美国宪法确定的制约和平衡的构架能够按宪法制定者们所希望的那样正常运作。”③

美国宪政基础之三便是其推崇的法治主义。在提倡“依法治国”方略的今日之中国，有关“法治”的文章和著作可谓汗牛充栋，

① 陆润康：《美国联邦宪法论》，(台湾)书海出版社2003年版，第7页。

② 同上书，第7—8页。

③ 任东来、陈伟、白雪峰：《美国宪政历程：影响美国的25个司法大案》，中国法制出版社2004年版，前言，第7页。

如风云乍起不可胜数。“法治主义”的要津不在于有没有法、依不依法治理国家,而在于司法能否独立,而司法能否独立又在于人们是否接受并贯彻“有限政府”这一理念。在美国,法治并不要求社会中所产生的争执一一由法院加以决定,重要的是法院对于行政机关的决定权能加以节制,如果由于司法裁判的存在,而规范行政机关的决定于合法的范畴以内,法治也即存在。① “有限政府”要求所有的政府权力都是有限的,不仅是行政权力,而且更重要的是立法权力,因为它是法治国家所有权力的来源。如果不承认立法权力的有限性,那么即使是“法治”国家也是一个权力无限的国家,因为立法机构可以制定法律去授权政府做任何事情,不论如何伟大或荒诞、仁慈或暴戾。事实上,如果不承认立法权力的有限性,不承认立法权力和行政权力受制于独立的司法审查,那么谈论宪法和宪政都是多余的,谈论法治也只有描述的意义。限制政府的权力,正是宪法的主要目的,亦是法治主义的本质要求。法治与二权论国家的观念极不相容,二权分立国家的司法机关显无地位,法律所控制的仅仅是人民的私权部分,法律的观念不能伸展到政治的领域,政事由国家统治阶级独断决定,特权一无约束,在这种国家,法律的系统与权力的系统并驾齐驱。② 在这种体系下,政府的行为常处于特权地位,超出了法律的控制,这与宪法法治观念大异其趣。

因此,美国制宪者所设计的宪法从本质上讲是一部“限权法”。在有限权力的背后,是对个人自由与权利,尤其是少数人权利的尊重。我们不应忘记的是,孟德斯鸠的三权分立理论一开始就是以

① 陆润康:《美国联邦宪法论》,(台湾)书海出版社 2003 年版,第 23 页。
② 同上书,第 24 页。

维护个人的自由为基础的，而美国之所以原封不动地采纳了三权分立的构想，正是出于对自由主义观点的认同，出于对个人具有抗衡政府的权利的考虑。德沃金对美国宪法的道德解读正是本着以上精神进行的。

二、对美国宪法之误读

德沃金认为，人们在宪法问题上争论不休、聚讼不止的原因不在于人们是否应该遵守宪法或是否应该执行宪法，而在于宪法的含义是什么？换言之，人们在宪法问题上的争论不是经验主义的争论而是理论性的争论。① 具体而言又包括这样两个方面：其一是谁有权来解释宪法？是法官还是其他官员，抑或是人民？其二是怎样来解释宪法？是采用历史主义、消极主义等方式还是采用道德解读的方式？

关于谁有权来解释宪法的问题，德沃金承认在宪法产生之初该问题并没有得到清楚的解决，宪法只是赋予立法机关和行政机关以有限的权力，并对每个机构规定了重大的限制，“但是根据严格的逻辑，并不能由此便认为宪法的这些限制在遭到侵犯时，最高法院应有权作出裁定。因为宪法可能被解释为给国会、总统或政府官员作了指示，使这些官员在法律上和道德上都有义务遵从，但由他们自行裁断。”②在德沃金看来，如果对宪法解释作了如上理解，则宪法在美国社会中将只能起一种十分微弱的作用，它只是被用做不同机构之间关于除联邦最高法院权限之外的其他权限争论

① 参阅本书第三章第一节。

② 〔美〕德沃金：《法律帝国》，李常青译，中国大百科全书出版社 1996 年版，第 316 页。

的背景,而不是作为这些机构之一的法院确定其他机构权限的权威来源。1803年,大法官约翰·马歇尔通过"马伯里诉麦迪逊案"确立了联邦最高法院拥有宪法的最终解释权。马歇尔通过该案向国会宣布,不仅宪法高于一切法律,而且判定法律本身是否符合宪法这个至关重要的权力也与立法部门无关。换句话说,立法机构不得随意立法,只有联邦最高法院才是一切与法律有关问题的最终仲裁者。马歇尔还通过此案向国家最高行政部门宣布,宪法的最终解释权属于司法部门,因此,司法部门有权判定最高行政当局的行为和行政命令是否违宪,有权对行政当局的违宪行为和命令予以制裁。① 自此之后,美国的宪法实践使马歇尔的见解无可否认地成为美国法律的命题,因而现在关于宪法的论战都是在它界定的范围内进行。② 因此,摆在人们面前的首要问题应该说已不再是联邦最高法院享有什么权力,而是它应如何行使其大权。

在德沃金看来,人们在宪法上的理论性论争的中心已不再是谁有权来解释宪法,而是怎样解释宪法的问题。为此,他批评了如下几种错误的解读方式。

历史主义者③

历史主义者所选定的宪法性判决的一种风格是把合理的宪

---

① 任东来、陈伟、白雪峰:《美国宪政历程:影响美国的25个司法大案》,中国法制出版社2004年版,第37页。

② 〔美〕德沃金:《法律帝国》,李常青译,中国大百科全书出版社1996年版,第317页。

③ 德沃金对历史主义的指称主要针对美国宪法学家伊利作出的一种区别,即将法官分成阐释主义者和非阐释主义者两个阵营。阐释主义者认为宪法性判决或决定只应根据或主要根据对宪法本身的阐释,而非阐释主义者认为应根据超宪法的理由去作出决定。德沃金认为伊利所区分出来的阐释主义者可以用"历史主义者"去指称。

法阐释限制在表述缔造者过去意图的原则范围之内。[①] 德沃金认为这种理论事实上要求今天的法官必须根据宪法制定者意图去理解宪法。如此一来,宪法制定者的心理状态对应该如何理解其抽象语言起着决定性作用,它确认着每一宪法条款产生的一个规定时刻,并坚持认为宪法制定者那一特定时刻的思想已彻底研究了我们现在的宪法。换句话说,宪法制定者那一特定时刻的想法获得了永久性,这是荒谬的。显而易见的例子是美国宪法第十四修正案的制定者在当时的意图并不认为种族隔离违宪,然而今天对平等保护条款的解释则必能判定种族隔离违宪。

德沃金接着又考察历史主义者一种不同的但更具有吸引力的说法:对宪法的理解应与法规制定者投票表达的信念相一致。[②] 为此,历史主义者就有必要运用对立法者的整个立法记录进行阐释的方式去鉴别和协调每一位立法者立法时在其各自信仰范围内的冲突,然后找到一种合适的方法把各个立法者的那些经过调整的信念组合成一个全面而不变的信念体系。历史主义者很快就认识到,无论如何他都无法通过此种方式将各个立法者的个人信念结合起来。可见,历史主义者的荒谬性在于,对宪法采取的解释方式只是将宪法的含义局限于宪法制定者制定宪法条文那一时刻所具有的具体的意图或信念,而不可能从宪法条文中提炼出道德原则来,然而这就等于否定了宪法所表达的原则,因为原则不可能在历史上的某一位政治家的时代、想象力和利益止步之处停滞不前。

---

① 〔美〕德沃金:《法律帝国》,李常青译,中国大百科全书出版社 1996 年版,第 320—321 页。

② 同上书,第 321 页。

宪法认真看待权利，而历史主义并非如此。[1]

消极主义

对美国宪法进行错误解读的第二种方式，德沃金称之为“消极主义”[2]。德沃金认为消极主义的拥护者在所谓对宪法的“积极方法”和“消极方法”之间加以区别，认为“消极”的法官对政府其他部门的决定十分尊重，这是政治家的做法；而“积极”的法官在不赞同政府其他部门作出的决定时就宣布它们违宪，这是专制。德沃金专门提及了一段对消极主义信条所作的具有代表性的陈述和辩护：“伟大的宪法条款采用很笼统和抽象的语言写成，我们那些积极的同行们正是援引这些条款去反对国会、总统或立法机构的所作所为。每个人对这些条款的意思是什么，各有不同的见解。这些条款的意义也不能以历史主义者所设想的方法去断定，即通过查询宪法缔造者的具体意图，因为宪法缔造者往往没有相关的意图，而且我们也没有可靠的方法去发现宪法缔造者确曾有过的意图。在这种情况下，民主的理论坚持认为，人们应自己确定宪法是否以种族隔离为非法，是否保障堕胎自由，或者是否废除死刑，这意味着让州和国家立法机构对这些问题有最后决定权。”[3]德沃金认为消极主义以上代表性陈述事实上混淆了三个彼此不同的问题。第一个问题是制定法律的问题。也就是说，美国宪法是由非选举产生的终身法官来制定，还是由全体人民选举产生并对全体人民负责的立法者来制定？第二个问题是司法问题。根据美国的

① 〔美〕德沃金：《法律帝国》，李常青译，中国大百科全书出版社 1996 年版，第 327 页。

② 同上书，第 328 页。

③ 同上。

宪政体制，哪个机构有权决定宪法条款的含义是什么？第三个问题是法律问题。被恰当解释的现行美国宪法的实际要求是什么？①

为了解以上三个不同的问题之相互关系，德沃金通过堕胎这个例子予以了说明。在他看来，"马伯里诉麦迪逊案"已经历史性地解决了第二个问题，即司法权问题。不管愿意与否，美国联邦最高法院都必须自行决定宪法是否在特殊情况下禁止各州规定堕胎为犯罪。而消极主义则认为，尽管联邦最高法院有司法权，但在行使该权力时，应采用立法机构的回答，并视之为自己的回答。然而德沃金认为，如果消极主义的主张要成立，那么其对第二个问题的回答只有与第三个问题的正确回答相符才算合理。假定对堕胎回答的正确回答是，宪法的确禁止各州以堕胎为犯罪，那么联邦最高法院不遵从立法机构的回答将以骇人听闻的方式在修改宪法，联邦最高法院的法官是篡权者。

同样，德沃金主张，制定法律的问题以完全相同的方式取决于法律问题。消极主义指责联邦最高法院在宪法层次上的司法立法，在他们看来，民主意味着必须由全体人民去制定国家的根本大法，联邦最高法院的法官没有这个权力。然而如果消极主义这个看似颇具吸引力的命题——即民主意味着必须由全体人民去制定国家根本大法——再次对第三个问题即法律问题假定了一个特定的答案，如果被正确解释的美国宪法一般情况下并不认为堕胎为犯罪，那么一位宣称各州认定堕胎为犯罪属合宪行为的法官肯定

---

① 参阅 Ronald Dworkin, *Law's Empire*, Cambridge, Massachusetts: The Belknap Press of Harvard University Press, 1986, pp. 370—371。

是在修改宪法。然而如果被正确解释的宪法的确视堕胎为犯罪，那么一位拒绝规定堕胎为犯罪的法官则是以命令改变宪法，以篡权来违反宪法原则。

总而言之，第一个问题即宪法应由谁来制定的问题和第二个问题即司法问题不可避免地将与第三个问题即法律问题纠缠在一起。换言之，人们只有搞清楚了美国宪法的含义是什么的问题，谈论第一个问题和第二个问题才有实践的意义，否则可能会出现且现实法律实践中已经经常出现了的一些虚假问题。可见，消极主义信条所作的代表性陈述和辩护只有将之理解为法律问题才具有意义，否则它不但不是在争论问题，而只能视之为搞浑问题。如果将消极主义理解为宣称宪法的抽象条款是法律问题，那么其对“宪法的含义是什么”问题的认识是：除了无可争辩地出自宪法条款文字本身规定的具体权利外，宪法并不赋予公民其他权利。不然它对滥用司法权尽管极其愤怒，对民主极其热情，但都与法律实践无关，那是一种不伦不类的发泄。[①]

要言之，消极主义其实质是一种对“宪法的含义是什么”的一种解读方式，只不过该解读方式将宪法的含义严格限定在宪法条款文字本身规定的具体权利的范围之内而已。根据本书第三章中所阐述的建设性阐释的整体法律观，我们可以看出消极主义是一种对“宪法含义是什么”的完全错误的解读方式。

严格主义

严格主义又称为“严格的法律解释者”，实际上是历史主义和

---

① 〔美〕德沃金：《法律帝国》，李常青译，中国大百科全书出版社1996年版，第329页。

消极主义的某种混合，但不像消极主义和历史主义那样简单明了，而是一种颇为复杂的宪法解释理论。严格主义者以美国前总统尼克松为典型代表，他们认为联邦最高法院特别是沃伦法院[①]违反了其应该遵循的司法准则，篡夺了属于其他机构的正当权力，超越了它自己的正当权力。德沃金以法律概念和法律的各种见解的区分为基础剖析了严格主义的实际主张并否定了它。

在德沃金看来，美国的宪法，特别是权利法案，是被设计用来保护公民个人和团体以反对大多数公民可能要去制定的某些决定，甚至大多数人认为它是社会普遍的和共同的利益的决定。[②]就如前面所述，美国宪法的理念是“有限政府原则”，其实质是“限权法”，美国宪法的规定实际上是对其他政府部门权力的一种限制，是宪法性限制。当然，德沃金也承认一部分宪法性限制是以明确的形式存在，如在联邦刑事程序中要求陪审团审判的规则，以及禁止国会制定剥夺言论自由的法律的规则；但大部分宪法性限制则以常说的“模糊”标准的形式存在着，例如政府不得否认法律的平等保护规定等。[③] 宪法性限制之所以有意义和有必要，其理论与现实根据可以通过求助于个人有反对大多数人的道德权利来证明。[④] 换

① 美国联邦最高法院大法官终身任职，没有届数，因此人们通常以首席大法官的名字来冠名历届联邦最高法院。九位大法官之间权力平等，没有领导与被领导的关系，首席大法官只起召集作用，故有宪政学者认为首席大法官是“平起平坐诸位中的第一人”。沃伦法院（Warren Court，1953—1969）以对美国民权的捍卫和刑事被告权利的保护而著称，遭到了来自政府和国会的广泛批评，认为其篡夺了其他部门的权力，是在修改宪法。

② 〔美〕德沃金：《认真对待权利》，信春鹰、吴玉章译，中国大百科全书出版社1998年版，第179页。

③ Ronald Dworkin, *Taking Rights Seriously*, Cambridge, Massachusetts: Harvard University Press, 1977, p. 133.

④ 参阅本书第二章“法律正义论之基地——权利观”。

言之，宪法的“模糊”和明确的规定均是对个人反对大多数人的道德权利的认可和保护。

德沃金认为，这些“模糊”的宪法性限制是起草者和颁布者们故意选择的，以取代那些他们可能制定的更具体和更有限制性的规则。当然，正是这些宪法性限制使用的“模糊”语言导致了人们对宪法的解释产生了分歧。严格主义者在解释宪法条文时产生出关于宪法权利的一个狭义的观点，因为他们认为这些权利“仅仅限于在历史上的一个特定时期，由一个很有限的人群所承认的权利”①。严格主义这一主张实际上是将对宪法的理解限定在宪法制定者的本意和宪法文字二者之间，而没有注意到一种哲学家们已经提出但宪法学者们还没有意识到的关键区别，即法律的概念和法律的各种见解(concept of law and conception of law)之间的区别。② 举个例子来说明德沃金这一思想很有必要：例如我告诉你要公平待人。无疑，在我头脑中我有我想鼓励的那种行为的例子，但是不能说我的“本意”只限于我头脑中曾有的那些例子。因为第一，我希望你把我教导的公平待人能用于那些我没有想到、也不可能想到的那些情况。第二，我随时准备承认，当我说这些话时，我所认为的或我头脑中曾有的某些公平行为的例子实际上是不公平的，在这种情况下，我会承认我的教导包括了你所提出的情况，但此种承认不能说我改变了对你的教导。在这个例子中，我的意思是要你接受一个公平概念(concept of justice)的指导，而不是由任何可能曾

① 〔美〕德沃金：《认真对待权利》，信春鹰、吴玉章译，中国大百科全书出版社1998年版，第181页。

② 参阅 Ronald Dworkin, *Law's Empire*, Cambridge, Massachusetts: The Belknap Press of Harvard University Press, 1986, pp. 90—96。

存在我脑中的特定的公平见解(conception of justice)的指导。

德沃金进而指出,以上关于公平概念与关于公平的各种具体见解的区别不是细节上的区别,而是给予什么样的指导上的区别。当我求助于公平概念的时候,我求助的是公平的含义,而且在那个问题上,我个人的观点不具有特殊的地位。然而当我提出一个公平的见解时,我所提出的是我个人对公平含义的理解,此时,我个人的看法是问题的核心。当我求助于公平(概念)的时候,我事实上是提出了一个道德问题,而当我提出我的(笔者所加)公平见解时,我是在试图回答这个道德问题。[①]

一旦有了如上区分,德沃金认为人们就必须将称之为"模糊"的宪法条款当做关于概念(concept)的表现,而非各种见解(conceptions)的表现。严格主义的错误就在于没有看到法律概念和法律的各种具体见解的区别,混淆了这两者之不同意义,所以常常使人误入歧途并造成宪法解释上的混乱。因此,人们常常称一些宪法条款为"模糊"条款,这是一个错误。其实这些所谓的"模糊"宪法条款,"如果我们把它们看做要求一种道德观念,那么它们便不可能通过更为详细来达到更为明确。"[②]也就是说,宪法的许多条款是用道德语言写成的道德原则,而严格主义宪法哲学的荒谬性就在于过分拘泥于不同时代不同人们之间各种特定的道德主张之间而不能自拔,"忽视了宪法条文的逻辑所要求的对待道德原则问题的方向"[③]。

---

① Ronald Dworkin, *Taking Rights Seriously*, Cambridge, Massachusetts: Harvard University Press, 1977, p. 135.

② 〔美〕德沃金:《认真对待权利》,信春鹰、吴玉章译,中国大百科全书出版社1998年版,第184页。

③ 同上。

新的起点

德沃金认为一旦认识到严格主义的荒谬性实质之后，人们就能摆脱流行概念所加予的混乱，得以真正比较和对照关于联邦最高法院应如何决定困难的或有争议的宪法问题上的两种很基本的哲学。这两种很基本的宪法哲学，德沃金采用了它们在美国法律文化中被给予的名称来称呼，即司法能动主义和司法限制主义，尽管这些名称在某些方面是误导的。[①]

司法能动主义政策认为，联邦最高法院应以德沃金所描述的那种精神——即将"模糊"的宪法条文视为道德原则，视为有关法律概念而非法律的各种见解，接受所谓模糊的宪法条款的指导。联邦最高法院应该自行决定正义论、平等以及其他道德原则，经常根据法院的新的道德见识丰富和发展这些原则，并以此来判断国会、各州和总统的行为是否合宪。

司法限制主义的政策主张与司法能动主义的政策主张刚好相反。它要求联邦最高法院应该允许政府其他部门在确定"模糊"宪法条款的含义时应占有一席之地，即使它们冒犯了法官自己对广泛的宪法规则要求什么原则的意见时亦是如此。在司法限制主义看来，除非政府其他部门的决定公然违背大家一体赞同的政治道德，以至于这些决定违反了任何似乎有理的宪法解释，或者因为一个清楚的先例明确要求一个相反的决定，否则法院应该充分尊重政府其他部门的有关决定，而不能去篡夺它们的权力。

很明显，不管对美国宪法采取严格主义的解释方式，还是采用

---

① 〔美〕德沃金：《认真对待权利》，信春鹰、吴玉章译，中国大百科全书出版社1998年版，第185页。

历史主义和消极主义的解释方式，其最终的结局或出路肯定均会认同司法限制主义的政策主张。而司法限制主义的理论，德沃金又分解为两种不同的实际上又互不相容的形式①：

第一种是政治怀疑主义的理论。该种理论主张，司法能动主义的政策事实上预设了这样一个不能成立的前提，即"模糊"的宪法条文所规定的道德原则具有客观性，特别是它预设了公民确实具有反对国家的某些道德权利，如平等接受公共教育的道德权利，或者受到警察公平对待的道德权利。从某种意义上来说，只有美国宪法中确实存在着这样的道德权利，司法能动主义的主张才能证明为合法。政治怀疑主义的理论向司法能动主义的基础发起了挑战，认为个人没有反对国家的道德权利，个人只有宪法赋予他们的法律权利，且这些法律权利是宪法设计者们实际上已经想到了的，或已由一系列的先例所确定的，除此之外，个人没有任何别的权利。对于怀疑主义对司法能动主义挑战的力量，德沃金在其权利论和法律的内外怀疑主义中进行了分析并给予了彻底的粉碎，这里就不再多言。②

第二种司法限制主义的形式是司法依从的理论。该理论与政治怀疑主义理论正相反，它并不否认宪法所规定的个人具有反对政府的道德权利，而恰恰主张公民确实拥有宪法所明确规定的赋予其权利之外的反对国家的道德权利。然而它又指出，这些道德权利的特点和力量是可以讨论的，并且声称，联邦最高法院之外的

---

① 参阅〔美〕德沃金：《认真对待权利》，信春鹰、吴玉章译，中国大百科全书出版社 1998 年版，第 185—189 页。

② 可参阅本书第二章"法律正义论之基地——权利观"和第三章第二节中的第四个问题"作为整体的法律"。

政治机构负有决定哪些道德权利应该得到承认的权力和责任。换言之，联邦最高法院不应该决定与宪法抽象条款有关的政治道德有争议的问题，而应将这些争议的政治道德问题留给政府的其他部门去决定。

为什么应该将宪法中争议的政治道德问题留给政府其他部门去决定呢？德沃金指出："在赞同司法依从主义的观点中，有一个观点是很普遍的，这个观点可以被称为来自民主的观点。"①民主的观点认为，宪法中所涉及的政治道德是可以争论的，但是，谁应该来决定这些争论的政治道德问题呢？司法依从主义认为不应该由联邦最高法院的大法官来决定，因为这些大法官是任命的且为终身制，他们在政治上对公众的生活没有责任，而公共生活肯定要受到这一决定的影响，所以，对争议的政治道德的决定权应该归属于被选举产生的和对公共生活负有政治责任的州或国家的立法者即国会。

德沃金认为，事实上如上观点作了这样一个假设："在一个民主制度中，所有未解决的问题，包括道德和政治原则的问题，都必须且只能通过政治上负有责任的机构来解决，这些机构在政治上负责的方式与法院不同。"②为更仔细地检验这一观点，德沃金又将司法依从来源于民主的观点分解为两个观点③：

一种观点是，一个民主产生的机构在决定政治道德问题时可能比联邦最高法院更公平，因为允许大多数人去决定任何问题总

---

① 〔美〕德沃金：《认真对待权利》，信春鹰、吴玉章译，中国大百科全书出版社1998年版，第189页。

② 同上书，第190页。

③ 参阅 Ronald Dworkin, *Taking Rights Seriously*, Cambridge, Massachusetts: Harvard University Press, 1977, pp. 141—147。

比少数人去决定更为公平。然而在德沃金看来,如上说法恰好忽视了这样的一个事实,即宪法中规定的政治道德问题本身就是个人反对国家的道德权利问题,这也是美国宪政所接受了的理论,因此作出反对大多数的权利的决定,从公平的角度来说,是不应该留给大多数人,否则多数人的暴政在所难免。可见,公平的原则似乎表明它反对这一民主的理论而不是赞成这一民主的理论,前文提到的彪炳史册的"马伯里诉麦迪逊案"的判决也充分肯定了这一点。

而司法依从主义源于民主观点的另一个分支观点,即认为类似于立法机关的民主的机构在关于个人反对国家的道德权利问题上,与联邦最高法院相比,更有可能作出合理的决定。德沃金认为这一观点事实上在主张,既然人们对于道德权利的看法并不一致,那么将对于道德权利的最后决定权留给政治机构所采用的政治程序会更为安全。在这里,更为安全的意思是,政治程序所得出的结果可能更为合理。① 为此,这一分支观点进而主张,如果有机的政治程序没有受到联邦最高法院的矫揉造作,它将更为确定地保证人们的真正的道德权利。如此一来,黑人的权利、犯罪嫌疑人的权利、妇女堕胎的权利等都会通过政治制度正常的方式反应政治压力的程序而显露出来。如果一个人的道德权利通过此种方式得不到实现,那么无论什么其他的情况,这一权利的要求都很可能是不恰当的权利要求。德沃金一针见血地指出,"这一怪异的观点只是事实上不存在反对国家的权利的怀疑主义论点的一种伪装形式"②。宪

---

① 〔美〕德沃金:《认真对待权利》,信春鹰、吴玉章译,中国大百科全书出版社1998年版,第196页。

② 同上书,第196—197页。

法条文所规定的道德权利的核心在于意味着一个个人，有权利保护自己免受大多数人的侵犯，即使是以普遍利益为代价时也是如此。宪法性限制本身就是针对立法部门和政府其他部门而来的，否则便误读了宪法的含义。

德沃金在《认真对待权利》一书的“宪法性案件”一文中认为，超越林林总总的对“宪法含义是什么”的误读之途在于将“我们的宪法制度建筑在一个特定的道德理论之上。这一理论就是，个人具有反对国家的道德权利。权利法案这一困难的条款，正如正当程序和法律平等保护条款一样，必须被理解为是诉求于道德概念（concept），而不是特定的具体见解（conception）；所以，一个承担充分适用这些条款的责任的法院，必须是一个能动主义的法院，这里能动主义法院的含义是，它必须准备架构并回答政治道德的问题”[①]。因此，宪法性法律如要获得真正的进步，需要宪法学和道德理论的融合。

三、美国宪法的道德解读

事实上，德沃金对美国宪法的道德解读观在其 1977 年所著的《认真对待权利》和 1986 年所著的《法律帝国》两书中已经呼之欲出了，但真正旗帜鲜明地从正面进行全方位地论述该观点是直到晚近的 1996 年其出版的《自由的法：对美国宪法的道德解读》一书中才得以完成。该书从基本精神上与前两本书是一致的，可以说是前两本书的进一步发展。

---

① Ronald Dworkin, *Taking Rights Seriously*, Cambridge, Massachusetts: Harvard University Press, 1977, p. 147.

美国宪法的困惑

德沃金在《自由的法：对美国宪法的道德解读》一书中开宗明义地说道："就整体而言，本书具有更广泛也更普遍意义上的目标，它阐述了一种解读和贯彻政治性宪法的特定方法，我将它称之为'道德解读'(moral reading)。"[①]在德沃金看来，美国联邦宪法大部分条款是用极为空洞、极为抽象的措辞来宣布个人具有反抗国家的权利，例如美国宪法第一条修正案就规定，国会不得制定限制"言论自由"的法律。因此，道德解读要求人们具备这样一个观点，即所有的人都应该认为宪法的抽象条款的目的是为了促进政治的合理性和公正性，并基于这样的精神来解释和运用抽象的宪法条文。

在本节第一部分——美国宪政的基础——中已提到美国宪法的主要目的是为了限制政府的权力，美国宪法的抽象条款的实质是对政府提出的道德主张，所以"道德解读由此将政治道德引入宪法的核心"当属题中应有之意。[②] 然而真正的问题在于，美国宪法所要求的政治道德先天注定是不确定并且是有争议的。[③] 因此，凡是将道德原则作为宪法组成部分的任何政府都必须决定究竟是谁对这些有争议的政治道德原则的诠释具有最终决定权。在美国宪法体制中，联邦最高法院大法官对确定宪法所界定的政治道德

① 〔美〕德沃金：《自由的法：对美国宪法的道德解读》，刘丽君译，上海人民出版社 2001 年版，第 1 页。

② 同上书，第 2 页。

③ 美国最近几十年来有两股强劲的法理学派，即"现实主义法学派"和"批判法学派"，为了一种怀疑主义的理由来强调政治的作用。在他们看来，假如宪法依赖于政治道德，它就不能表明其"客观"真实性、有效性和强制性。所以宪法的内容不是界定在道德范围之内，而是在法官的口中和统治者的意志之中，法律推理是政治的，不具有确定性。

具有最终解释权和最高权威。正因为如此，那些对宪法的道德解读持异议的人认为，宪法的道德解读使联邦最高法院的大法官们拥有绝对的权利，从而可以随心所欲地将其道德观强加给大众。不仅如此，在那些人看来，道德解读更大的荒谬性在于它似乎混淆了法律和道德的截然区别，使法律沦为恰巧能左右法官的那些道德原则，并且令人憎恶地削弱了公众的至高无上的道德主体资格，要知道，宪法设计的最终目的就是为了捍卫公民的道德主体资格，使个人能够“自治”。因此，毫无疑问，由宪法所界定的政治道德问题，只有大众本身才有权利并有责任来决定，而道德解读却将此种决定权从公众中夺走，转手交给一小撮没经选举产生的、终身任职的所谓的“职业精英”——联邦最高法院的九位大法官。

德沃金认为，正是由于以上常识性苛责的广泛存在并似乎有理，导致了美国宪法上的困惑，也是导致美国主流派宪法实践和主流派宪法理论之间自相矛盾的根源所在：主流派宪法实践倚重于宪法的道德解读，而主流派宪法理论却全盘否定这种解读。① 这种混乱在美国宪法实践和政治生活中都付出了昂贵的代价。保守派的政治家们企图让公众信服：许多重大的宪法案件其实与政治道德原则无涉，只不过是涉及大法官们是修改宪法还是维持宪法这一简单问题。许多自由派人士也接受了“宪法的解释性”和“宪法的非解释性”的二分法，②认为宪法性争论必须涉及是解释宪法还是修改宪法这一同样的问题。德沃金指出，采用如上看法来对

① 〔美〕德沃金：《自由的法：对美国宪法的道德解读》，刘丽君译，上海人民出版社2001年版，第5页。

② 〔美〕约翰·哈特·伊利：《民主与不信任：关于司法检查的理论》，朱中一等译，法律出版社2003年版，第8页。

待有争议的宪法问题是极不确切的,也是引人误解的。理论上的争辩,从来就不是关于法官应该解释宪法还是修改宪法(几乎没有人真正想过修改宪法),而是关于究竟怎样解释宪法。[①] 因此批评者们对道德解读方法的批评不是代之以一种他们自认为更佳的方法,而是用一个不同的问题来取代争论的问题,这不是争论问题的正确方法,相反,倒是故意将问题搞浑的方法。在宪法问题上正确的路线是:人们究竟采用什么样的解读方法来确定那些抽象宪法条文的真正含义。

这样,人们就可以解释为什么美国大众很容易将法官们分成"自由派"和"保守派"两大阵营。事实上,"自由派"和"保守派"的划分不是根据对"是解释宪法还是修改宪法"这个问题的不同回答来划分的。换言之,对于法官们判决的不同模式的最好解释,就是从法官们对宪法条文所蕴涵的基本道德价值的不同理解出发的。政治上保守的法官们自然会用保守的观点来诠释抽象的宪法原则,而信奉自由派的法官们则必然会用自由的方式去解读宪法原则。因此,"就道德解读本身而言,它既不是自由派擅长的法宝,也不是保守派专用的策略"[②],而是自由派法官和保守派法官共享的解读方法。可见,对美国宪法的道德解读不具备任何革命性,而是宪法所界定的道德原则的内在本质要求。然而对于一个法官来说,公开接受道德解读说或承认道德解读是他的一种解释宪法的策略,这一点确实具有革命性。因为道德解读常常被贬为一种极端的观点,犹如前文提及的常识性苛责所论述的那样。另一个显

---

① 〔美〕德沃金:《自由的法:对美国宪法的道德解读》,刘丽君译,上海人民出版社2001年版,第5页。

② 同上书,第3页。

而易见的理由是：法律家们对道德哲学对法律的渗透很恐惧，特别是对谈论权利的哲学家们感到恐惧，这是可以理解的。因为那一概念的鬼怪的暗示威胁到了理性的墓园。但是，比法律家们记忆中的更好的哲学现在是存在的。[①] 由此可知，法律家们对道德解读的拒斥从某种角度讲是一种动物式的本能反应，严重一点说是一种心理障碍。可见，要解释为什么道德解读的作用与它的名声极不相称也就不是困难的事了。

道德解读

德沃金认为，美国许多宪法条文都是用极其抽象的道德语言写成的，特别是建立在所谓的权利法案基础上的保护个人和少数民族的宪法条文尤其如此。所以，“根据道德解读，这些条文必须从所用语言本身描述的本质来理解，它们涉及抽象的道德原则并以这些道德原则作为参照来限制政府的权力。”[②]不可否认，如何用正确的方式来阐述这些抽象的道德原则肯定存在着争议，因为不同的法官肯定会有不同的理解。同理，如何用正确的方式使人们对宪法中道德原则的作用与功效有清醒的认识，并帮助人们在更为具体的政治论争中适用这些原则，也同样存在着争议。为此，德沃金说道：“我喜欢用一种特殊的方式，即从最普遍可行的层面上来阐述宪法原则……我相信，这些在权利法案中可以确立的宪法原则从总体上讲，使美利坚合众国承担下列政治和法律的理想模式的义务：即政府必须在它管辖的范围内给

---

① 〔美〕德沃金：《认真对待权利》，信春鹰、吴玉章译，中国大百科全书出版社1998年版，第200页。

② 〔美〕德沃金：《自由的法：对美国宪法的道德解读》，刘丽君译，上海人民出版社2001年版，第8页。

予所有这些原则以同等的重视；而且它必须尊重个人权利是不可剥夺的，包括但不局限于像言论自由和宗教自由这些在宪法中所写明的个人自由。”①当然德沃金也承认其他赞同对宪法采用道德解读方法的法学家们可能会与他自己如上所述方法不同，他们可能会从更为宽广或更为狭窄的层面上来系统地阐述宪法中的那些道德原则。因此接下来的问题便是：人们应该对宪法中的道德原则选择哪种系统阐述的方法呢？换言之，哪种阐述方法是最佳方法，能否获得对宪法中道德原则的含义的“唯一正确之解”呢？

为获得宪法道德原则的“唯一正确之解”，德沃金以宪法第十四条修正案为例进行了论证。② 在德沃金看来，宪法第十四条修正案只是简单地描述了一个非常一般的原则，即平等的法律保护是宪法所要求的，但并没有提出对该原则的具体实施意见。于是乎，不同的人对该原则的具体实施会产生不同的意见，而且这些不同的具体实施意见（也就是对平等保护所作的不同理解）都可以被视做对一个早已获得普遍尊重的政治道德原则的解释。问题是，哪一种解释最能反映平等保护条款的真实含义呢？很显然，有些解释肯定是错误的，比如人们不能把某一议员本人或人们自己都未能认识的某些东西看做是“平等保护条款”的含义，进而又以这

① 〔美〕德沃金：《自由的法：对美国宪法的道德解读》，刘丽君译，上海人民出版社 2001 年版，第 9 页。

② 美国宪法第十四条修正案是于 1866 年 6 月 13 日提出、1868 年 7 月 9 日批准的一条修正案，具体包括五款内容。该修正案的历史功绩主要在于提出了对公民的保护问题，申明任何一州不得反对任何公民受到法律的平等保护，所以美国宪法学家均称该条修正案为“平等保护条款”。详细内容可参阅陆润康：《美国联邦宪法论》，（台湾）书海出版社 2003 年版，第 388 页。

种推定的“可能性”来解释这是当初制定者们奠定的一项一般性的宪法原则。因此，人们有必要在对政治道德原则进行解释时作出某种限定，以利于获得对宪法含义的真理性认识。但人们不禁又要追问，为获得对“平等保护条款”这一抽象原则的“唯一正确之解”，哪种或哪些“限定”是必需的，且是合理的？德沃金说：“在任何情形下，宪法解释必须考虑过去的法律和政治实践，也考虑什么是制宪者所想说的……对制宪者确立的平等法律保护条款的理解，唯一可信赖的解释是，制宪者确定了一种较为宽泛的范围和权力的原则，即政府必须给予每个人同样的地位和同样的重视。”①

德沃金专门论述了对宪法中道德原则进行道德解读时所涉及的两个重要的限制，这两个重要的限制明确地限制了道德解读给予法官们更多的回旋余地，也可以消除人们对法官拥有绝对权力的担忧，从而可以获得对宪法解释的正确之解。

首先，基于这样的“解读”方法，对宪法的解释必须以制宪者所说的作为依据。② 德沃金认为，人们对宪法原则的理解，与要对朋友或路人所说的某一事物作出判断一样，必须基于有关他们所说的特定信息和上下文环境来理解，在这里，历史背景是必不可少的。但是人们在反观历史时必须采用一种特定的方式，即人们转向历史是为了寻求何为制宪者当初想要说的，而不是去猜测他们还有什么其他意图隐藏在背后。换言之，人们对宪法原则的解读受制的是立法者所表达的原则的概念，即受制于他们所制定

① 〔美〕德沃金：《自由的法：对美国宪法的道德解读》，刘丽君译，上海人民出版社 2001 年版，第 11 页。

② 同上书，第 12 页。

的原则，而不是受制于有关立法者自己会如何理解这些原则的具体见解。一句话，对宪法原则的道德解读须以制宪者所说的为依据，绝不能将之理解为是一个重现制宪者制宪时的立法意图的问题。①

其次，也是同样重要的，对宪法原则的道德解读还受到宪法的整体性的制约。② 联邦最高法院的大法官们在对宪法中的道德原则进行阐述时无论如何都必然涉及阐释者自己的政治道德信念，但是要害之处在于他们不能仅用自己的政治道德信念来对宪法的原则作出诠释，他们也不可以将抽象的道德条款的诠释表述为任何特别的个人道德判断，不管这种判断是多么符合法官们自己的意志，要知道，对宪法原则的阐释过程化约来说是一个阐释者的信念与阐释对象（比如文本）之间的一种互动的活动。③ 联邦最高法院的法官们必须将自己当做其他法官的合作者，就像德沃金在《法律帝国》中所描述的写章回小说或系列小说的作家们一样，对宪法性道德原则作出一种前后连贯的系统解释，并且该解释必须能与其他法官已经作出的诠释圆融自洽。

可见，对宪法原则进行道德解读的法官们必须遵从宪法给予他们这一权力的特定含义以及人们对此已形成的普遍的、既定的理解。道德解读要求法官们对宪法的道德原则作出一个最恰当的"定义"，而这一最恰当的"定义"应该符合美国的历史背景和文化

① 参阅〔美〕德沃金：《法律帝国》，李常青译，中国大百科全书出版社 1996 年版，第 50—60 页，该书对阐释对象中作者的意图进行了分析。

② 对法律整体性的一般讨论，见〔美〕德沃金：《法律帝国》，李常青译，中国大百科全书出版社 1996 年版，第六、七章。

③ 该观点在本书第三章中已有详细论述，这里不再多言。

传统。① 于是，在德沃金看来，既然道德解读受到了历史背景和宪法整体性这两方面的制约，那就足以证明那些对道德解读方法大加讨伐的人是多么地虚张声势，更足以揭示麦考利(Macauley)之流说宪法是扯足的风帆而不是锚这一说法的错误性。

四、道德解读与民主制度

在德沃金看来，尽管今天的美国人民在对于宪法的理论性争论，即法官是否应该修改宪法，还是应该怎样解释宪法上已获得了普遍共识，但对美国宪法采取的道德解读法却一直有个挥之不去的“噩梦”缠绕着它。这个“噩梦”就是：一旦大法官们对美国宪法采取道德解读法，那么它必然或多或少地损害美国的民主。如果这个“噩梦”所暗示的内容是真实的，那美国社会和美国民众肯定难以接受对宪法的道德解读，同时也是美国宪法自身所不能容忍的。为摆脱这一“噩梦”在宪法释法上的纠缠，有些宪法学家提出了这样一个建议，即既承认道德解读是对美国宪法的最佳解释，承认权利法案应被理解为一套道德原则，同时又将宪法的解释权赋予人民。这样，美国就可以将道德解读与民主制度携起手来，如上所说的“噩梦”也就不存在。然而这一建议是不成立的，因为美国宪法的解释权通过马歇尔所确立的司法审查制度赋予了联邦最高法院，这已变成了美国宪法的一部分，也是任何具备起码常识的美国人民所能承认和接受的。于是在许多美国宪法人看来，摆在他们面前的现实做法只能是如何让民主作一些适当妥协以保护其他

① 〔美〕德沃金：《自由的法：对美国宪法的道德解读》，刘丽君译，上海人民出版社 2001 年版，第 13 页。

价值取向，包括个人权利。

德沃金断然否认如上看法，认为如上看法与旧观点同样令人费解，因为它们都基于这样一个假定：宪法强加于多数主义政治运作过程的这种“无行为能力”是反民主的（至少，假如这些无行为能力是由法官强加的话），而道德解读似乎加剧了这一谬误。① 为克服以上假定的虚幻性，他说道：“我会试图说服你们以一种完全不同的新方法来了解宪法性的争论。这个争论是：如何以正确的方式来理解什么是真正的民主，而不是讨论在何种程度上民主应向其他价值取向让步这样一类问题。”②德沃金认为，一旦人们对民主的本质有了真正的了解，对宪法的道德解读就不再是反民主的了，“噩梦”也将不复存在。

多数至上主义

民主制度是指人民当家做主，但这究竟指什么？在政治理论家之间或词典里对民主的概念没有一个明晰确定的含义；相反，人们对民主的真正含义却存在着深刻的分歧。德沃金反对一种他称之为多数至上主义的民主观。

多数至上主义民主观在实践中的最大特征就是采用多数人决定一切即赢者通吃的政治决策程序。此种决策程序关涉到政治运作是否公平的命题。按多数至上主义民主观，政治程序应被计成下述方式，即至少在重要事务上，最终所作出的决定是大多数或相对多数人的意向，或者说应该有充分的信息和足够的时间反映他

---

① 〔美〕德沃金：《自由的法：对美国宪法的道德解读》，刘丽君译，上海人民出版社2001年版，第18页。

② 同上。

们的意向。[①] 德沃金就此还分别谈及了英美两国多数至上主义民主观的状况。他说，在英国，多数至上主义民主观被认为承袭了这样一种特点，即一个社会应该遵守大多数人关于何为个人权利以及如何最佳尊重和保证这些个人权利的界定。在美国，即使大多数人仍然接受在某些情形下多数人的意愿不应占主导地位这一点，但总体而言，他们还是认可多数至上主义表述了民主的基本含义和民主的正当性。尽管美国人同意，当多数人的权力应被限制以保护个人权利时，大多数不应再是最后的法官，就如联邦最高法院所作的“布朗案”[②]判决那样。美国人所持的多数至上主义民主观虽然不排除“布朗案”这类例子，但只是将之视为一种道德代价而已。换言之，当一个政治上的多数不能为所欲为时，这总是不合理的。因此，多数至上主义民主观其“本质上是一个平等分配政治决策权的问题”[③]，而不是捍卫个人权利的民主观。

合宪性民主

为排斥多数至上主义民主观，德沃金提出一种他认为不同的、以更好的方法来表达民主的价值和要点的民主观，即“民主的合宪性概念”[④]。德沃金认为合宪性民主排斥多数至上主义民主观，它

---

① 〔美〕德沃金：《自由的法：对美国宪法的道德解读》，刘丽君译，上海人民出版社 2001 年版，第 19 页。

② “布朗案”是美国联邦最高法院于 1954 年作出的一个推翻大多数人意愿的经典判例。该案的全称为“布朗诉托皮卡教育管理委员会案”（Brown v. Board of Education of Topeka）。该案的判决打破了美国联邦最高法院以往本着“隔离但平等”原则所作出的一系列判例，被美国人称之为吹响了结束种族隔离制度的号角。另请参阅任东来、陈伟、白雪峰：《美国宪政历程：影响美国的 25 个司法大案》，中国法制出版社 2004 年版，第 206—228 页。

③ Ronald Dworkin, *A Matter of Principle*, Cambridge, Massachustts: Harvard University Press, 1985, p. 186.

④ 〔美〕德沃金：《自由的法：对美国宪法的道德解读》，刘丽君译，上海人民出版社 2001 年版，第 20 页。

否认集体决定总是或通常是大多数或相对多数公众赞成的观点，认为民主应该具备这样一个目标，即集体决定是由政治机构作出的，而这些政治机构的结构、组成和实践是将社会所有成员都视为一个个体，并予以同等的关注和尊重。简言之，民主的合宪性概念对多数至上主义政府持下列态度，即民主意味着政府受制于所有公民具有平等地位的这一条件（德沃金将这一条件称为“民主的”条件）。也就是说，当多数至上主义机构提供并尊重了这种民主条件时，那些机构所作的判决或决定就应该被每一个人所接受；反之，人们就可以不接受并予以推翻之。例如某个法律如果规定唯有某一个种族的成员能得到公共机构的位置，如果一个法庭享有有效的宪法给予的权力以违宪为由推翻这个法律，那就不存在有什么为多数至上主义所嘲笑或担心的道德代价或损失。

统计性民主与共同兼顾式民主

在德沃金看来，宪法性民主概念比多数至上主义民主概念更能揭示民主概念所隐含的深层次价值观念和本质特征。为说明这一点，德沃金专门分析了人民的含义。

民主是指人民的权力，指政府来自于人民，这里的人民不是某种虚构的实体，而是指人们的集体行动，比如说选举领导人时个人不能独断专行。然而，德沃金认为有两种集体行为必须加以区分：统计性的（statistical）和共同兼顾的（communal）行为。[①] 统计性的集体行为是指行为者之间没有共同的意思表示的行为，而只具有集合意义。比如股民们买卖股票导致股市涨跌的行为就是一种

---

① 〔美〕德沃金：《自由的法：对美国宪法的道德解读》，刘丽君译，上海人民出版社 2001 年版，第 24 页。

统计性的集体行为。事实上统计性的集体行为从某种意义上可以换算成个体行为，上面的例子可以这样来描述：各个股民个体的股票交易的联合性效果对股市的涨跌负有责任。“共同兼顾的”集体行为则指当集体行为不能被分解、换算成个体行为的某些统计性功能时，人们便将集体行为设定为一个特殊的、与众不同的集体性的代表机构的行为，即“共同兼顾”的行为，例如一个管弦乐队演奏一首交响乐的行为就是共同兼顾的集体行为。

统计意义上的集体行为和共同兼顾意义上的集体行为之间的区别可以对“民主即是政府来自人民”这一概念产生两种不同的理解。统计性集体行为理解的民主是：在一个民主制度中，政治决策要符合公民个体所组成的某种功能机构（如大多数或相对多数）的愿望。共同兼顾集体行为则认为：在民主制度中，政治决定由某一特别实体（如人民）作出，而不是由某个由个体组成的一部分人来决定。德沃金认为，在美国，毫无疑问人们对民主的统计性理解更为人所熟知，而对共同兼顾的民主这一概念则显得神秘莫测，甚至听起来像危险的极权主义。

道德解读即司法审查制度的正义论

在手中有了民主的四个概念和两组区分，即多数至上主义民主与合宪性民主、统计性民主与共同兼顾式民主之后，德沃金开始展开了宪法的道德解读与民主制度之关系的总回答。

多数至上主义者强调：当政治决策违背了公民大多数人认为正确的意愿时，那么就有某种道德重要性的东西失去了。究竟是什么东西失去了呢？可能的回答是认为损害了民主制度的三大目标——自由、平等和博爱。为此，德沃金一一进行了分析，并得出结论说，宪法的道德解读不但不会损害民主制度的三大目标，反而是对三大目标的一种坚决捍卫,而自称为捍卫民主制度的多数至上主义却恰恰损害了民主制度。

德沃金首先分析了多数至上主义对宪法道德解读的第一个责难:宪政有损于自由。多数至上主义认为,当联邦最高法院对宪法中抽象条款的道德理解限制了大多数的行为时,其结果是损害了集体自由。德沃金指出,多数至上主义的这一提法显然赞同以赛亚·伯林所作的"积极自由"(positive liberty)与"消极自由"(negative liberty)的区别,认为宪政在这点上保护了"消极自由",却以自我决定的"积极自由"为代价。然而,多数至上主义者的这一说法如要有意义,其对自由的抗辩如欲获得成功,则必定基于对"政府来自人民"的共同兼顾意义上的理解而非统计性理解,因为按统计性理解,个人对集体决策的控制在庞大的民主制度中可谓微乎其微,因而"人们不能认为宪法性限制会在多大程度上缩小这种个体力量,以至于引起人们基于该种理由来反对这种宪法性限制。相反,对多数人意愿的限制倒会扩大到任何一个特定的个人对自由的命运的控制"①。在共同兼顾式的民主概念中,人们对自由的争辩不是建立在政府与单个公民之间一对一的关系之上,而是政府与集合起来的全体公民之间的关系。至此,多数至上主义认为积极自由呈现的状态应该是人民统治他们的官员,而不是相反。因此,当大多数人的意愿受到限制而无法实现时,自由便受到损害。

德沃金指出,事实上,多数至上主义的上述抗辩是"以共同兼

① Ronald Dworkin, *Freedom's Law: the Moral Reading of the American Consititution*, Cambridge, Massachustts: Harvard University Press, 1996, p. 21. 另,"宪法性限制"就是指宪法中的用以限制大多数人的行为的一些条款和规定。

顾的理解为前提,但同时又背叛了它的真意"[①],其根本的原因在于错误地理解了共同兼顾式民主的本质,即错误地理解了"集体性自我管理"的概念。在德沃金看来,"集体性自我管理"在多数至上主义者这里已经变成了最危险的一种政治理想,它主张人民应该无条件地被他们中的一部分人——尽管是一大部分人——来统治,否则就损害了自由。换言之,在多数至上主义者眼中,当每个人接受大多数人的意愿来取代自己的意愿时,他是自由的;而当每个人屈从于少数非选举法官作出的判决时,他是不自由的。德沃金率直地指出,多数至上主义所理解的"集体性自我管理"其实只是一种多数人暴政的变种,其错误在于对个人与集体的关系作了不正确的理解。

从某种意义上来说,公民个人与作为集合概念的人民之间的关系非常类似于一个音乐家和其所属的乐队之间的关系。"这种关系能公正地对待个体并使个体对这种关系所产生的行为负起责任"[②]。换言之,多数至上主义如想获得正义论,必须先满足一个前提条件,即在这个政治社会中每个人都具备完全的道德主体资格。而前面提到的多数至上主义所主张的"集体性自我管理"并不能保证每个人都具备道德主体资格,即能达到每个人的自我管理。因此,"如果真正的民主制度就是'政府来自于人民',即从政治社会这一角度看那些能做到自我管理的人,那么,真正的民主制度是建立在这种道德主体资格基础上的一种民主。"[③]可见,多数至上

① Ronald Dworkin, *Freedom's Law: the Moral Reading of the American Consititution*, Cambridge, Massachustts: Harvard University Press, 1996, p. 20.

② Ibid., p. 23.

③ Ibid.

主义的政治决策只有先满足民主条件——确保政治社会中每个人具备道德主体资格——时才具有超越于其他集体决策程序的道德优势。然而遗憾的是,多数至上主义民主观的内在含义对这点是排斥的。因此,抛弃多数至上主义的民主观,积极自由并未受到任何损害。

相反,德沃金认为合宪性民主概念倒是以“民主条件为先决条件”[①],强调除非这些民主条件——指在一个政治社会中人们具有道德主体资格——得到满足,否则就不存在所谓的民主制度。至于何谓宪法概念上的民主制度的条件,即如何确保道德主体资格,德沃金将之归为两类:一类是结构性(structual)条件,即用这些结构性条件来描述一个被视做是纯粹的政治社会所必须具有的某些特征。[②] 由于本书第三章对结构性条件予以了说明,因此笔者只在此考察德沃金所提到的第二类条件,即相关性(relational)条件。[③]

按照相关性条件,德沃金认为:“一个政治社会应该给予每一个个体成员在集体决定权中享有自己那部分的自主权,而且此种自主权具有平等重要性和独立性,否则这个社会就没有将其个体成员视为具有道德成员资格的人。”[④]接着,德沃金又将相关性条

---

① Ronald Dworkin, *Freedom's Law: the Moral Reading of the American Consititution*, Cambridge, Massachustts: Harvard University Press, 1996, p. 23.

② 对于结构性条件,德沃金在《法律帝国》一书中予以了详细阐述,主要是认为政治社会应该具备公平、正义、正当法律程序和整体性四大美德,另参阅本书第三章的相关内容。

③ 〔美〕德沃金:《自由的法:对美国宪法的道德解读》,刘丽君译,上海人民出版社 2001 年版,第 31 页。

④ Ronald Dworkin, *Freedom's Law: the Moral Reading of the American Consititution*, Cambridge, Massachustts: Harvard University Press, 1996, p. 24.

件分解为三个不同的条件。首先,每个成员必须有机会在一个集体决定中发挥自己个人的作用,而不是排除在外,这种作用的力量及作用的重要性不能受到结构性条件的制约或受制于某些先决条件(如个人的价值、能力等)。其次,一个纯粹政治共有社会的运作过程必须体现出真正的对所有成员都平等对待的理念。所以,共同兼顾式民主概念为人们理解了这样的一个看法:当一个社会中的大多数人对少数人的需求加以蔑视,那这个社会便是不合法的,也是不公正的。最后,相关性条件的第三个因素是道德独立性。只有政治共有社会的成员们可以恰如其分地把自己看成是一个合资企业的合伙人,犹如交响乐队的成员那样,集体性自我管理才是合法的,才具有其本真的原初意义,也才能进一步扩大个体的自由。

因此,一个纯粹的政治共有社会必须是一个具有独立道德标准的社会。它不能强行规定公民对政治、道德或伦理的各种事务的判断;相反,它必须提供条件来鼓励他们通过自己的思考和最终是自己的判断来达到对这些事务的共识。①

多数至上主义对宪法的道德解读的第二个责难是:宪政有损平等。

德沃金指出,多数至上主义质疑的"平等"这一范畴显然是指政治上的平等,而不是其他形式的平等,尤其不是经济上的平等。然而究竟什么是政治上的平等,即政治上平等的含义和要求是什么?德沃金认为这是由人们头脑里关于对集体行为的两种不同解

① 〔美〕德沃金:《自由的法:对美国宪法的道德解读》,刘丽君译,上海人民出版社2001年版,第33—34页。

读来决定的。按集体政治性行为的统计性概念，政治平等是指每一个公民的政治上的平等，而这又是什么意思呢？德沃金认为，如果将公民政治平等界定为一种政治权力平等，那么人们还无法把握“政治平等”这一概念，因为“权力”这一概念还有待界定。为此他假定将权力先后分别理解为一种“作用”(impact)和一种“影响力”(influence)，并否定了它们。[①] 显然，在美国代议制度中，每个人的政治作用是不同的，罗斯·佩罗特(Ross Perat)[②]尽管与德沃金都只有一张选票，但他能买下大量的电视播出时间来说服其他人接受他的主张，而德沃金则望尘莫及。同样，影响力的平等概念也缺乏吸引力，因为能言善辩的人比嘴拙的人无疑具有更大的影响力。因此，多数至上主义认为政治平等需要妥协和让步，需要道德解读与民主制度之间平衡。德沃金强调，在集体性行为的统计性模式中，政治平等不能被定义为权力(power)，而要被定义为一种状态(status)。[③] 此种状态只要具备了前面所要求的四个结构性条件和三个相关性条件，那么人们就真正达致了政治上的平等，这也是为什么政治官员的特殊权力不会损害真正的政治平等的原因。同样，在另一种与之平行的制度设计中，即司法审查制度中，给予法官具有作出合宪裁决的权威，也不存在任何的不平等。

德沃金进而指出，如果从集体行为的共同兼顾意义上来理解政治平等，那么对多数至上主义的责难就有更充分的驳斥理

---

① 〔美〕德沃金：《至上的美德：平等的理论与实践》，冯克利译，江苏人民出版社2003年版，第四章“政治平等”。

② 罗斯·佩罗特(Rose Perat)：美国得克萨斯州巨富，曾自己出资组织第三党参加1992年美国总统选举，因而闻名于世。

③ 〔美〕德沃金：《自由的法：对美国宪法的道德解读》，刘丽君译，上海人民出版社2001年版，第36页。

由。共同兼顾解释的基本观点是赋予每个公民以独立的道德主体资格,是人民控制他们的官员而不是相反。合宪性民主不是损害了平等,反而是促进了平等。因为平等与自由是同一理念的不同侧重点,而不是常常所说的相互排斥。这样,前文论述的宪政不但不损于自由,反而有助于促进自由的观点同样适用于平等概念。

多数至上主义对宪法的道德解读发起的第三个责难是:宪政不利于共有社会(或博爱)。

多数至上主义者认为:“由于道德解读将最基本的政治决策交给了一个法律精英阶层,这就削弱和欺骗了公众的社会意识或应有的共同风险意识。”[①]然而,在德沃金看来,回答多数至上主义者提出的如上责难,首先在于如何理解这里的“共有社会”,究竟是情感上的、实践上的、政治上的还是理想上的呢?毫无疑问,多数至上主义者所意指的“共有社会”是从政治这一层面来讲的,认为宪政有损于政治意义上的“共有社会”。德沃金进而指出,多数至上主义者就此问题对宪法的道德解读的责难如欲成立,则其必须包含着这样的一个逻辑前提,即如果这些问题最终是由立法机构而不是由法院来决定,那对宪法公正性的大众讨论将会更有质量,而且会吸引更多的民众以社团主义者喜欢的协商方式来参与讨论。[②] 然而多数至上主义所包含的这一逻辑前提是不精确的。实际情形是,在美国政治生活中,一个公民对一个司法判断之前或之后的一般性公开辩论的参与,要比仅仅是对一项立法的投票,甚至

---

① 〔美〕德沃金:《自由的法:对美国宪法的道德解读》,刘丽君译,上海人民出版社2001年版,第37页。

② 同上书,第38—39页。

是政治争议中所谓的公民投票权更有价值。况且在一般情形下，当最终判决交由法院而不是由日常政治活动来决定时，个体公民就会更好地履行自己的道德责任。因为法院判决是基于一些基本原则，而不是基于量的多少或政治影响的平衡。与之相反，多数至上主义强调的是妥协，而这种妥协会使政治社会中必不可少的具有本质重要性的原则问题被迫降至次要地位。因此，宪政不仅无损共同社会，而且促进了共同社会的目标。然而须申明的是，不管是在读者看来，还是就德沃金本身而言，后者对多数至上主义者的第三个责难的回应是不充分的。这点德沃金也公开承认，他说道："我认为司法审查会对（政治社会中的）某些问题提供一种更好的共和制式的讨论，或许这仅仅是一种可能性。"①尽管如此，宪政与多数至上主义相比，对真正的民主概念的辩护无疑具有巨大的优势。

通过对多数至上主义对宪政的三个责难的回应，德沃金总结道：在一个运作良好的民主体制中（如美国），宪法中设立的民主条件如能满足司法实践的需要，此时准许中央和地方的立法者拥有行使宪法所赋予的权力就不存在某种不公正性。相反，"任何一般性的宪法性改变，如果让一小撮未经选举的专家具有推翻或取代立法决定的权力，其结果必将导致民主的毁灭……可是，当问题以另一种方式提出时，即某种规划、规定或政策本身是否损害或削弱了社会的民主特征时，其性质迥然不同。宪法规定把这个问题交给法院来裁决。"②由此可见，认为立法的司法审查是非民主的，道

① 〔美〕德沃金：《自由的法：对美国宪法的道德解读》，刘丽君译，上海人民出版社 2001 年版，第 40 页。

② Ronald Dworkin, *Freedom's Law: the Moral Reading of the American Consititution*, Cambridge, Massachustts: Harvard University Press, 1996, p. 32.

德解读更加剧了对民主的伤害这一观点是错误的。其错误的根源在于没有认识到宪法的道德解读解决的是民主的先决条件问题(即确保公民具有道德主体资格),而此一先决条件又是民主的真正本质之所在。

最后,在即将转入德沃金对美国宪政历程中的经典范例的道德解读分析前,有必要在此再简单概括一下他的宪法道德解读观。德沃金认为,宪法观与政治信仰紧密相连,不存在采用政治上中立的策略来诠释宪法的问题。道德解读就要求法官根据政治道德的要求作出判决,因为一种宪法理论无疑反映着一种道德立场,如果不是这样,那是十分令人怀疑和奇怪的,只有形式法律实证主义才会坚持如此孤立而相反的观点。所以,德沃金承认自己的宪法观是对"美国宪法的一种自由主义的见解"。

第二节 罗伊判例——一个正范例的展示

堕胎这一论题几十年来在美国一直占据着宪法讨论的主要地位,连上世纪50年代至60年代民权运动下所导致的重大公民权利案件都不曾如此引人注目。从一定意义上来说,美国近几十年来宪法法理与堕胎论题是紧紧相缠在一起的,因而对堕胎论题的解读本质上属于对整个美国宪法的解读。换言之,在今日的美国,人们拥有的不同的堕胎观就意味着拥有的不同的宪法观。职是之故,德沃金为展示其对罗伊判例的道德解读,专门在《自由的法:对美国宪法的道德解读》一书中花了罕见的四章予以专门讨论,以揭示美国宪法实质上是一道德法典、人权法典。

一、罗伊判例之始末

在美国历史的早期，堕胎并不是问题，特别是中止早期妊娠相当常见，没有禁止一说。但是自19世纪以降，美国开始出现用立法制止堕胎的现象，其动力不是来自通常认为的宗教界，而是来自医学界！医学界为什么这么做，原因至今不明，有的说是医生想防止不断增长的堕胎游医的竞争，有的说是为了规范行医者。

1969年，美国得克萨斯州21岁的女招待诺尔马·麦科维不慎怀孕。她薪水微薄且居无定所，根本不想也无力扶养孩子。但得州有项法律禁止堕胎，该法律规定：除非为了保护母亲的生命，任何人不得堕胎或协助他人堕胎。慑于法律之规定，没有一位医生愿意为她实施堕胎手术。

走投无路之下，她求助律师帮忙，而此时正值美国民权运动风起云涌之际，一些女权主义组织正在为妇女的堕胎权而苦苦斗争，并视之为一项主要任务来对待，因此她们一直在寻找一个合适的案子，告到联邦最高法院，使之成为宣布禁止堕胎法违反妇女宪法权利的典型案件(test case)①。诺尔马·麦科维的情形恰好满足了女权主义组织的要求，于是双方商定，女权主义律师帮助其打官司，争取堕胎，而麦科维则同意起诉禁止堕胎法，以推翻这条法律。为安全起见，麦科维化名为“简·罗伊”(Jane Roe)，在1970年3月3日将其所在县的检察长亨利·韦德告上了法庭，指控得州的堕胎禁令侵犯了她的“个人隐私权”，要求联邦法院宣布该法违宪，

---

① 在美国，test case又称之为标准案件。特殊情况下是个人，但一般情况下是某一利益团体或组织，为了捍卫自己的利益而挑战某一或某些法律的合宪性或者他们不喜欢的法律而提起诉讼的案件。

并下令禁止韦德继续执行该法。

但是，在6000多字的美国联邦宪法中，根本就没有提及公民的"隐私权"问题，那么，为何麦科维和她的律师还要以此作为诉讼依据呢？原来，在此之前的有一个一致公认为正确的发生在康涅狄格州的"格里斯沃尔德案"。该案中联邦最高法院首次提出了"隐私权"的概念，并认为，虽然"隐私权"一词并未出现在联邦宪法当中，但事实上却存在着一条公众权利相互交织的"阴影地带"，它成为"隐私权存在的领域"，因此，"隐私权"应视为公众不可剥夺的宪法权利，非经"正当法律程序"，州政府不得侵犯。根据这一推理，自由节育权是公民"隐私权"不可分割的组成部分，政府无权干涉，因此，康涅狄格州禁止避孕的法律违宪。得克萨斯州联邦地区法院的三位法官依据"格里斯沃尔德案"中的推论，作出了支持原告的判决，但由于担心引起更大的社会波动，又拒绝颁布禁止政府继续执行该法的法院禁令。为此原被告双方均不满意，于是上诉至联邦最高法院。经过两年半之久的审理，联邦最高法院于1973年1月22日宣布了由布莱克门大法官起草的判决书，主要内容如下：

首先，法院应当保护正在承受肉体和精神折磨的那些不愿生育的怀孕妇女，而不是法律地位不清的胎儿。

其次，自由堕胎权是隐私权的重要组成部分，除非涉及特别重大的社会公共利益，否则，州政府不得随意加以干涉。

最后，法院将妇女的孕期分为三个阶段，确定了孕妇和州政府各自拥有的权利。在怀孕最初三个月，妇女有充分的堕胎权，因为胎儿尚未成形；在怀孕的中间三个月，州政府虽可对堕胎作一定的管理，但仅限于规范堕胎的程序，以切实保护孕妇的身体健康，而堕胎决定权依然属于孕妇；只有在怀孕的最后三个月，由于胎儿已基本发育成熟，有了“生存能力”，且此时堕胎会给孕妇带来很大的风险，此时州政府禁止堕胎才拥有逻辑上的和生物学上的合理性。

自联邦最高法院作出了如上判决以来，在美国引起轩然大波，举国上下均在讨论堕胎问题，从某种意义上来说，美国社会在堕胎问题上陷入了某种“分裂”状态，“赞成派”和“反对派”之间聚讼不止，斗争不止，且呈现出战斗尚未有穷期的态势。①

二、罗伊判例的“危机”

德沃金对堕胎问题的关注始于上个世纪80年代保守的共和党执政时期所导致的罗伊判例出现动摇和危机的时刻，特别是体现在密苏里州和老布什政府都要求联邦最高法院在“韦伯斯特诉生育服务部案”(Webster v. Reproduoctive Health Servies)的审理中推翻罗伊判例。事情起因是密苏里州颁布了一项州法，该法的目的在于禁止堕胎，与罗伊判例分庭抗礼。该法律规定人类生命始于受孕之时，它要求医生在堕胎前让孕妇进行昂贵的、常常是毫不相关的、有时甚至是危险的试验，以作为帮助医生判断胎儿是否能生长发育的一部分依据；同时，这项法律还禁止在政府拥有、出租或控制的地产上的医院或医疗设施中进行堕胎手术。下级联邦法院按照罗伊先例判定这些条款违宪，于是州政府上诉到联邦最高法院，请求判定州法合宪。该案引发了赞成派和保守派之间激烈的论争和声势浩大的游行示威活动。

自由主义大师德沃金立场鲜明地站在了“赞成派”一边，并展

---

① 特此说明：以上对罗伊判例的介绍材料出自任东来、陈伟、白雪峰：《美国宪政历程：影响美国的25个司法大案》，中国法制出版社2004年版，第311—321页。

开了如下的理论捍卫和辩护。

他指出："对罗伊诉韦德案辩论的中心不是关于人格这么一个形而上学的问题，也不是一个关于胚胎是否有灵魂的神学问题，而是一个如何正确理解宪法的问题。"①人们知道，在美国的政治体制中，如何解释宪法这样的法律问题，必须由联邦最高法院通过司法途径来解决，而不是通过政治途径来解决，这是宪政所作出的安排。因此，胚胎从受孕之时起是否是人的问题应该界定为一个关于胚胎是否是宪法意义上的人的法律问题；否则，人们之间的争论对于司法审判不能提供任何智识上的帮助。换言之，胚胎和其他人是否具有同等的宪法地位，其权利和利益是否能同样获得宪法的保护？可见，胚胎是否是人的问题不是形而上学问题，也不是神学问题，而是司法机关面对的法律问题。

因此，联邦最高法院在审理堕胎案件中将不可避免地要对胚胎是否属于宪法意义上的"人"这个法律问题作出回答，否则，围绕堕胎问题的讨论将丧失任何意义。在德沃金看来，如果胚胎不是"宪法人"，法院就不能在妊娠期开始后引证胚胎生存权的正义论来否定人们的生育自主权。反之，如果胚胎是宪法意义上的人，那么罗伊判例就是一个彻头彻尾的错案，因为根据美国宪法第十四条修正案之规定，任何美国公民都具有"法律平等保护权"，如果胚胎是"宪法人"，那么其合法权益自然可以对抗孕妇的生育自主权。这样，州政府不但有权利而且更有义务采取措施以禁止堕胎，否则便是违宪。

---

①　〔美〕德沃金：《自由的法：对美国宪法的道德解读》，刘丽君译，上海人民出版社2001年版，第61页。

毫无疑问，即使那些敦促联邦最高法院将堕胎决定权留给州来决定的人实际上也承认胚胎并非宪法意义上的人，这是对美国宪法的正确解释，因为否定胚胎是宪法意义上的人这一原则比肯定这一原则更符合美国法律的其他部分。因此，将胚胎界定为宪法人，并认为胚胎对其生存权的取舍可超越妊娠妇女的宪法权(即在妊娠早期可选择堕胎的权利)，这一点是不能接受的。德沃金进而论述道，以往的一系列涉及绝育、婚姻、避孕等案件中，联邦最高法院都认定了这样一种普遍的权利，那就是，公民可以自由决定由婚姻和生育引发的伦理及私人的各种事宜。大法官布莱克门在罗伊判例意见书中引用的那些后来被称之为“隐私权”判决的先例决定了以上提及的普遍权利可以而且应该适用于堕胎案，绝不像密苏里州和老布什政府所主张的那样，可以在维持那些保护“隐私权”的先例(包括避孕先例)的同时，推翻罗伊判例，犹如反对派发言人弗里德所说的：“抛弃罗伊判决就像从织布中剔出单独的一根线，而不会影响到其他的线。”另外，从医学上来看，也不可能将堕胎案与避孕案区别开来，因为避孕药和堕胎药本质上均是摧毁受精卵。因此，如果联邦最高法院认定堕胎为非法，那么它同样也应认定避孕为非法。这实际上意味着要推翻即使连“反对派”也认为正确的格里斯沃尔德等案的判决。这一“推翻”无疑既不符合美国宪法之规定，也不符合美国司法的实践。退一步讲，即使避孕和堕胎在医学上属两个不同的概念，只要胚胎不是“宪法人”这一前提成立，它们两者在原则上还是具有同一性。因为以前联邦最高法院那些关涉“隐私权”的判决之所以合法公正，就在于认为人们必须被允许根据自己的良心来决定涉及婚姻及生育中的那些具有重要性、隐私性和私人性的问题，这也是对人们道德主体资格的充分尊重的体现。从这种意义上讲，堕胎权与其他为法院所保护的隐私权一样，是一种私人决定，它在很多方面甚至更为隐秘，因为这种决定不仅涉及妇女如何控制与其他人的联系，而且关涉对自己躯体的使用。为否定将避孕与堕胎区分开来这种做法，德沃金引用了在"艾森斯塔诉贝尔德案"(Eisenstadt v. Baird)中布伦南大法官①针对以往隐私权案件所说的一句话："如果隐私权真意味着什么的话，那它就是指每个个体的权利(不论已婚或是未婚者)，即人们有权摆脱政府对人们繁衍下一代这个基本事务决定权的干涉。"②

从上述论证中德沃金推出了这样一个论断：联邦最高法院的先例奠定了人们有权控制自己在生育中的地位这一宪法权利，而且，如果胚胎不是"宪法人"的话，那胚胎的母亲所享有的这一宪法权利便能自然地延伸到堕胎。为捍卫这个结论，德沃金特地考量了反对派的如下反对意见。他们认为堕胎权是"法官制造"的权利，它在美国宪法的语言和设计中找不到司法依据，堕胎这一主题，宪法对其保持沉默。然而在德沃金看来，如上抗议回避了问题的关键，是实证主义法学的极端体现，他们误用了法律的部分性概念以代替整体性概念，是一种对美国宪法的错误解释。正确的方法是：法官应该设法确立隐藏在作为一个整体的宪法之中的、同时也隐藏在以往适用宪法抽象语言所作出的司法判决中的原则。然

① 布伦南(William Joseph Brennan)：自1956年任美国联邦最高法院大法官，被公认为自由派大法官，人权法案的坚定捍卫者，强调司法独立的重要性，为德沃金所推崇。

② 〔美〕德沃金：《自由的法：对美国宪法的道德解读》，刘丽君译，上海人民出版社2001年版，第68页。

后法官再将这些原则适用于新的法律纠纷中，从而使法律稳定地保持其一致性。[1] 如此一来，对某一团体的权利或某一特定的权利所适用的原则的内涵便得以随着法律实践之流而自然伸展，以致可同等地适用于每一个其他人。罗伊判例正是本着这样的司法精神将以往隐私权判例中的原则适用于堕胎案，而这些隐私权案件在当时也是以类似的方式为自己辩护的。因此，德沃金认为，反对派的主张如欲获得捍卫，则必须回答这样一个问题，即为什么蕴涵在"隐私权"案件中的"法定自由"[2]的原则不是美国宪法的一部分。显然，反对派的主张毫无说服力，因为"法定自由"的概念和原则已公认为是美国宪法血液中的一部分。

当然，德沃金也承认，罗伊判例在确立了联邦妇女原则上有权利决定自己在生育上自主权地位的同时，也赞同各州政府具有保护"潜在生命"的合法利益，特别是在妊娠后期，州政府的此种利益变成了一种"不可抗拒的利益"，从而可以用此种利益抗衡妇女的生育自主权。然而，令人遗憾的是，在罗伊判例的判决书中，联邦最高法院没能令人满意地解释州政府所具有的"那一利益"是怎样的一种利益，或者说，为什么只有在胚胎发育成胎儿之后，州政府保护"那一利益"就变得更为重要和合法。正是联邦最高法院所造成的该种不确定性，为罗伊判例出现"危机"提供了可能性。

---

① 〔美〕德沃金：《自由的法：对美国宪法的道德解读》，刘丽君译，上海人民出版社 2001 年版，第 70—71 页。

② 德沃金认为，法律既包含规则，又包含原则，涉及绝育、家庭、避孕和堕胎等隐私权的以往案例都是对美国自 20 世纪初以来一直遵守的"法定自由"原则的认定和执行。而这一原则又是任何一个真正能保证个人自由和尊严的讲原则的社会所必须承认的原则。换言之，堕胎权在这一原则上找到了支撑点，同时亦在比较相关的保护隐私权的先例中找到了依据。

三、何为州政府的合法利益

为克服罗伊判例的“危机”，德沃金着重分析了罗伊判例中所确立的州政府的合法利益的本质内容。

德沃金首先打发掉了两种明显的对州政府的合法利益的错误解释。一种是认为州政府的合法利益在堕胎案件中表现为增加出生率；另一种意见认为那个潜在的生命体是宪法意义上的“人”。接着，德沃金认为，真正有力量的说法是：“虽然胚胎不是宪法人，但是，在我们文化中，它是一个具有相当大的道德和情感重要性的实体，州政府可以认可并保护这种重要性，甚至可用不惜侵犯妇女有权使用自己身体这一根本宪法权利的办法来保护这种重要性……在一个政治社会里，如果堕胎已变成了不足为奇、与伦理不相关的事情，就像做一个阑尾切除手术一样，那么，这个社会将是一个更为冷酷无情、麻木不仁的社会，还可能是一个更危险的社会。”①因此，州政府具有罗伊判例所认定的使母体外可存活的胚胎免遭堕胎的“不可抗拒”的利益，所以准许州政府采用正当的法律规定保证已发育的胚胎不致因疏忽而遭堕胎。可见，问题的关键之处在于如何理解州政府具有保护胚胎的生命中的合法利益。

德沃金指出，许多人所持有的观点的前提条件是“极度模棱两可的，混沌不清的，因为州政府可能具有两种完全不同的目标或目的，每一种都可被描述成旨在保护人类生命。在围绕堕胎所展开的法律和道德的争辩中，这种困扰的相当大部分所产生的结果是

① 〔美〕德沃金：《自由的法：对美国宪法的道德解读》，刘丽君译，上海人民出版社 2001 年版，第 73 页。

完全忽视这种模糊性"①。政府的目标之一可能是：它有责任保护其公民的权利和利益，且对绝大多数人来说，这些权利和利益的首要之点就是保证生命安全和不被谋杀这一权利。德沃金称这种权利为一种间接理由，是一种派生的(derivative)权利，因为它已经预先假设公民享有这种权利(不被谋杀的权利)，且此种权利渊源于个人权利和利益。另一目标是：政府的责任不仅在于保护公民的利益和权利，而且保护一种作为客观的或真实存在的人类生命，这是一种生命本身的价值，是与此生命所依附的人的价值相分离的价值。德沃金将之称为一种非联带(detached)的责任，它是独立的，不是从特定的人的权利和利益中派生出来的。

德沃金认为，如果政府具有非联带的责任来保护生命的具有本质重要性的客观价值，那么它制定的相关法律肯定既服务于其派生的责任，又服务于非联带的责任，即它同时要保护特定人的利益、权利和人类生命的本质性价值。然而这种假设存在着不可克服的内在的困境，例如，当一个人企图自尽以结束其痛苦的生命或人生时，政府与法律所追求的两大目标之间必然存在冲突。从特定人的权利和利益的角度看，自杀符合其利益和权利，"赖活不如好死"，但从人类生命具有本质性价值来看，那么政府有权制定禁止人们结束他们生命的法律，以达致"好死不如赖活"的价值企求。由上述两种责任的划分可以确认，一个主张禁止堕胎以保护生命的州(如密西西里州那样)从理论上讲可以提出两种不同的理由：一种是派生的，另一种是非联带的。因此，州政府的反堕胎立法的

① 〔美〕德沃金：《自由的法：对美国宪法的道德解读》，刘丽君译，上海人民出版社2001年版，第118页。

合理化取决于德沃金所描述的派生责任或非联带责任两者之一的理由。

对于州政府主张的派生的责任，德沃金认为其极易被击倒，因为胚胎从极限性上来说，不是宪法意义上的人，这是联邦最高法院以及反对派只能作出的唯一回答，否则州不仅可以禁止堕胎，而且有义务禁止堕胎。可见，州政府使禁止堕胎立法合法化的派生责任理由是错误的，因为该种说法事实上是假定了“州可以通过将新的人添入到宪法人口里的方法来剥夺其他人的宪法权利”①，而这是违宪的。

德沃金接着考察了另一个理由，即认为胚胎本身具有本质性的客观价值，政府有责任保护该价值。该种观点辩称，即使胚胎不是宪法意义上的人，而且州也没有权力创造一种这样的“宪法人”，但州政府可立法保护一个胚胎的利益，就如同可以立法保护狗的利益一样。德沃金指出，州政府可以保护非人类的利益，如狗的利益等，但不可以诉之这样的利益来削弱人的重要的宪法权利，从而使州政府的行为合法化。简言之，在笔者看来可以化约为这样的一个基本问题，即保护狗的利益与宪法保护的人的权利之间不存在权利之间博弈的问题，而反对堕胎的立法则会带来所谓胚胎的利益(假定存在的话)和人的权利之间不合宪的博弈问题。况且德沃金认为，一个胚胎在罗伊判例所确定的三分制的第三个阶段之前是没有利益的，“除非某物具有或有过某种形式的主观意识，这种意识包括心智的以及有形的生命。”②

① 〔美〕德沃金：《自由的法：对美国宪法的道德解读》，刘丽君译，上海人民出版社2001年版，第123页。

② 同上书，第126页。

因此,政府在堕胎问题上的合法关注应限于州政府具有保护胚胎母体外存活性这一合法利益上,而不是纠缠于州政府具有"保护人类生命"的某种利益的令人迷惑不解的问题上。

四、堕胎问题的本质

就某种程度而言,由罗伊判例开启的在全美范围内开展的关于堕胎问题的持久争论一直以来是在如下特定意义上进行的:一个社会在保护生命的神圣性中,也就是说,社会在关于任何形式的人类生命具有巨大的本质性价值这样一种意识中具有一种利益,这种利益要求它的成员在作出个人决定时必须认识到那种本质性价值。但是,德沃金指出,如上陈述是模棱两可的。为指出该种政府负有非联带责任的实质,德沃金分析了在此之下的两个子目标,他认为它可能描述了两个目标中的任何一个,而两者之间的差异是极其重要的。第一种目标是履行责任,一个州可能把目标定为:它的公民将堕胎决定作为具有道德重要性的事务来处理,公民要意识到他们的决定会危及根本性的本质价值,因此,他们不应根据眼前的便利来作判断,而要经过信仰的检验来作判断。第二种目标是服从规范,一个州可以把目标定为:其所有公民要遵守多数人信奉的、对生命神圣性的存在和尊敬的规定和实践,他们只能在特殊情况下,即多数人认为堕胎是合适的或至少是许可的情况下才选择堕胎。[1] 如果政府将其目标定在"履行责任"上,那人们能最后自由地根据自身认为是正确的观点来决定是否选择堕胎,这也

---

① 〔美〕德沃金:《自由的法:对美国宪法的道德解读》,刘丽君译,上海人民出版社2001年版,第132页。

是道德主体资格所应包含的内容。反之,如将政府的目标定位于“服从规范”,那就是否定了公民的道德主体资格。可见,罗伊判决和围绕堕胎问题所争辩的政府具有保护生命本质性价值的责任的症结问题实际上是关于“服从”的问题。即政府什么时候可以、什么时候又不可以适用适当的方式强迫人们服从它的决定,以保护多数人所认可的价值。

毫无疑问,德沃金认为,在堕胎问题上,政府关于生命具有本质重要性的判断只能定位于“履行责任”上,而不能是“服从责任”上。原因有三:首先,堕胎对于孕妇而言具有至关重要的利益。如果孕妇对自己的身体丧失自主权,那将是一种局部的奴役,是一种对自由的剥夺。其次,涉及堕胎的问题在美国文化中是一个具有深刻分歧的问题,是个需有赖于个人选择以决定自己对人类生命所包含的意义及其所要求的内涵的问题,并以之来行事,而不是通过颁布强行性命令或法令来解决的问题。最后,对堕胎的态度说到底系于对“人类生命如何具有以及为什么具有本质的重要性”这一信念之上,此一信念比人们的其他信念更为基本,它决定着人们对应该如何生活所作的每一个重要抉择。对生命的信念对于人生来说具有本源性的意义和作用,为此,德沃金将之描绘成“基本的宗教信念”①。此种信念的形成和培育在美国宪法中是规定由公民自主选择的,而不是政府强制的。为说明这一点,德沃金说道:“一个州在下列情况下不可为保护一种本质价值而剥夺人们的自由:(1)当州所禁止的人们的自我决定是那些关于基本宗教观点的

① 〔美〕德沃金:《自由的法:对美国宪法的道德解读》,刘丽君译,上海人民出版社 2001 年版,第 139 页。

私人笃信时;(2)当社会对所讨论的价值的最佳理解有分歧时;(3)当社会决定对一个被迫放弃自己的抉择的人具有重大而又完全不同的影响时。”①

德沃金告诫,人们必须以传统的方式来理解有关堕胎的宪法争论,它不是一个关于胎儿是否是人的争论,而是政府是否应该或在多大程度上可以强制推行那种官方所认为对人类生命神圣性正确理解的见解。② 而从“隐私权”原则中展示出的一种宪法权利——生育自主权——否定了政府享有上述权利。因为美国政治文化的基调是对个人尊严的信仰,它将其公民视为独立的道德主体。人们有权利根据自己的良心和信仰对涉及人生意义和价值的这个最根本的问题作出不同的回答,这也是美国宪政体系最根本的前提——政府必须是共和制的而不是独裁制的——对人类尊严的承诺。

综上所述,堕胎问题的最终本质在于如何形成人们的道德信念,是“强制”还是“选择”,是自由还是不自由。因为“自由的中心是人们对生命的存在、生命意义、宇宙万物以及人类生命的神秘性等概念作出自我界定的权利”③。如果政府在有关伦理和宗教的根本性观点形成一种官方的、集体性的信念,并将之强加于妇女,

---

① 〔美〕德沃金:《自由的法:对美国宪法的道德解读》,刘丽君译,上海人民出版社 2001 年版,第 140—141 页。

② 〔美〕德沃金等:《认真对待人权》,朱伟一等译,广西师范大学出版社 2003 年版,第 74 页。

③ 这是美国 1992 年 6 月 29 日的又一个堕胎判决,即“东南宾夕法尼亚州诉凯西案”(Planned Parenthood of Sotheastern Pennsylvania et. al. v. Casey)中三位支持堕胎的奥康纳、肯尼迪和苏特大法官在判决中所提出的核心观点,不但使罗伊判例得以维护,而且还巩固了罗伊判例的基础。参阅〔美〕德沃金:《自由的法:对美国宪法的道德解读》,刘丽君译,上海人民出版社 2001 年版,第 169—179 页。

强迫她们为一种自己所不相信的关于生命价值或意义的形而上学信仰而忍受煎熬，那将是彻底错误的，也是对美国宪法的错误解读。

第六章　德沃金之后

第一节　林立、波斯纳对德沃金法伦理思想的回应和挑战

德沃金作为享誉全球的复兴自然法大师、新自由主义者，与罗尔斯比肩齐名的政治哲学家、道德哲学家，其学说宏大精深、涉足广泛，且多有创新。因此，在赢得了国内外同仁的广泛赞誉和首肯的同时，必然也会招致各种批评和责难，这已然是学术界之通例，不足为怪。如何用“第三只眼睛”的借镜作用来检视德沃金的法伦理思想，对于人们进一步领会和把握其思想之真谛具有相当的重要性。林立和波斯纳先生对德沃金的法律正义论理论进行了分析和探讨，并提出了自己的批评。

一、林立对德沃金“封闭完美的法律体系”之批判

德沃金法哲学思想研究专家、台湾淡江大学的林立先生对德沃金法律理论的回应和挑战主要局限于“其法律解释学，也就是他所称之为‘作为完整性的法律’(law as integrity)或者‘建构性的解释’(constructive interpretation)的这种法学方法论或法律解释

策略之内涵，以及其所引发的争议”①。然而就如林立先生所判断的，德沃金的法律解释学和其他的法学方法论一样，最终都不免碰触到哲学性的问题，如伦理价值的最终奠基的难题。因此，就德沃金对此难题的回答，林立先生也作了更深层次的反省和批判。

无漏洞的权利保障之理想

林立认为：“Dworkin 之所以引人瞩目，乃是因为他再一次尝试建立一个自亘古以来，不分法系、无数法律人永不死灭、也不愿意放弃的美梦，就是让法律成为一个‘封闭完美（无漏洞）的体系’，藉此，在排除掉法官个人武断、造法之空间的情况下，法的安定性及民权可以得到完美的保障。”②因此，如果人们能够把握住以上德沃金治学、建构其学说体系这一根本出发点，对于理解德沃金究竟欲说什么、在说什么就不会不得其要旨。

德沃金认为人民之所以愿意遵守法律、步入法庭解决问题的根本理由有二：一是人们认为法官会依法捍卫其被侵害的权利，使之得以恢复或赔偿；二是不允许法官造法，如若不然，就意味着人们的行为将由他行为时根本未存的法律来作决断，这显然不公平、不合法。可见，就德沃金而言，法官造法是对民权的最大侵害。林立为此指出：“但若是要求法官在一切案件中都依法审判、绝对禁止造法和回溯用法，则显而易见的前提必须是：既有的法律体系已经巨细靡遗地规范完毕了世上过去和未来一切的事态，以至于法官在面对一切案件时，只需用法即可，而不需要求助任何法律以外的尺度去断案。”③对于这个“前提”，林立认为是不可能存在的，况

① 林立：《法学方法论与德沃金》，中国政法大学出版社 2002 年版，序言，第 3 页。
② 林立：《法学方法论与德沃金》，中国政法大学出版社 2002 年版，第 5 页。
③ 同上书，第 3 页。

且相当多国家的法律往往都明确承认其不存在。退一步讲，即使法律本身承认有法律漏洞存在，赋予法官续造法律的职责，也不会导致如德沃金所描述的如同洪水猛兽般严重、可怕。因为，所谓的“法官造法”仍要遵循某些根本的法律原则以及法律体系所指示的价值取向，绝非放纵法官胡作非为，任意上下其手。

林立指出，法律作为“封密完美的体系”的想法由来已久，在19世纪欧洲大立法化时曾广泛盛行，在法学史上将其被称之为“法律体制的自立自足”学派。德沃金的学说正是此一学派在新时期所作的一个新的尝试形态。然而，在今天，法律作为“封闭完美的体系”的想法已被扬弃，人不能未卜先知，不可能预知一切未来。既如此，德沃金为何敢冒天下之大不韪而逆行呢？原来，在他眼中，美国法律已属高度发达之法律，已发展到一个极为复杂完整的程度，法官只需再配合他所提出的“用法”方法，即“原则立论法”①，就可解决法律上的一切问题。虽然“封闭完美的法律体系”被讥为神话，但德沃金仍宣称：“此刻，我将使在我主张的神话中的古老理念重新获得公信力。我的主张的核心在此：我所主张的神话将是可理解的，如果我们视其为是在表达一种解释性的司法动作方式。”②这个妙法就是他所谓的“作为完整性的法律”的释法策略。

要打破德沃金重新续写的这一“神话”，林立认为必须破剪掉创立这一“神话”的两个先行条件。首先要问德沃金的是：美国法

---

① 参阅林立：《法学方法论与德沃金》，中国政法大学出版社 2002 年版，第二章；另，“原则立论法”的含义见本书第二章第二节之内容。

② Ronald Dworkin, “Law's Ambition for Itself”, *Virginia Law Review*, Vol. 71 (1985), S. 176.

律是否已成为美国人民权利保障的无漏洞之网？其次要追问的是：即使美国法律已达到了如上要求，作为断案的法官是否具备挖掘美国法律中所摄入的一切权利的智识能力？

林立认为，以上两点在法律实践中纯属子虚乌有。的确，人们必须承认民主先进国家和一个极权国家法制水准的巨大差别，问题是美国法制并没有如德沃金所言的那样绝对的完美。我们如以奴隶制度与种族歧视为例①，就可充分说明美国法律的不足与缺陷，驳斥美国法制在道德上的、完美性上的虚伪性。况且，即使美国法制已吸收了全部正确的道德，对美国人民权利的保护达到了无漏洞的境界，作为司法的法官也并不具备德沃金所假设的赫拉克勒斯法官那样超人的智识和能力，用以揭示出法律中所摄入的一切权利。因为，"在人类的生活中，错综复杂的情况造成新的事态，要求得问题的解决必须要诉诸各种价值的衡量，而这总是一种高度评价性的工作。即使法律体系本身提供许多价值原则，但这些原则在不同的个案中其优先的顺序是不会皆相同的，而不同次序的考量就会造成不同的结果……自然，不同的法官将会有不同的解答。"②

破译"唯一正确之解"

依林立先生看来，德沃金津津乐道、孜孜以求的美国法律的正义论、道德上的吸引力主要表征在美国法律是"无漏洞权利"之网和法官能从中获得"唯一正确之解"这两点上。"无漏洞权利"之网是幻想，而"唯一正确之解"能否可能呢？

---

①　参阅林立：《法学方法论与德沃金》，中国政法大学出版社 2002 年版，第 224—231 页。

②　同上书，第 160—161 页。

“‘唯一正解’说，是 Dworkin 法律哲学的灵魂，其法学论述的高潮。”①德沃金坦诚不讳地认为，假如有人主张没有“唯一正确之解”，则依道德上的要求来看，这种主张在道德上及法律上都应极不具说服力。就英美大多数法律人而言，对案件中(尤其是 hard cases)是否真的存有“唯一正确之解”是感到怀疑的。当人们对于一个案件所适用的法律是什么之看法有所分歧、且无人能提供有决定性说服力的论证时，那么，一般认为去强行断定谁是谁非是一件没有意义的事情。换言之，此时，人们对法律问题不存在“唯一正确之解”，而只存在不同的看法。

就德沃金来说，有两种不同的怀疑论对“唯一正确之解”说提出了挑战。一种是所谓的“内在怀疑论”(internal skepticism)，它怀疑美国司法至今实践上的一贯性，否认对同一类型的案件一直都秉持同一个道德理论来加以决断；另一种是“外在怀疑论”(external skepticism)，反对价值是非善恶的判断有客观性，也就是在法哲学中倡导一种价值的“不可知论”。“外在怀疑论”是针对要去反抗传统哲学中流行广泛的所谓“符应的真理观”(truth as correspondence)而发的。德沃金对两种怀疑论的回应和反驳，本书第三章已予以阐述，在此就不重复。现在令林立先生感到困惑的是：德沃金所倡导的“唯一正确之解”真理观真的与罗尔斯“反思平衡法”的真理观是一样的吗？

罗尔斯伦理学方法是要一个人从自己最原初的、直接的“信念”②(罗尔斯称之为“慎思的判断”)出发，然后去推演、建构出自

① 林立：《法学方法论与德沃金》，中国政法大学出版社 2002 年版，第 163 页。

② 罗尔斯所讲的“信念”是一种经过人的良知良能发显下所秉持的一种人生价值理念。

己的道德原则和道德理论，而后用这些道德原则、道德理论去正当化最原初的、直接的“信念”，依此证实我们的原初“信念”是对的；如其不然，则需要修正其“信念”或道德理论，一直修正到整个体系中从头至尾每个部分都和谐畅通、相互支持为止。德沃金认为其“唯一正确之解”说的真正意义正是依赖于罗尔斯的“反思平衡法”来被理解的，并提出了“建构模式”真理观。[①] 为此，林立先生提出了自己的异议。

在他看来，德沃金的“建构模式”真理观已不是罗尔斯原来的“反思平衡法”，而是“一个被复杂化的‘反思平衡法’”[②]。罗尔斯要求每一位企图建构道德学说的伦理学家建立一套理论来支持自己的信念；而德沃金却是要当今的法官建立一套道德理论去迎合过去体制的价值观。可见，德沃金进行了偷梁换柱的工作，将由前代法官的价值观所汇集累积而成的“过去之司法实践史所彰显的一贯之价值观”（既有体制已成型、不可更改的信念、历史）取代了罗尔斯学说中伦理学家自己的“信念”的位置。如此一来，人们便可质疑德沃金的“转换”工作是否正好失去了罗尔斯反思平衡理论中所强调的“开放性”这一理论精髓呢？除此之外，德沃金的“建构模式”比之罗尔斯的“反思平衡法”更为复杂，因为在罗尔斯的伦理学方法中，所要处理的仅是伦理学家的“信念”及其自己正在建构的道德理论两者之间的两端关系；但是在德沃金的整体性法律解释学中却成为三端的关系：(1)蕴涵在判例中的前代法官们的价值观（或说是体制的价值信念）；(2)当今法官个人的价值信念；(3)当

① 参阅〔美〕德沃金：《认真对待权利》，信春鹰、吴玉章译，中国大百科全书出版社1998年版，第214—223页。

② 林立：《法学方法论与德沃金》，中国政法大学出版社2002年版，第185页。

下法官所要建构的道德理论。这样,人们就有充分的理由去质疑当今法官的价值信念的作用,因为在解释法律、建构法律正义论理论时,他并不允许去只建构一套道德理论用以支持其个人信念,而是有职务上更优先的义务去建构一套道德理论来支持体制的信念,也就是要迎合、维护体制至今抱持的价值观。就这个角度而言,德沃金尽管将其"建构模式"与罗尔斯的"反思平衡法"进行了比附,但其自由空间、开放性缩小了许多,因为法官职务上的活动——跨过法制树立的"门槛"——不是一种可允许自由奔驰的哲思活动。

由此,林立一针见血地指出,德沃金的所谓"唯一正确之解"说,说白了就是"符应体制方为正解"①。其法律解释学就是强烈、无条件地要求法官的解释符合既有体制的传统价值观,而最能解释过去司法实践史的道德理论就是最好的道德理论。德沃金说:"法律的观念是建设性的,它以阐释的精神,旨在使原则高于实践,以指明通往更美好的未来的最佳道路,对过去则持正确的忠实态度。"②由此,林立先生认为德沃金的法学是维护美国法制现状的保守主义的法学,该种法学认为法律正义论的问题只要采用其倡导的建设性阐释方式便能在现有的法律体制中得以解决。这也是林立先生认为德沃金的法律学说不属于自然法学派的根本理据。

林立先生对德沃金"建构模式"与罗尔斯"反思平衡法"所作的类比和批评是否中肯,其破译德沃金的"唯一正确之解"说是否到位、妥帖,本书存有疑虑。在笔者看来,罗尔斯"反思平衡法"中一

---

① 林立:《法学方法论与德沃金》,中国政法大学出版社 2002 年版,第 192 页。

② 〔美〕德沃金:《法律帝国》,李常青译,中国大百科全书出版社 1996 年版,第 367 页。

端的原初的、直接的“信念”肯定也是理论建构者对某些经验事实的态度，绝非先验之物，亦非反事实的结果。尽管罗尔斯在逻辑推演中采用了“原初状态”和“无知之幕”等反事实的设定办法，但其由此倡导的“信念”却是实质性的道德主张和判断。[①] 同样，乍看起来，德沃金的“建构模式”中倡导的原初“信念”好像与罗尔斯所提出的“信念”有所区别，因为德沃金在形成“信念”时受到了“体制门槛”的规制，但事实上并非如此。因为罗尔斯“反思平衡法”中的原初“信念”与德沃金“建构模式”中的“信念”说到底都是对经验事实的态度和道德主张，至于在形成各自原初“信念”时所依赖的经验事实的多寡，那肯定是千人千面。职是之故，林立先生认为德沃金“建构模式”依赖于“体制门槛”这一经验事实的主张就是将罗尔斯“反思平衡法”中的两端关系复杂化为三端之间的关系，这一结论有失偏颇。如果一定要鉴别“反思平衡法”和“建构模式”之间的差异（其实没有意义），依笔者之见，那也只是抽象与具体的差别，因为在罗尔斯“反思平衡法”中所倡导的原初“信念”中，没有提及任何具体的经验事实，也没有作任何具体的经验判断，纯粹是一种哲学式的设定。而在德沃金这里，处于“建构模式”一端的“信念”则包含了一具体的经验事实和判断——“体制门槛”。可以这样说，作为将理论与实践融为一炉为理论旨趣的德沃金而言，其“建构模式”与罗尔斯的“反思平衡法”其实在内在本质上是一致的，只不过前者是后者的运用而已。对于这一点，德沃金在“正义与权利”一文中予以了明确的肯定。[②]

---

① 参阅〔美〕罗尔斯：《正义论》，何怀宏等译，中国社会科学出版社 1988 年版。

② 参阅〔美〕德沃金：《认真对待权利》，信春鹰、吴玉章译，中国大百科全书出版社 1998 年版，第 202—241 页。

总之，依林立先生之见，德翁矢志不渝倡导和捍卫的法律正义论理论的两大支柱，即美国法律是"无漏洞权利"之网和法官能从美国法制中对每一案件求得"唯一正确之解"，无疑是创造了两个神话，用哈特的用语说来，就是德沃金是"所有做高贵之梦者之中最高贵的一位"。

二、波斯纳对德沃金"道德法律理论"的抨击

美国法律经济分析学派的代表人物波斯纳是对德沃金的道德哲学、政治哲学法律进路进行持久而猛烈批判的"第一人"，因此有人称波斯纳不仅"攻击"了德沃金，而且"几乎是歇斯底里的"。[①]

波斯纳对德沃金的道德哲学、政治哲学和宏大的宪法理论发起了可以说是毫无顾忌的、最猛烈的学术抨击，目的就在于"要消除法律的神秘，特别是要把法律从道德理论这个重大的神秘制造者中解脱出来"，他认为："当法律实证主义对某个法律争议无法得出令人满意的结论时，法律是应从哲学还是应从科学获得指导……应从科学获得指导。"[②]然而，毋庸置疑的现状是，在 20 世纪 50 年代之后的美国，道德法律理论和富有道德意味的法律理论（我国学者概称为复兴自然法）在相当多的美国法学学者心目中，俨然是一个"圣杯"，道德法律理论已成为当今美国的主流法律理论。显然，波斯纳不满美国法律理论之现状，认为当今美国法律理论的主要问题在于对法律与道德没有作更为彻底的学术清理，没有推进"霍姆斯

① 转引自〔美〕理查德·A. 波斯纳：《道德和法律理论的疑问》，苏力译，中国政法大学出版社 2001 年版，译序，Ⅶ。

② 同上书，原书序，Ⅱ。

的方法"[①]。为此，他不惜花费巨大的精力和时间，写出了《法理学》(1990)、《超越法律》(1995)和《道德和法律理论的疑问》(1999)三部曲，主旨就是对美国主流道德理论和法律理论进行批判，特别是以德沃金的法哲学作为批判的靶子。

波斯纳对德沃金法伦理思想的攻击是从其总根上(自由主义政治道德)发起的。我们知道，德沃金法律学说的生命线在于为法律奠定正义论根基，认为国家强制力的存在理据在于捍卫和秉持着以平等为核心的自由主义的道德理念。而波斯纳拒绝此种观点，认为它本质上是一种道德实在论，至少是强烈意义上的道德实在论，即认为世界上有一些普适的道德律法，譬如自由主义的道德律法，它们在本体论上与科学规律相近。

波斯纳论述道："……德沃金，他除了是一个道德家外……他还是个法学理论的分析哲学家。你可以接受他的大部分法理学，特别是他对法律实证主义的拒绝，认为法律实证主义既非对美国法官决策之描述，也并非美国法官决策之指南，同时你又拒绝他的道德论。事实上，我的立场就基本如此。"[②]因为在波斯纳看来，道德是地方性的，世界上没有什么有意思的道德公理(moral universals)。有些道德公理是赘述性的，例如"谋杀不公"，而所谓的"谋

---

① 波斯纳所称的"霍姆斯的方法"指的是美国司法审查制度的创立者、著名的联邦最高法院大法官霍姆斯先生在其最伟大的书——《法律的道路》中所表达的关于道德与法律之思想，其中最重要的一条就是："理性地研究法律，时下的主宰者或许还是'白纸黑字'的研究者，但未来属于统计学和经济学的研究者。"(Oliver Wendell Holmes, "The Path of the Law", *Harvard Law Review*, 1897, p. 469.)据研究，《法律的道路》一书是美国法学著作中引证最多的书之一，名列第二，名列第一的是科斯的《社会成本问题》。

② 〔美〕理查德·A. 波斯纳：《道德和法律理论的疑问》，苏力译，中国政法大学出版社2001年版，第6页。

杀”本身就是指“不公的”杀人，但是，什么才构成谋杀呢？这在各个社会有很大的不同。因此，道德实在论就被打发掉了，而某种(并不是一切)道德相对主义就进场了。按这种理解，道德是以其对社会或社会中某群体的生存或其他终极目标有多大贡献来判断的，而这种判断却又是非道德的。可以这样说，判断某个道德主张是否有效的标准是由文化给予的，而不是从什么超文化的、普适的道德价值资源中提炼出来的。当然，波斯纳告诫人们不要错误地将其理解为道德虚无主义、绝对的道德怀疑主义，因为他本人还是承认地方性知识的。从这个意义上说，在某种限度内，波斯纳甚至也承认自己是个道德实在论者。那么，他反对德沃金道德实在论指的是什么呢？

事实上，波斯纳区分了三种含义上的道德实在论。他论述道：“在形而上学的道德实在论(比方说，天主教的自然法学说；尽管也还有几种世俗的自然法学说)与我接受的柔性的地方性实在论之间，就是德沃金、昂格尔以及许多、可能是大多数其他当代校园道德家的‘正确答案’道德实在论。功利主义伦理学和新康德主义伦理学，这两种如今在西方世界中最有影响的现代校园道德论学派，就是‘正确答案’道德实在论的例证。这种实在论也许可以称为无形而上的——换言之，无自然的——自然法理论。”[①]在波斯纳眼中，德沃金的道德理论显然属于无形而上的自然法理论，该种道德实在论尽管无需、也不应有任何形式的形而上的内容，但它确实主张道德问题有答案，而且有“唯一正确之解”。波斯纳指出：“认为

---

① 〔美〕理查德·A.波斯纳：《道德和法律理论的疑问》，苏力译，中国政法大学出版社2001年版，第11—12页。

讨论道德、历史、政治(以及疑难法律)问题有意义甚至对社会有益与认为所有这些问题或其中多数问题在原则上有正确答案,这两种观点之间有一条鸿沟。”[1]德沃金相信道德法律问题有正确答案,相信法官应当“依据一个表现了一种融贯正义公平观的作者(人格化的社会)创造了的法定权利和义务尽可能地去辨识法定的权利和义务”[2]。但波斯纳不这样认为,在他这里,对有争议的道德法律问题不存在令人信服的答案,只能化约为事实问题,因为道德和法律是地方性知识。从这个意义上来说,德沃金是一个道德实在论者,倡导的是“校园道德论者”[3]。

波斯纳直言不讳地指出,其抨击的具体目标就是“校园道德论”。为此,他对该理论进行了各种并不相互依赖但却相互支持的反驳。[4] 波斯纳通过详细的经验材料分析,指出那些往往被德沃金之流的法学家当做普适的、毫无疑问的道德理论其实都是地方性的。这些所谓的道德争议问题上的“唯一正确之解”实际上并不具有解决具体法律问题的力量,也无力为法律的正义论奠定一劳永逸的根基。这些理论之所以被当做普遍真理被搬出来,主要是因为其具有修辞的效果,用当下的话来说,就是语词的暴力和征服性。波斯纳为了清理道德理论,首先对道德进行了一种尼采式的尽管是比较简洁的谱系学分析,将之与人的生物性、人的社会生活

---

① 〔美〕理查德·A. 波斯纳:《法理学问题》,苏力译,中国政法大学出版社 2001 年版,第 253 页。

② Ronald Dworkin, *Law's Empire*, Cambridge, Massachusetts: The Belknap Press of Harvard University Press, 1986, p. 225.

③ 〔美〕理查德·A. 波斯纳:《道德和法律理论的疑问》,苏力译,中国政法大学出版社 2001 年版,第 5 页。

④ 参阅同上书,第一章。

环境相联系，将道德视为与人的信仰相关的情感反应。但是波斯纳并不只是重复尼采的主题，而是积极倡导和推进其重视经验事实的研究进路，对包括溺婴、奴隶制度、纳粹暴行等一系列道德问题进行了经验的考察和反思，由此得出道德话语和道德践行其实是两回事。“无论怎样，校园道德论都没有改善人类行为的前景。了解什么是应当做的事，什么是合乎道德的事，这并没有为做此事提供任何动机，也没有创造任何动力；动机和动力必须来自道德之外。”[①]甚至恰恰相反，对于一个熟悉道德理论并具备反思能力的校园道德家更有能力为自己回避道德直觉的指导，同时为自己的非道德行为寻求道德理由创造条件。因此，人们在历史和现实中不时看到“满口的道德仁义，一肚子男盗女娼”的现象也就不足为怪了。

当然，波斯纳并不是反对行为道德，他反对的是德沃金的理论道德——该种道德试图为解决好包括法律问题在内的具体问题提供足够的条件，认为人们特别是法官如果信仰自由主义式平等观为核心的道德理念，那么，他们就一定能为法律奠定正义论根基，也能求得道德和法律领域中一切问题的“唯一正确之解”。波斯纳主张的实用主义道德怀疑论则认为，人们不应当用道德哲学来辅助分析法律争议，而应当实用主义地切入法律争议，因为人们行为的动力并不是来自正当化，而是来自于某种利益的追逐。

接着，波斯纳将其对德沃金道德实在论或校园道德论的批判

① 〔美〕理查德·A. 波斯纳：《道德和法律理论的疑问》，苏力译，中国政法大学出版社2001年版，第7—8页。

延伸到法律的领域,并试图展示,在解决具体法律争议上,道德理论也毫无用处,甚至对于充满了道德意味的争议的问题也是如此,例如堕胎、积极补偿、种族和性别歧视以及同性恋权利等。为此,波斯纳考察了法理学、宪法以及普通法和制定法中的争议,不仅对照了德沃金的法哲学,而且参照了具体案件,并由此说明为什么法官在"用法"时对用道德理论或宪法理论来决定案件感到不放心的合理性。①

在波斯纳看来,"德沃金所谓的'理论'全部要素就是努力获得前后一致和概括……属于赫伯特・韦希斯勒(Herbert Wechsler)有影响的'中性原则'书的传统。韦希斯勒的进路转而又与'法律过程'学派以及自然法有亲缘关系,而德沃金与这两者都有直接的联系。它们的共同因素就是给法律的具体问题强加上一个主旋律,例如,民主正义论、联邦主义、制度能力或——在德沃金那里——平等。"②显然,德沃金将全部美国法律作为"一个整体的道德和政治原则的结构"来处理了,是将其无形而上的道德实在论套用到了法律的领域。可惜的是,大多数美国法官都是实用主义者,而不是意识形态理论家,他们非常重视法律争议中的经验性材料,不像德沃金很少走出高度政治化的宪法权利领域,而当他走出来时,其成果就很平淡,这也就暴露出德沃金对相关领域的无知以及诉诸其倡导的"理论"的单薄。为此,波斯纳断言,德沃金以道德实在论为根基的法律理论,"其本质上是修辞性质的"。所以,当德沃金宣布一些他认为适用于任何法律制度的原则时,人们最好将之

① 参阅〔美〕理查德・A.波斯纳:《道德和法律理论的疑问》,苏力译,中国政法大学出版社 2001 年版,第二章。

② 同上书,第 135—136 页。

理解为是对美国的法律制度的描述，而且可能不是唯一的，也不是最好的描述。一旦看到这一点，人们就可以用政治的或实用主义的术语重新概括德沃金法理学体系中的道德理论色彩，并抛弃其道德理论。

依波斯纳之见，法学必须回答的问题都是具体的，不可能从几个绝对正确的基本原则或一个理论模型自上而下地获得系统、准确的答案。法学需要理论，但这种理论必须在处理具体问题中展示其脉络，需要就法律争议的原因、成本和后果的社会语境中考察法律疑难问题。换言之，就是要超越法律，使目前占据主导地位的以德沃金为典型代表的哲理法学派所力主的法律更接近科学，甚至最终成为一种政策科学，使之吸取更多的科学和社会科学研究的成果。显然在波斯纳看来，法律的出路并不在于用一种新的道德理论或宏大的理论纲领取代德沃金式的道德法律理论，而应立足于对法律问题的社会学分析，努力使法律从道德理论向政策科学的转变，从一种依赖“价值哲学”的法律理论向包容接受“社会科学”的法学的转变。这也是法律职业主义、实用主义对现代性及其理性化趋势向法律提出的挑战所作出的并与道德哲学形成鲜明对照的一种回应。波斯纳申明：“实用主义是一种方法，一种进路，或一种态度，而不是一种道德的、法律的或政治的公式，因此，它不解决任何道德和法律的分歧。”[①]该种实用主义的精神，本质上属于马克斯·韦伯，它质疑道德进步的说法，并肯定道德法律中的疑难问题不可能通过道德的

---

① 〔美〕理查德·A. 波斯纳：《道德和法律理论的疑问》，苏力译，中国政法大学出版社 2001 年版，原书序，Ⅷ。

或政治法律的理论来化解。

第二节 德沃金法伦理学思想之定位

现代性是西方启蒙运动确立的。启蒙运动的目标之一是使人类看清真实的事物成为可能，建构理性成为人类主宰世界的法宝。为此，人们普遍认为“人仅凭理性，就能够重构社会”①。这是一种典型的“笛卡尔唯理主义的信条”，而现代法理学的主导认识论就是“唯理主义的”认识进路，理论形态便是实证主义法学。实证主义法学是关于社会确定性的哲学，实证主义——或自然主义范式——认为道德框架对纯粹法律科学是多余的，因为从事法律科学更多地是使一个人摆脱道德的束缚以获得客观性的问题。然而很明显，社会科学不是纯粹描述的问题，它在深层上讲是阐释性科学。上个世纪60年代以来，社会科学领域最根本的变化让人们明白了：解释——阐释学——是不可避免的。“世界不会向我们展开其结构和状况，让我们的理论去简单地复制或‘描绘’；我们理论的真理不是对现实世界的客观实体的反映，而是我们的各种解释能力交互作用的结果，因为我们从事着实践事务，生活在这个世界之中，属于这个世界。”②德沃金法伦理思想正是在这一个背景下应运而生的，其学术定位所引发的争论亦应置于此种理论背景下予以审视。

① 〔英〕哈耶克：《法律、立法与自由》（第一卷），邓正来等译，中国大百科全书出版社2000年版，第5页。

② 〔英〕韦恩·莫里森：《法理学》，李桂林等译，武汉大学出版社2003年版，第442页。

一、新自由主义法伦理学

将德沃金的法伦理思想界定在自由主义范围内，这点在学界是没有疑虑的。[①] 问题是：这是一种怎样的自由主义？

任何法学理论必然与某种哲学思潮相联系，并以之为力量的源泉。德沃金的法学理论亦不例外。研究他的法伦理思想，不能回避他的自由主义世界观。在《自由的法：对美国宪法的道德解读》一书的导言中，德沃金也认为："当然我的宪法观点受我自己的政治道德信念的影响……当然这种道德解读(moral reading)观鼓舞律师和法官借助我们认为的司法公正观来解释一部分抽象的宪法，否则他们如何回答抽象宪法所要求其回答的道德问题。"在《认真对待权利》一书导论中，德沃金坦言："本书各章对法律的自由主义理论进行界定并为之辩护。"[②]尤为明显的是，德沃金甚至将其一本关于宪法方面的论著标明为《自由的法：对美国宪法的道德解读》，以突出自己的自由主义法学的理论归属。

就中国社会这一语境而言，自由主义传统属于西方国家。尽管西方自启蒙运动以来，各种思潮风起云涌，但大致均属自由主义这一大家庭，虽然它们的主张在内部也呈现出不同的样态，甚至存在着尖锐的对立。同样，在美国现实社会中也存在着形形色色的自由主义思潮，左派、右派、温和派、激进派，伪装的、变种的、保守的，可谓五花八门，不一而足。那么，德沃金的法伦理思想是以什么样的自由主义为基础呢？

---

① 吴玉章：《自由主义权利观》，中国人民公安大学出版社1997年版，第171页。

② 〔美〕德沃金：《认真对待权利》，信春鹰、吴玉章译，中国大百科全书出版社1998年版，导论，第1页。

自由主义形成于17、18世纪，经历了传统自由主义和现代自由主义两个历史时期。自由主义思想的开山始祖为英国哲学家洛克，美国的《独立宣言》、《美利坚合众国宪法》、《权利法案》，法国的《人权与公民权宣言》等历史性文件，均阐述并确立了洛克所提出的自由主义原则。18、19世纪自由主义成为资本主义反对封建制度的有力武器。19世纪末、20世纪初，随着经济、社会的发展，自由主义由传统向现代过渡，由主张自由放任转向主张国家干预。现代自由主义比传统自由主义更不定型。哈特的新分析法学和波斯纳的经济分析法学从本质上看均是以保守的自由主义观为基础。哈特强调严格的规则主义，即形式理性超越一切，主张在法无明文规定时，法官享有自由心证并依经验判决的权力；而波斯纳则从微观经济学的成本与效益范畴出发，强调在立法和司法中贯彻效益最大化原则。这种自由主义的本质是传统的自由主义理论，是实用主义、工具主义的自由主义。

德沃金坚决反对如上的自由观，并对其进行了无情的揭露和批驳，因为这种自由主义从本质上讲是以政策为考量。在他看来，强调纯规则的限制和工具主义的策略是不可能“认真对待权利”的。法律的整体性强调司法判决是一种原则问题，而不是妥协、策略或政治通融。在《法律帝国》一书中德沃金多次提出“政府应按原则来办事”，倡导古典自由主义的自由、平等和博爱的理念。当然，作为温和的自由主义者，他反对诺齐克的极端主义自由观，亦反对那种建立在高度抽象、神秘的正义观上的极左的自由主义观，如罗尔斯所倡导的自由观。

德沃金法伦理思想始终如一地主张通过建立一种以法律规定权利的制度性秩序来防范可能滥用的权力（主要指行政权力和立

法权力)。其自由主义突出之处在于倡导古典自由主义的个人权利观念,但又反对天赋人权以及抽象人性。他认为政治法律等制度的伦理要求在于确保公民的个人权利。同时,德沃金反对旧的权利理论,他说:"个人权利是个人手中的政治护身符……但它并不假设权利具有某些特别的形而上学特征,因此,在这些书中所为之辩护的理论与依赖于那种假设的旧的权利理论是相背离的。"① 这是怎样的一种自由主义呢?依笔者看来,德沃金的自由主义是一种既要求用制度性安排即通过制度伦理来确保个人权利,尤其是公民的平等权,同时又要终结传统的形而上学的论证方式。该种自由主义被我国学界称之为新自由主义。

新自由主义的代表人物有很多,在美国主要指罗尔斯、德沃金和诺齐克。从新自由主义探讨的核心问题即平等与自由的关系看,他们分别代表左、中、右三派。很显然,"诺齐克采取了一种极端的立场,一边倒了:自由就是一切,而平等什么也不是,除非作为也许是偶然的通过自由交换的产物,但这种可能性微乎其微。"② 而当罗尔斯试图表达正义两原则时,他并没有将自由与平等相对立,而是企图在自由和平等之间达成妥协,并同时捍卫基本自由优先性原则。③ 德沃金走的是另一条道路。他认为,人们并无一种对自由的抽象权利(no right to liberty),有的只是对各种自由的具体权利。那么,什么是具体的自由权利的基础呢?这一基础就

① 〔美〕德沃金:《认真对待权利》,信春鹰、吴玉章译,中国大百科全书出版社1998年版,导论,第7页。

② 应奇:《从自由主义到后自由主义》,生活·读书·新知三联书店2003年版,第44—45页。

③ 参阅〔美〕罗尔斯:《正义论》,何怀宏等译,中国社会科学出版社1988年版。

是平等。德沃金并不认为自由和平等是相冲突的政治理想，在他看来，平等是比自由更抽象、更一般、更基础的概念，可以从平等推导出自由，却不能从自由推导出平等。德沃金试图表明："经济平等和传统的个人权利都起源于独立意义上的平等这一根本概念，平等是自由主义的原动力，捍卫自由主义也就是捍卫平等。"[①]须指出的是，德沃金的自由主义平等观并不是将平等作为人们自己私人所希冀的一种愿望和价值企求，而是作为政治法律等制度的一种"应当"，是政府正当性、法律正义论的内在本质要求。此种"要求"要求的是政府及其法律等制度对什么样的人生才是理想人生应保持中立的态度，自由社会的特点即在于：它作为一个社会，在生活目标问题上不采取任何特定的观点。因此，应奇先生认为："这正是德沃金所刻画的程序性自由主义的要害……用伦理术语来说，就是使'正当'独立于'好'的社会。"[②]正由于此种立场，德沃金才认为，他与罗尔斯和诺齐克是"在同一条路上行进着"的，"我们都在以不同的方法尝试去界定和捍卫如此表达的自由主义的结果"[③]。对于德沃金法哲学的自由主义这一界定，笔者认为有两点必须予以突出说明。其一，德沃金倡导的自由主义是否如学界所认为的那样，是一种程序性自由主义，他对法律制度的伦理诉求是否为一种程序性的诉求，如同富勒在《法律的道德性》中所追求的那样；其二，德沃金法伦理诉求采用的是一种反形而上学的论证

① 〔美〕布莱恩·麦基编：《思想家》，周穗明等译，生活·读书·新知三联书店1987年版，第395页。

② 应奇：《从自由主义到后自由主义》，生活·读书·新知三联书店2003年版，第46页。

③ 〔美〕布莱恩·麦基编：《思想家》，周穗明等译，生活·读书·新知三联书店1987年版，第393—394页。

方式。

对于第一点，依笔者看来，德沃金的自由主义绝非程序性自由主义，其伦理诉求也绝非程序性诉求，而是有其实质性主张。对于德沃金来说，个人最根本的权利是获得平等的关怀和尊重(equal concern and respect)的权利，即国家和其政府尊重每个人的尊严，视每个人为社会共同体的真正成员，并承认每个成员在政治、法律上是平等的，有权得到同等的关怀和尊重，这种获得平等的关怀和尊重的权利，是政府正当性、法律正义论的伦理"应当"，也是民主政治的基石。德沃金在"疑难案件"一文中就曾说道："我应该马上声明，所谓存在用来证明疑难案件中各方权利的机械性程序的说法绝非我的理论的组成部分。恰恰相反，我认为，有理性的律师和法官往往会对法律权利有不同的认识，正像普通公民对政治权利的认识往往不同于政治家的认识一样。"[①]所以，德沃金并不认为他能设计一套程序，用以保证制度的"伦理应当"，但他确实主张公民具有强硬意义上的反对国家的道德权利，且其核心在于平等权。[②] 可见，我们不能将德沃金的法伦理思想归之为程序性的自由主义，而是一种具有鲜明道德主张的自由主义。

对于第二个突出之处，德沃金在论证其自由主义权利观时，明确反对传统的形而上学的论证方式，而采用的是解释学的新路径。德沃金的法哲学观点尽管一脉相承，但从其早期论文集《认真对待权利》到后来的《法律帝国》一书，无论从理论风格还是从论证方法上来看，确实发生了根本性的转向，即"经历了一个从主张基本权

---

① 〔美〕德沃金：《认真对待权利》，信春鹰、吴玉章译，中国大百科全书出版社1998年版，第115页。

② 参阅本书第二章的论述及德沃金的《认真对待权利》一书。

利的基础主义到80年代后期强调解释主义的转变”①。在其代表性著作《法律帝国》中，德沃金把法律称之为阐释性概念。他指出：“……法律是一阐释性概念。法官们一般都承认有责任继续进行而不是摒弃他们已置身其中的法律实践。这样，在为适应其信念和本能，他们还发展了一些通用的理论，它们涉及对他们在法律实践中行使职责的最佳阐释。如果法官们在我称之为理论的方法上见解不一，他们的见解是阐释性的。”②可以这样说，“阐释”在德沃金的视野下变成了法律动态的生命形式和实现形式，法律的伦理诉求正是通过本体论意义上的阐释这一概念而达致的。③ 同时，阐释亦是德沃金消解法哲学中传统形而上学论证方法的一种解毒剂，通过展示阐释的内在结构——阐释者的意图与阐释对象之间的相互活动——来克服形而上学思考范式中的“阿基米得点”。用德沃金的话来说，就是用“建构模式”取代现代性下的“自然模式”。当然，德沃金用以对抗传统形而上学的阐释不是“对话性阐释”，也不是“科学性阐释”，而是一种“建构性阐释”。在他那里，“建构性阐释”在本质上不是针对一个个具体的诠释，而是要确立一套行之有效的理论以寻求法院在与案件相关的诸多事实(现象)背后的合法理据和道义基础。

二、后现代思潮下的现代主义

20世纪80年代末90年代初以来，美国法理学，无论是主流

---

① 朱景文主编：《当代西方后现代法学》，法律出版社2002年版，第16页。

② 〔美〕德沃金：《法律帝国》，李常青译，中国大百科全书出版社1996年版，第80页。

③ 参阅本书第三章“法律正义论之诠释——整体观”，以及德沃金的《法律帝国》一书。

的权利与原则法学、法律经济学，还是非主流的批判法学、女性主义法学等，都不同程度地发生了这样或那样的变化。“对这种变化，有的学者称为‘语言学转向’，有的称之为‘解释学转向’，有的称之为‘视角主义’转向，不一而足。但是所有这些转向中都包括一个不容忽视的事实，它们都在不同程度上受到后现代主义的影响，而上述转向只不过是后现代主义的不同说法”①。德沃金的法哲学、法伦理思想在学界亦被认为从早期的“法律是什么”的本质主义转向了“什么是最好的解释”的解释主义，朱景文先生在“当前美国法理学的后现代转向”一文中就是这样认为的。他指出，德沃金“经历了一个从主张基本权利的基础主义到80年代中后期强调解释主义的转变”。在早期著作中，特别是其成名作《认真对待权利》中，德沃金的法伦理思想具有典型的基本权利基础主义的倾向，试图在政治道德共识的基础上寻找法律问题的正确答案。而1986年《法律帝国》一书的出版则标志着德沃金法伦理思想的重大转向，此时他的理论旨趣集中在法律解释的理论上。如果说在早期德沃金试图在道德共识的基础上建立法律的正义论根基，那么在20世纪80年代中后期他则反对主客观区分的传统做法，认为法律是一阐释性概念。虽然解释中是否存在客观性本身也是一个解释性问题，但他依然认为，公认的道德原则限制了解释中的主观性。这样，法律的正义论又回到了道德共识基础上。所以，朱景文认为：“虽然德沃金的理论受到了后现代思潮的影响，但最终他是一位占主导地位的现代主义者。”②

① 朱景文主编：《当代西方后现代法学》，法律出版社2002年版，第1页
② 同上书，第18页。

在朱景文主编的《当代西方后现代法学》论文集中，王保军博士所写的“整体的阐释性建构”一文也着力分析了德沃金法律解释学中的现代主义与后现代主义。王保军认为，德沃金的法律理论表现出对如下两个问题的持续关注：一是怎样将法律的理论与实践结合起来？二是怎样理解法律理论与司法判决中价值的作用？现代性的最大偏见就是认为主体能够认识和把握客体，认为超历史的普遍理性可以认识事物的客观性。但对伽达默尔来说，普遍的理性是启蒙思想以来的最大偏见。阐释学质疑了理性主义所维护的社会科学的确定性，动摇了传统的客观性和真理的概念。王保军论述道，德沃金的法伦理思想亦是企图超越那些困扰法学研究的两极对立问题，如事实与价值问题、法的应然与实然的问题、法与道德的关系问题等。在该文中，王保军进而指出：“德沃金在用阐释学理论批判法律实证主义时，拒斥了单一性、意图性、稳定性及主体的首要地位等概念，使他带有了明显的后现代主义特色。然而德沃金并不是一个完全的后现代主义者。他虽然认为整体性的法律基本上是政治性的，但绝不仅仅停留在永无休止的激烈冲突中，相反要通过理性的解释来找到问题的‘正确答案’。在制度的历史中，存在着统一化的因素，它们体现于规则和原则中。法官能够发现（而不是创造）并了解法律事业的本质。法律的整体性取代了作为真正主权者的地位而有自己的意图、价值……他否定了一个主体意识，接着又树立了一个虚拟的主体意识。”①在德沃金法伦理思想中，法的核心价值在于保障个人的权利，特别是受到平等关切和尊敬的权利。作为权利的担当者，德沃金倡导的道德主

① 朱景文主编：《当代西方后现代法学》，法律出版社 2002 年版，第 358—359 页。

体资格概念实际上就是康德哲学中的主体：个体化和理性化的自治主体。这类主体成为法律制度正义论的始点和终点，从而促使法律保持其内在的统一性和连贯性，法律也就获得自身的正义论。这些思想均是理性主义传统。所以王保军得出结论说："……从根本上说，特别是作为他（德沃金）的学说的特色的作为整体性的法律理论，他仍然是理性主义的捍卫者。"①

郑强先生在"美国后现代法理学概观"一文中认为："罗纳德·德沃金 70 年代的作品《认真对待权利》，表现了一种建立在道德理论主张之上的、关于权利的强烈的基础主义论调。然而，在较晚期作品《法律帝国》中，德沃金认为，司法作为'公正'要求法官从不同的书面解释实践中提出'最好的'法律论据。从'正确的答案'到'最好的解释'，表明了德沃金智识视角的微妙变化。他似乎对他的普适的宪法基础的断言不那么自信了。"②通观全文作者的写作背景和论证理路，郑强尽管没有直接将德沃金的法学思想界定为后现代主义法学，但其言下之意只能得出德沃金属后现代主义者这一结论。

英国著名的法哲学家韦恩·莫里森在其名著《法理学——从古希腊到后现代》一书中也用了专门的一章来论述德沃金法哲学思想的性质。莫里森认为，依德沃金之见，"我们"是法律的产物，"我们"的领域是法律的帝国。法律规制了人们的现代生活，并使之具有同一性。为此，作为"帝国"臣民的人们必须给生活实践赋予最好的意义和整体性。换言之，人们必须而且也能够为制度背

---

① 朱景文主编：《当代西方后现代法学》，法律出版社 2002 年版，第 361 页。

② 郑强："美国后现代法学概观"，《外国法译评》2000 年第 2 期。

后的强制提供正当理由，也要求这种强制具有道德上的正当性。莫里森指出："罗纳德·德沃金的规范法理学试图在后现代的挑战面前复兴自由主义的法制……当后现代法制背后的现实成为非连贯的、不一致的政治斗争的时候，他编织着连贯性与原则一致性之网。"①为此，莫里森断言："德沃金是康德主义者……德沃金的方法论——尽管听起来像是现代解释分析——实际上是以一种康德式的认可为基础的：我们的当下实践（更为准确地说是德沃金对当下法律实践的描述）具有他的方法论所提出的内在合理性。"②莫里森进而认为，德沃金实际上想要吸取实证主义和解释两者之长，既想要实证主义所追求的确定性，同时也欣赏解释提供的建构自由。然而问题在于，"解释转向"通常意味着人们必须放弃对某些普适性法律观念的接受。就如伽达默尔所说的那样："就我们历史经验的有限性而论，看起来，唯一正确的解释这整个观念就显得荒谬。"相反，德沃金将"唯一正确之解"当做其法哲学的事业，认为只要拔掉了实证主义所主张的非道德法律认识论，就能提出一种表达了法律实践中的根本性政治道德的法律理论。莫里森总结性地指出，在德沃金那里，现代性是能够得到拯救的，"唯一正确之解"是存在的。由此观之，德沃金法伦理思想无疑属于现代主义阵营。

德沃金法伦理思想属现代还是后现代，这确实是个问题。要弄清该问题，我们有必要先对现代和后现代作一智力投资。其实，所谓"现代"和"后现代"主要不是一个时间概念，而是指人们的思

① 〔英〕韦恩·莫里森：《法理学》，李桂林等译，武汉大学出版社 2003 年版，第 13 页。

② 同上书，第 445 页。

维方式和对待世界的态度。在后现代主义者看来，现代化是一种自笛卡尔以来的现代主义的产物，现代主义主张一个社会的完善完全有赖于建立在某一个基础或本质问题上或某几个理论原则的基础上，且能为人们的理性所洞悉。历史是单线进化的，且是一连续性整体。而后现代主义者则认为现代主义者的如上预设并非是不证自明的，并且在实践上压制了生活世界的丰富性和变异。其代表人物福柯就反对那种理性主义的构造，反对整体性和终极目的，所以他将自己的著作称之为“考古学”，不是试图构造世界发展的总体因果关系，而是努力展示历史的谱系，展示生活世界自身的丰富性和众多的可能性，主张知识的地方性，主张历史的平面化、非中心化。

既然“现代”与“后现代”主要表征为一种思维方式和人生态度，那么由此可以以之来审视德沃金的法伦理思想之谱系。在笔者看来，德沃金并不是一个纯粹的现代主义者，而是经历了一个从纯现代主义者转向一个具有浓郁后现代思潮的现代主义者的过程。在上世纪六七十年代，他属于现代主义者，主张法律的伦理诉求在于捍卫了一种古老的思想——个人权利观念，个人权利成为法律理论的基础和本质(参阅《认真对待权利》一书)。此时，德沃金的理论努力主要是为法律提供一个成长的基地，试图揭示法律世界的统一性，这显然是一种理性主义的思维方式和态度。他率直地说道：“权利理论只是预先假设了三个东西：(1)一个符合规则的社会具有政治道德的某些观念，也就是说，它承认对于政府行为的道德限制；(2)该社会对于政治道德的特定观点——以及源于这种观点的法律判断——是理性的，即对于相同的情况给予相同的处理，而且不允许矛盾的判断；(3)该社会相信它的所有成员生而平等，他们有权利受到平等的关心和尊重……一般说来，权利理论对于任何接受这些前提（着重号为笔者所加）的社会都是相关的。同样，它们也表明，任何这样的社会也必须承认和坚持某些法律权利。"[①]显而易见的是，德沃金此时试图做的正是现代主义者想建立的某种具有普适性的法律理论。

然则到了20世纪80年代中期之后，德沃金法伦理思想中的理性主义在逐步消退，而后现代思潮则得以凸显。犹如维特根斯坦所说的那样，"没有私人语言"，因此，哪怕是强烈的现代主义者、理性主义者，在后现代思潮的强烈冲击下，也都或多或少地会带上后现代思想的烙印。德沃金亦不例外，其后现代主义思想突出体现于他的经典名著《法律帝国》一书中，该书在学界被广泛认为是德沃金法伦理思想向"解释学转向"的标志性著作。此时，德沃金没有为法律理论寻求和标示某一支点，而是认为"法律是一阐释性概念"，"法律的帝国并非由疆界、权力或程序界定，而是由态度界定……从最广泛的意义来说，它是一种谈及政治的阐释性的、自我反思的态度，使每个公民都应该想像什么是他的社会对原则的公共承诺、而在新的情况下这些承诺要求的又是什么。"[②]必须指出的是，尽管德沃金此时的思维方式深深浸染着后现代思潮，但其理论逻辑终点依然是力求捍卫"整体性的法律观"。他通过求助于一位"全知全能"的赫拉克勒斯法官，力图为法律实践提供一种连续性的统一体，表达出法律实践中共享的价值理念，并将法律实践的

---

① 〔美〕德沃金：《认真对待权利》，信春鹰、吴玉章译，中国大百科全书出版社1998年版，中文版序言，第16页。

② 〔美〕德沃金：《法律帝国》，李常青译，中国大百科全书出版社1996年版，第367页。

复杂性视之为系列小说家们的系列创作活动。可以这样说，此时的德沃金尽管在方法论上采用的是后现代的思维方式，但其捍卫的理论观点依然是理性主义的、现代主义的。

三、新自然法学派

厘定了德沃金法伦理思想属于实质自由主义和浸染着浓郁后现代思潮的现代主义性质之后，人们颇为关注的另一个问题便是：德沃金法伦理思想属自然法学派还是非自然法学派。

要对德沃金法伦理思想作一界定，须对自然法的含义作一先期理解。《不列颠百科全书》释义道："自然法是哲学家和法学家们常用的术语，但含义并不是很精确的。就一般意义来说，它指整个人类所共同维护的一整套权利或正义。作为普遍承认的正当行为的原则来说，它往往是'实在法'的对称，即与经过国家正式颁布并利用一定的制裁而强制执行的那些法规对比而言。"[①]英国法学家迪亚斯指出：自然法这个术语意指："(1)指导法律发展和实行的理想；(2)法律里面制止将'实然'和'应然'绝对分离的基本道德性；(3)发现完善法的方法；(4)可由理性推断的完善法的内容；(5)法存在所绝对必需的条件。"[②]对自然法的含义而言，不同时期的不同人们为了不同的目的而使用自然法这一概念，其理论形态也是不断翻新。对于今天的人们来说，重要的已不是自然法概念本身，而是一种组织人们怎样看待法和法律的基本模式和态度。依笔者看来，自然法的实质在于倡导和捍卫"自然权利"，在于对实定法的

---

① 转引自张文显：《二十世纪西方法哲学思潮研究》，法律出版社 1986 年版，第 38 页。

② 同上。

再追问，追问实定法的“伦理应当”，即实定法的正义论问题。自然法的真精神不在于“法的自然而然”，而恰恰在于“反自然”，犹如庞德所指出的那样：“自然法的任务不是给我们一个关于理想法令的普遍立法，而是给我们一种对实在法中的理想成分的鉴定。即使绝对的理想不能被证实，这种鉴定可以确定和陈述出一定时间和地点的社会理想，并且使它成为对各种论证、解释和适用标准的出发点进行选择的尺度。”①

香港大学法学院院长陈弘毅先生认为德沃金的法学说不属于自然法。他说：“德氏不是自然法学者，不相信法学或正义的原理存在于宇宙和真理的结构之中。他所相信的原理乃是蕴藏于、隐含于、内在于一个社会共同体（主要是指各西方自由主义民主宪政国家）的历史文化传统、道德信念、政治制度和法律实践之中的……在德氏那里，法的整合性是一个政治共同体的核心美德，它体现了关于公平的原理、关于正义的原理和关于程序性的原理的恰当比例的结合。德氏认为他这套理论能说明为什么国家的强制力具有正当性的、为什么公民有遵守法律的义务。这套理论所描述的是一个以原理为基础的社会共同体，成员在一个关于公平、正义和程序公正性的共同理想中形成政治上的结合，每个人都平等地受到共同体公权力的关怀和尊重，所以这个公权力是有道义上的正当性、正义论和被认受性的。”②陈弘毅的这种看法也得到我国法理学界相当多人士的首肯，例如著名法理学家沈宗灵先生在为《自由的法——对美国宪法的道德解读》一书中文版作序时

① 〔美〕罗斯科·庞德：《通过法律的社会控制》，沈宗灵等译，商务印书馆 1984 年版，第 3 页。

② 陈弘毅：“当代西方法律解释学初探”，《外国法译评》2000 年第 2 期。

就对陈弘毅的这一论断（德沃金不属自然法学者）予以了肯定，认为“这是对德沃金理论的一种较客观的评价”①。

林立先生也认为德沃金不属自然法学者，他论述道：“Dworkin 的学说问世之后，有许多学者将之理解为一种自然法学说。但是这却是对 Dworkin 本身的企图的错误理解，因为 Dworkin 本人正是想建立一个完全限制在对既有的美国法律做解释的学说，也就是说既有的美国法律是 Dworkin 的惟一对象，而不是要去探讨任何在实定法之上的所谓的‘自然法’……但造成的理由大略不外下列三点：首先，‘法律原则’都是一些抽象、概括性的价值陈述，看起来就像道德格律一样；再者，这些法律原则有时并非成文化的东西，而是存在于法律文化中、为法官在实践中有意识地加以实现其精神；所以造成有些人误认为 Dworkin 学说是一种自然法主张。最后，就算既有的法律文化中真的有这些‘原则’，但许多学者认为这些抽象、概括性‘原则’还是根本不足以导引当下案件达成某一特定的判决结果，所以在审判中必然还是又额外加入了既有实定法律之外的种种道德考量才得到结果的，这又是许多学者认为 Dworkin 的学说是一种自然法主张的理由。”②林先生反对将德沃金界定为自然法学者，他认为德沃金本身不是企图要拿法制之外的道德尺度去衡量美国既有法律哪些是好的，所以值得遵守；哪些又是不好的，所以不值得服从；他也没有兴趣去论证哪些价

---

① 〔美〕德沃金：《自由的法：对美国宪法的道德解读》，刘丽君译，上海人民出版社 2001 年版，序，第 4 页。

② 林立：《法学方法论与德沃金》，中国政法大学出版社 2002 年版，第 81—82 页。林先生在该书中认为，所谓“自然法”的学说，尽管有不同的版本，但有一点是共通的，即它们都主张有一个实质的法价值存在着；此一法价值乃独立于实定法之外，且作为检定此实定法是否有正当性之标准。

值观是真理而可作为实定法之上的指针。在德沃金那里,美国法律,特别是美国宪法,法律问题和道德问题已熔为一炉,美国整体法制已吸收了正确的道德了,美国已将社会的伦理接受为法制的伦理。因此,在德沃金那里,人们不用担心自然法和实定法之间相冲突的问题,也谈不上诉之自然法用以检定实定法的正义论问题。

而研究德沃金法哲学、法伦理思想的学者中更多的人还是将德沃金界定为一自然法学者。

美国华盛顿大学哲学博士埃尼尔·希曼在"当代美国自然法理论走势"一文中明确地将德沃金指称为自然法学者。他通过分析德沃金对"雷根诉埃尔默案"的阐述,认为:"在德沃金看来,一项先在权利的要求最终只能经由原则性证据加以证实。这样一来,司法判决必然认同权利要求,并且他们也最终建基于那些能为法律原则提供最佳辩护的道德原则的整体之上……德沃金主张法官们必须按照先验的道德原则来解释实在法……德沃金又主张道德原则无论是否经过正式公布都是一个社会法律的一部分……更为重要的是……他的观点似乎暗示着某些规则的必然有效性来自道德内容。"[①]英国学者J. W. 哈利斯在"德沃金的权利命题"一文中也认为德沃金属自然法学者。哈利斯认为:"在德沃金看来,一旦一个人承认法律既包括规则也包括其他标准,那么,他就不会再对法律实际是什么和道德意义上所讲的法律应该是什么作出区分……法官必须确定一项原则是否是社会道德的一部分;一旦他

① 〔美〕埃尼尔·希曼:"当代美国自然法理论走势",徐爽译,《现代法学》2002年第1期。

确认是，那么他就已经确信它是法律了。"①显然，德沃金主张法律和道德之间没有一截然之界限，其通过对权利命题的捍卫而达致了法律和道德的统一。国内学界认为德沃金属自然法学者的人当属主流和多数。张文显先生在其《二十世纪西方法哲学思潮研究》一书中就将德沃金称之为复兴自然法的代表人物；香港石元康先生在其《当代西方自由主义理论》一书中亦有此说。此外，在朱景文主编的《对西方法律传统的挑战——美国批判法律研究运动》和《当代西方后现代法学》、曹刚著的《法律的道德批判》、李道军著的《法的应然和实然》等诸多著作中，均将德沃金的法伦理思想归为自然法学派或新自然法学派。但遗憾的是，人们在对德沃金法伦理思想作判断时，断语多，分析少，理据少，有点言犹未尽之感。因职是之故，笔者拟就此谈点自己的看法和主张。

将德沃金法哲学、法伦理思想锁定在自然法这一学脉之中，无疑是正确的。因为纵观德沃金的整个学说，其理论旨趣和立言宗旨就在于超越实证主义的栅栏，去捍卫"个人权利"观，追求法律与道德的同步发展。可以这样说，伦理个人主义是其学说的哲学基础。然而，他又不是传统意义上的自然法学者，这也是导致人们对其学说的理解不一，甚至截然对立的原因。为此，我们有必要廓清德沃金自然法学说"新在哪里"，以求得其学说的庐山真面目。

在笔者看来，德沃金法伦理思想不同于其他新自然法学派的新颖之处或其理论创新之处主要表征为如下几个方面：

首先，德沃金的理论路径走的是由法律进道德而非由道德进

---

① J. W. Harris, *Legal Philosophies*, London: Butterworths Co., 1980；转引自〔美〕德沃金等：《认真对待人权》，朱伟一等译，广西师范大学出版社 2003 年版，第132—133 页。

法律之路。传统自然法走的是由道德进法律之路，认为道德主张在某种意义上应视为检视和衡定法律的客观标准，法之所以为法，在于其背后有道德的支撑，满足了道德的要求。该种进路，可以称之为自然法的道德理论。德沃金反其道而行之。他并未预设法律之后有个道德的影子，也反对将法律和道德的关系理解为类似于两个实体之间的外部关系。主张人们之间关于法律所引发的理论性争论"实际上是道德争论，而不是形而上学的争论"(《法律帝国》前言Ⅲ)。在德沃金这种理论路径下，不存在挖掘法律背后道德意蕴的必要，因为法律和道德已浑然一体。法律中的道德要求和伦理不应通过对特定道德问题采用观念投票的方式去实现，而是通过"法律是什么"这样的问题来获得。此种理论进路，我们可以称之为自然法的法律理论。

其次，德沃金所主张的法律的伦理诉求主要是一种政治道德，是制度伦理，不是个人德性，也不是泛泛谈论法律和道德的关系。在《认真对待权利》一书中，德沃金捍卫了公民具有强硬意义上的反抗政府的道德权利。他认为："国家管理工作的一部分就是通过立法和司法判决的方式'定义'道德权利。即正式宣告道德权利在法律中的范围。"①"法律发展需要政治道德的相应发展，政治道德是法律的基础。"②同样，在《法律帝国》一书中，德沃金谈及的依然是一种制度伦理。他提出了整体性的原则："一种是立法原则，它要求立法者设法使整套法律在道德方面取得一致；一种是审判原

① 〔美〕德沃金：《认真对待权利》，信春鹰、吴玉章译，中国大百科全书出版社1998年版，第260页。

② 同上书，序言，第22页。

则，它启示我们尽可能将法律理解为在道德方面是一致的。"①

最后，德沃金并没有将其哲学、法伦理思想像传统自然法学家那样把法律的正义论问题归之为所谓的"天赋人权"、自然权利和抽象人性基础上。他承认："规范理论将根植于更为一般的政治与道德哲学之中，这一政治与道德哲学反过来又有赖于关于人性或道德目标的哲学理论。"②然而，德沃金并不承认抽象的人性概念和自然权利。相反，他反对个人权利具有形而上学的特征，主张权利是一种复杂的和麻烦的实践。如果有人一定要追问其来源，德沃金认为这正如孩子问母亲自己是哪里来的这样的问题一样。事实上，本书从前面对德沃金的相关论述中可以知道，德沃金法伦理学的哲学基础有两个，一个是人的自尊，另一个是平等，它们共同支撑着其法律理论的正义论要求，构成了其新自然法学说的基座。

① 〔美〕德沃金：《法律帝国》，李常青译，中国大百科全书出版社 1996 年版，第 158 页。

② 〔美〕德沃金：《认真对待权利》，信春鹰、吴玉章译，中国大百科全书出版社 1998 年版，导论，第 3 页。

参考文献

一、中文著作

1.〔美〕德沃金:《认真对待权利》,信春鹰、吴玉章译,中国大百科全书出版社1998年版。

2.〔美〕德沃金:《法律帝国》,李常青译,中国大百科全书出版社1996年版。

3.〔美〕德沃金:《至上的美德:平等的理论与实践》,冯克利译,江苏人民出版社2003年版。

4.〔美〕德沃金:《自由的法:对美国宪法的道德解读》,刘丽君译,上海人民出版社2001年版。

5.〔美〕德沃金等:《认真对待人权》,朱伟一等译,广西师范大学出版社2003年版。

6.〔美〕E·博登海默:《法理学——法哲学及其方法》,邓正来等译,华夏出版社1987年版。

7.〔美〕E·博登海默:《法理学:法律哲学与法律方法》,邓正来译,中国政法大学出版社1999年版。

8.〔美〕罗素:《西方哲学史》,何兆武、李约瑟译,商务印书馆1963年版。

9.〔美〕罗斯科·庞德:《法律与道德》,陈林林译,中国政法大学出版社 2003 年版。
10.〔美〕罗斯科·庞德:《通过法律的社会控制》,沈宗灵等译,商务印书馆 1984 年版。
11.〔美〕罗斯科·庞德:《普通法的精神》,唐前宏等译,法律出版社 2001 年版。
12.〔美〕理查德·A. 波斯纳:《道德和法律理论的疑问》,苏力译,中国政法大学出版社 2001 年版。
13.〔美〕理查德·A. 波斯纳:《法理学问题》,苏力译,中国政法大学出版社 2001 年版。
14.〔美〕伯尔曼:《法律与革命》,贺卫方等译,中国大百科全书出版社 1993 年版。
15.〔美〕列奥·施特劳斯:《自然权利与历史》,彭刚译,生活·读书·新知三联书店 2003 年版。
16.〔美〕罗尔斯:《正义论》,何怀宏等译,中国社会科学出版社 1988 年版。
17.〔美〕罗尔斯:《作为公平的正义——正义新论》,姚大志译,上海三联书店,2002 年版。
18.〔美〕斯东:《苏格拉底的审判》,董乐山译,生活·读书·新知三联书店 1998 年版。
19.〔美〕本杰明·内森·卡多佐:《法律的生长》,刘培峰、刘骁军译,贵州人民出版社 2003 年版。
20.〔美〕约翰·哈特·伊利:《民主与不信任:关于司法检查的理论》,朱中一等译,法律出版社 2003 年版。
21.〔美〕乔·萨托利:《民主新论》,冯克利、阎克文译,东方出版社 1993 年版。

22.〔美〕A·麦金太尔:《谁之正义?何种合理性?》,万俊人等译,当代中国出版社1996年版。
23.〔美〕A·麦金太尔:《德性之后》,龚群等译,中国社会科学出版社1995年版。
24.〔美〕尼克松:《1999——不战而胜》,谭朝洁等译,中国人民公安大学出版社1988年版。
25.〔美〕汤姆·L.彼彻姆:《哲学伦理学》,雷克勤等译,中国社会科学出版社1990年版。
26.〔美〕桑德尔:《自由主义与正义的局限》,万俊人等译,译林出版社2001年版。
27.〔美〕埃尔斯特、〔挪〕斯莱格斯塔德编:《宪政与民主》,潘勤、谢鹏程译,生活·读书·新知三联书店1997年版。
28.〔美〕布莱恩·麦基编:《思想家》,周穗明等译,生活·读书·新知三联书店1987年版。
29.〔英〕韦恩·莫里森:《法理学》,李桂林等译,武汉大学出版社2003年版。
30.〔英〕梅因:《古代法》,沈景一译,商务印书馆1984年版。
31.〔英〕哈特:《法律的概念》,张文显等译,中国大百科全书出版社1996年版。
32.〔英〕哈耶克:《法律、立法与自由》(第一卷),邓正来等译,中国大百科全书出版社2000年版。
33.〔英〕哈耶克:《自由秩序原理》,邓正来译,生活·读书·新知三联书店1997年版。
34.〔英〕哈耶克:《通往奴役之路》,王明毅等译,中国社会科学出版社1997年版。

35.〔英〕Pennis Lloyd:《法律的理念》,张茂柏译,(台湾)联经出版事业公司 1984 年版。
36.〔英〕约翰·洛克:《政府论》(上、下),瞿菊农、叶启芳译,商务印书馆 1984 年版。
37.〔英〕卡尔·波普尔:《开放社会及其敌人》,陆衡等译,中国社会科学出版社 1999 年版。
38.〔英〕诺·库尔森:《伊斯兰教法律史》,吴云贵译,中国社会科学出版社 1986 年版。
39.〔英〕约翰·穆勒:《功用主义》,唐钺译,商务印书馆 1957 年版。
40.〔英〕霍布斯:《利维坦》,黎思复等译,商务印书馆 1985 年版。
41.〔英〕罗素:《走向幸福》,王雨等编译,中国社会出版社 1997 年版。
42.〔英〕以赛亚·柏林:《自由论》,胡传胜译,译林出版社 2003 年版。
43.〔法〕卢梭:《社会契约论》,何兆武译,商务印书馆 1980 年版。
44.〔法〕孟德斯鸠:《论法的精神》(上、下),张雁深译,商务印书馆 2002 年版。
45.〔法〕勒鲁:《论平等》,王允道译,商务印书馆 1988 年版。
46.〔德〕黑格尔:《法哲学原理》,范扬、张企泰译,商务印书馆 1961 年版。
47.《马克思恩格斯选集》,人民出版社 1972 年版。
48.〔德〕卡西尔:《人论》,甘阳译,上海译文出版社 1985 年版。
49.〔德〕伯恩·魏德士:《法理学》,丁小春、吴越译,法律出版社 2003 年版。
50.〔德〕伽达默尔:《真理与方法》,洪汉鼎译,上海译文出版社

1999年版。
51.〔意〕托马斯·阿奎那:《阿奎那政治著作选》,马清槐译,商务印书馆1983年版。
52.〔奥〕凯尔森:《法与国家的一般理论》,沈宗灵译,中国大百科全书出版社1996年版。
53.〔日本〕滋贺秀山:《中国家族法原理》,张建国、李力译,法律出版社2002年版。
54.〔加〕威尔·金里卡:《当代政治哲学》,刘莘译,上海三联书店2004年版。
55.〔古希腊〕亚里士多德:《政治学》,吴寿彭译,商务印书馆1988年版。
56.〔古希腊〕亚里士多德:《尼名马可伦理学》,廖申白译注,商务印书馆2003年版。
57.〔古罗马〕西塞罗:《论义务》,王焕生译,中国政法大学出版社1999年版。
58.〔古罗马〕西塞罗:《论共和国论法律》,王焕生译,中国政法大学出版社1997年版。
59.〔古罗马〕查士丁尼:《法学总论》,商务印书馆1989年版。
60.林立:《法学方法论与德沃金》,中国政法大学出版社2002年版。
61.陆润康:《美国联邦宪法论》,(台湾)书海出版社2003年版。
62.石元康:《当代西方自由主义理论》,上海三联书店2000年版。
63.石元康:《从中国文化到现代性:典范转移?》,生活·读书·新知三联书店2000年版。
64.倪正茂:《法哲学经纬》,上海社会科学出版社1996年版。

65. 吕世伦主编:《现代西方法学流派》,中国大百科全书出版社 2000 年版。
66. 冯亚东:《平等、自由与中西文明》,法律出版社 2002 年版。
67. 夏勇:《人权概念起源》,中国政法大学出版社 1992 年版。
68. 梁治平:《寻求自然秩序中的和谐》,中国政法大学出版社 1997 年版。
69. 李强:《自由主义》,中国社会科学出版社 1998 年版。
70. 朱景文主编:《对西方法律传统的挑战:美国批判法律研究运动》,广西师范大学出版社 2004 年版。
71. 朱景文主编:《当代西方后现代法学》,法律出版社 2002 年版。
72. 梁漱溟:《中国文化要义》,学林出版社 2000 年版。
73. 章启群:《伽达默尔传》,河北人民出版社 1998 年版。
74. 沈宗灵:《现代西方法律哲学》,法律出版社 1983 年版。
75. 张文显:《二十世纪西方法哲学思潮研究》,法律出版社 1996 年版。
76. 任东来、陈伟、白雪峰:《美国宪政历程:影响美国的 25 个司法大案》,中国法制出版社 2004 年版。
77. 吴玉章:《自由主义权利观》,中国人民公安大学出版社 1997 年版。
78. 应奇:《从自由主义到后自由主义》,生活·读书·新知三联书店 2003 年版。

二、中文期刊

1.〔美〕埃尼尔·希曼:"当代美国自然法理论走势",徐爽译,《现代法学》2002 年第 1 期。

2.〔美〕贝尔韦斯·柯恩:“德沃金其人及其思想”,沈宗灵译,《法学译丛》1983 年第 1 期。

三、外文著作

1. A. MacIntyre, *After Virtue*, University of Notre Dame Press, 1984.

2. Bentham, *Of Laws in General*, ed. by H. L. A. Hart, London: The Athlone Press, 1970.

3. *Encyclopedia Britannica* (15th Edition), Vol. 12, 1977.

4. H. L. A. Hart, *The Concept of Law*, Oxford University Press, 1961.

5. J. W. Harris, *Legal Philosophies*, London: Butterworths Co., 1980.

6. John Rawls, *A Theory of Justice*, Cambridge, Massachusetts: Harvard University Press, 1977.

7. Ronald Dworkin, *Freedom's Law: the Moral Reading of the American Consititution*, Cambridge, Massachustts: Harvard University Press, 1996.

8. Ronald Dworkin, *Sovereign Virtue: the Theory and Practice of Equality*, Harvard University Press, 2002.

9. Ronald Dworkin, *Law's Empire*, Cambridge, Massachustts: The Belknap Press of Harvard University Press, 1986.

10. Ronald Dworkin, *A Matter of Principle*, Cambridge, Massachusetts: Harvard University Press, 1985.

11. Ronald Dworkin, *Taking Rights Seriously*, Cambridge, Mas-

sachusetts: Harvard University Press, 1977.

12. R. W. M. Dias, *Jurisprudence*(5th Edition), London: Butterworths Co. , 1985.

13. Strauss, *Socrates an Arstophanes*, The University of Chicago Press, 1966.

14. W. Blackstone, *Commentaries on the Laws of England* (16th Edition), London, 1825.

四、外文期刊

1. Ronald Dworkin, "'Natural' Law Revisited", *Florida Law Review*, Vol. 34(1982).

2. Ronald Dworkin, "Law's Ambition for Itself", *Virginia Law Review*, Vol. 71(1985).

3. R. Taylor, "Law and Morality", *New York University Law Review*, Vol. 45(1968).

